新编21世纪高等职业教育精品教材

市场营销系列

客户关系管理

第三版

主　编／左春雨　张军璞

副主编／张惠敏

中国人民大学出版社

·北京·

图书在版编目（CIP）数据

客户关系管理/左春雨，张军璞主编. --3版. 北京：中国人民大学出版社，2025.1. --(新编21世纪高等职业教育精品教材). --ISBN 978-7-300-33602-2

Ⅰ. F274

中国国家版本馆CIP数据核字第2025FX9382号

新编21世纪高等职业教育精品教材·市场营销系列

客户关系管理（第三版）

主　编　左春雨　张军璞

副主编　张惠敏

Kehu Guanxi Guanli

出版发行	中国人民大学出版社		
社　　址	北京中关村大街31号	**邮政编码**	100080
电　　话	010－62511242（总编室）		010－62511770（质管部）
	010－82501766（邮购部）		010－62514148（门市部）
	010－62515195（发行公司）		010－62515275（盗版举报）
网　　址	http://www.crup.com.cn		
经　　销	新华书店		
印　　刷	北京市鑫霸印务有限公司	**版　　次**	2015年12月第1版
开　　本	787 mm×1092 mm　1/16		2025年1月第3版
印　　张	12.75	**印　　次**	2025年1月第1次印刷
字　　数	272 000	**定　　价**	42.00元

前言

党的二十大报告中提到“优化服务改革”“构建优质高效的服务业新体系”。面对当前瞬息万变的市场环境，服务质量是衡量企业竞争力的重要指标。客户服务直接关系到企业的命运，没有客户，企业就没有未来。企业只有充分意识到客户的重要性，并能良好地发展和保持与客户之间的关系，才能把握市场脉搏，使企业处于竞争的优势地位。

在市场充分、有效的调节下，现代企业纷纷构建“以客户为中心”的经营理念，借助先进的客户关系管理，以营销环节的资讯化、科学化、信息化，推动企业管理体制的完善与创新，提高客户满意度和企业盈利能力，扩展市场和业务渠道，帮助企业在激烈的竞争中立足和发展。加强客户关系管理、提高企业的核心竞争能力是摆在企业面前的重要课题。

客户关系管理（Customer Relationship Management，CRM）是一个获取、保持和增加可获利客户的过程。通过将人力资源、业务流程与专业技术、智能科技进行有效的整合，企业可以最大限度地提高客户满意度及忠诚度，挽回失去的客户，保留现有的客户，不断发展新的客户，发掘并牢牢地把握住能给企业带来最大价值的客户群。在人工智能（AI）引领和信息爆炸的数字化时代，借助新一代智能技术的赋能，在坚持“以客户为中心”的经营理念下，客户关系管理正朝着数字化运营方向迈进。

本教材第三版借鉴和吸收了国内外客户关系管理的最新研究成果，将教学内容划分为客户关系、客户区分、客户忠诚和智能客户服务四个模块。每个模块都明确列出了需要实现的素养目标、知识目标、能力目标。本教材第三版具有以下特色：

一是每个模块都设置了“导引案例”，教师带领学生通过开篇“导引案例”展开每一模块的学习。案例选取与时俱进，完全贴合每个模块的学习内容，体现新技术、新标准，且重点考虑德育内容融入。本教材第三版在“导引案例”中预设了问题，教师可组织学生分组讨论并形成初步答案，学生在探究问题的过程中进行分项目学习。

二是在整个模块学习结束后，设置了“课后练习”，共设置了四种题型，以巩固学习内容。在“课后练习”案例思考部分，要求学生重温开篇“导引案例”，并应用本模块所学知识点进一步解决问题，示证新知，达到融会贯通的效果。“导引案例”贯穿整个模块学习始终。

三是每个模块都设置了“教学方法建议”，针对每个模块的具体学习内容推荐一种教学方法，有助于教师有效地开展教学活动，丰富了教师的教学方法和手段。

四是每个模块都设置了“教学过程操作建议”，针对具体模块内容进行了有针对性的指导和详细的说明，从而帮助教师高质量完成教学任务，尤其对新任教师起到一定的指导作用。

本教材由天津市职业大学左春雨、绍兴职业技术学院张军璞担任主编，天津市劳动保障技师学院张惠敏担任副主编，天津茵诺科技集团有限公司创始人、天津爱德励科技有限公司总经理黄超，天津中福康颐养老产业发展有限公司联合创始人、总经理华巍对于本次教材的修订工作提出了许多宝贵的建议，在此表示深深的感谢。同时，我们对本教材所参考的专著、教材、论文的作者也表示深深的谢意。

此外，我们在对客户关系管理的理解和认识上有许多不足，书中若有不当之处，敬请批评指正。

编者

目录

模块一 客户关系

学习目标

素养目标：

1. 培养客户导向意识，维护人民根本利益，追求长期客户关系；
2. 树立市场意识，以满足不断变化的客户需求。

知识目标：

1. 了解市场与客户的关系、市场营销与客户的关系；
2. 了解客户消费行为及过程，掌握客户消费行为类型；
3. 掌握客户关系管理的核心要义。

能力目标：

1. 能够通过市场分析，预测客户需求变化；
2. 能够主动寻找潜在的市场问题，快速、有效地解决客户问题。

导引案例

华为的客户关系管理

华为技术有限公司（以下简称华为）创建于1987年，经过30多年的发展，如今已成长为全球领先的ICT（信息与通信）基础设施和智能终端提供商。2022年3月28日，华为发布2021年年度报告。报告显示，华为虽然经历了美国两年多的严厉制裁，但是依然实现了业务的稳健增长，2021年全球销售收入为6 368亿元人民币，净利润为1 137亿元人民币，同比增长75.9%。华为作为改革开放后发展起来的民族企业，早期曾向IBM、爱立信等公司学习先进的管理经验，如今其企业文化、管理模式也成为众多企业的学习标杆。

华为信奉“客户满意是企业的生存之道，服务客户是华为存在的唯一理由，客户的需求是推动我们发展的唯一力量，华为的成功依赖于客户的成功”。早在1987年创建之初，华为就承诺“客户可无条件退货，华为永远欢迎你们”。每个销售人员都拥有一定的产品库存量调度权，若产品出现故障，销售人员可以自主为客户退换。

1997 年，华为邀请 IBM 帮助其重塑整个创新和研发过程，真正做到了“以客户为中心”。该项目持续了 3 年时间。

为鼓励员工积极收集高价值的客户需求，华为从 2006 年开始设立了“最有价值需求奖”，从员工提交的客户需求中筛选出对华为产品、解决方案、业务运营、服务、商业模式等有极高参考价值的需求，对提交者进行表彰，在全公司形成了关注客户需求的良好氛围。

在备受关注的客户数据方面，与众多电子巨头不同，华为的商业模式并不是将客户数据商业化。华为将安全视为核心，非常重视保护个人数据和客户利益。2004 年以来，华为的安全系统通过了 ISO 27001 认证和 200 多项国际测试。华为在英国、德国和加拿大与当地政府合作建立了开放的网络安全评估中心，华为的产品在这些独立的评估中心接受测试，验证其是否符合当地标准。

为确保在任何情况下都能为客户提供持续服务，华为不断推动技术创新。例如，在中国农村和沙漠地区，电信基础设施很容易被老鼠等动物啃坏，华为研发团队极力寻找坚固、耐用的材料，设计了超固体材料以解决这一难题。

华为致力于维护战争、地震、恐怖袭击等极端情况下的通信服务。2011 年，华为在埃及开罗为奥斯康电信（Orascom Telecom）提供设备时，容纳电信基础设施的 1 000 平方米的仓库发生火灾，数百万居民或将因为大火而无法使用移动和固话通信。当时，只有华为的团队立即赶到现场，其他公司则以政治不稳定为理由离开。华为向埃及客户承诺，将恢复华为及其他供应商的所有网络，并承担起当地的通信事务。很快，新的光纤设备安装完成，通信得以恢复。一名员工回忆道：“当时，我正发愁如何打破与当地客户的僵局。但在那之后，一切都变了，客户一直与我们握手，表达他们的感激之情……”

华为还在世界偏远地区连接互联网方面发挥了积极作用。华为启动了 RuralStar 项目，在尼日利亚、印度尼西亚、南非等国家和地区建立了 100 多个太阳能发电的电信基站；与法国运营商合作，使超过 3/4 的法国偏远地区实现了高速移动网络覆盖。“多关注客户，少关注老板”这种客户导向的理念在华为内部得到了广泛的传播、鼓励和奖励。

华为将大规模的投资集中在一个领域，而不是分散力量寻求多元化，以此增强单一领域的实力。正是因为专注于核心业务，华为始终向高标准看齐。每年，华为投入至少 10%的营业额用于研发，2021 年研发投入更是达到了 1 427 亿元人民币，占全年收入的 22.4%，10 年累计投入的研发费用超过 8 450 亿元人民币。华为的战略十分明确：研发方向必须完全由市场需求驱动，要么是客户明确表达的需求，要么是预期能够推动技术进步并成为未来制胜法宝的需求。企业有时也需要谨慎，不能过于超前，以免生产了性能极佳但不符合客户期望的产品。

资料来源：樊尚·迪克雷. 华为传 [M]. 张绚，译. 北京：民主与建设出版社，2020.

讨论并分析：

1. 华为为何能打破美国多年的技术封锁？华为打破技术封锁的意义是什么？

____

____

2. 华为的成功与它的客户战略与策略有无关系？

____

____

任务分组：

<table>
<tr><td>班级</td><td colspan="2"></td><td>组号</td><td colspan="2"></td><td>指导教师</td><td></td></tr>
<tr><td>组长</td><td colspan="2"></td><td>学号</td><td colspan="2"></td><td>任务</td><td></td></tr>
<tr><td rowspan="4">组员</td><td>姓名</td><td>学号</td><td>任务</td><td colspan="2">姓名</td><td>学号</td><td>任务</td></tr>
<tr><td></td><td></td><td></td><td colspan="2"></td><td></td><td></td></tr>
<tr><td></td><td></td><td></td><td colspan="2"></td><td></td><td></td></tr>
<tr><td></td><td></td><td></td><td colspan="2"></td><td></td><td></td></tr>
</table>

单元一　市场与客户的关系

一、市场的定义

市场起源于古时人类对于固定时段或地点进行交易的场所的称呼。狭义的市场是指买卖双方进行商品交换的场所，如集市、菜市场、超市等。广义的市场是指某种商品的现实消费者和潜在消费者的总和，即为了买卖某些商品而与其他厂商和个人相联系的一群厂商和个人。当人们提出“中国是一个很大的市场”这一说法时，并不是指地理区域的大小，而是说中国的市场需求量很大，包括现实的需求和潜在的需求。

二、构成市场的三个基本条件

（一）可供交换的商品

这里的商品既包括有形的物质产品，也包括无形的服务，以及各种商品化了的资源要素，如资金、技术、信息、土地、劳动力等。市场的基本活动是商品交换，所发生的经济联系也是以商品的消费或售卖为内容的。因此，具备一定量的可供交换的商品，既是市场存在的物质基础，也是市场的基本构成要素。倘若没有可供交换的商品，市场也就不存在了。

（二）提供商品的卖方

商品不能自己到市场中去与其他商品交换，而必须由它的所有者——出卖商品的当事人，即卖方，带到市场上去进行交换。在市场中，商品所有者把他们的意志——自身的经济利益和经济需要，通过具体的商品交换反映出来。因此，卖方或商品所有者就成为向市场提供一定量商品的代表者，并作为市场供求中的供应方成为基本的市场构成要素。

（三）人格化——买方

卖方向市场提供一定量的商品后，还须寻找到既有需求又具备支付能力的消费者，否则，商品交换仍无法完成，市场也就不复存在。因此，以买方为代表的市场需求是决定商品交换能否实现的基本要素。

商品、供给、需求作为宏观市场构成的一般或基本要素，代表着买方和卖方的相互联系，现实地推动着市场的总体运动。

三、市场构成三要素

从微观角度考察，企业作为某种或某类商品的生产者或经营者，总是具体地面对对该商品有消费需求的买方市场。深入了解企业所面临的现实的市场状况，从中选择目标市场并确定进入目标市场的市场营销策略，以及进一步寻求潜在市场，是企业开展市场营销活动的前提。因此，就企业而言，更具有直接意义的是对微观市场的研究。宏观市场只是企业组织市场营销活动的市场环境。微观市场的构成包括人口、消费力、消费欲望三方面要素。市场的这三个要素是相互制约、缺一不可的，它们共同构成企业的微观市场，而市场营销学研究的正是这种微观市场的消费需求。市场的构成要素可以用一个等式来描述：市场＝人口×消费力×消费欲望。

（一）人口

人口是构成市场的最基本要素。消费者人口的多少决定着市场的规模和容量的大小，而人口的构成及其变化则影响着市场需求的构成和变化。需求是人的本能，对物质生活资料及精神产品的需求是人类维持生命的基本条件。因此，哪里有人，哪里就有需求，就会形成市场。人口的多少决定着市场容量的大小，人口的状况影响着市场需求的内容和结构。构成市场的人口因素包括总人口数、性别和年龄结构、家庭户数和家庭人口数、民族与宗教信仰、职业和文化程度、地理分布等多种具体因素。

（二）消费力

消费力是指消费者支付货币以消费商品或服务的能力，是构成现实市场的物质基础。在一定时期内，消费者的可支配收入水平决定了消费力水平的高低。消费力是市场三要素中最具物质性的要素。人们的消费需求是通过利用手中的货币消费商品实现的。因此，在人口状况既定的条件下，消费力就成为决定市场容量的重要因素之一。市场的大小直接取决于消费力的高低。一般情况下，消费力受到人均国民收入、个人收入、社会集团消费力、平均消费水平、消费结构等因素的影响。

（三）消费欲望

消费欲望是指消费者消费商品或服务的动机、愿望和要求，是由消费者心理需求和生理需求引发的。产生消费欲望是消费者将潜在消费力转化为现实消费力的必要条件。

倘若仅具备一定的人口和消费力，而消费者缺乏强烈的消费欲望或动机，商品买卖仍然不能发生，市场也不会存在。因此，消费欲望也是市场不可缺少的构成因素。例如，某市汽车市场＝60 万人口×20％（有消费力的人）×50％（有消费欲望的人）。

四、市场的分类

（一）根据市场出现的先后顺序划分市场

根据市场出现的先后顺序，市场可以分为现实市场、潜在市场和未来市场。现实市场是指对企业经营的某种商品有需要、有支付能力、有消费欲望的现实顾客。潜在市场是指有可能转化为现实市场的市场。未来市场是指暂时尚未形成或只处于萌芽状态，但在一定条件下可能发展成为现实市场的市场。

（二）从顾客性质角度划分市场

根据顾客的性质，市场可以分为消费者市场和组织市场。消费者市场，又称消费品市场，是指为了个人或家庭消费需要而消费或租用商品或服务的市场。组织市场是指消费者由各类组织所组成的市场。组织市场又可分为生产者市场、中间商市场和政府市场。

（三）从经济学角度划分市场

从经济学角度，市场可以分为纯粹垄断市场、寡头垄断市场、垄断性竞争市场和竞争性市场。纯粹垄断市场是一种不存在竞争或基本不存在竞争的市场。在这种市场上，一个行业只有一家企业进行产品的生产和经营，没有或基本没有其他的替代者。寡头垄断市场是由少数几家大企业控制的市场。垄断性竞争市场是最常见的一种企业市场模式，是指在同一行业中有许多企业生产和销售同一种产品，且每个企业的产量只占总产量的一小部分，有少量较大的企业占有一定份额的市场。竞争性市场是指一个行业中有非常多的独立生产者，每个企业都很小，它们都以相同的方式向市场提供同类的、标准化的产品。

单元二 市场营销与客户的关系

一、市场营销的定义

市场营销（Marketing）是在创造、沟通、传播和交换产品的过程中，为客户、合作伙伴以及整个社会带来经济价值的活动、过程和体系，是营销人员针对市场开展经营活动、销售行为的过程。对市场营销最简洁的定义，就是“满足别人并获得利润”。通俗地讲，市场营销就是商品或服务从生产者手中移交到消费者手中的过程，是企业或其他组织以满足消费者需要为中心进行的一系列营销活动。市场营销学是系统地研究市场营销活动规律性的一门科学。当 eBay 公司意识到人们在当地买不到最想要的物品时，就开发了网上竞拍业务；当宜家集团（IKEA）意识到人们想消费价格低廉、质量高的家具时，就创造了可拆卸与组装的家具。所有这些都证明市场营销可以把社会需要和个人需要转变为商机。

二、市场营销的含义

（一）市场营销分为宏观和微观两个层次

宏观市场营销是将市场营销活动与社会联系起来，目的是满足社会需要，实现社会目标。微观市场营销是企业的一种经济活动过程，它是根据目标顾客的要求，生产适销对路的产品，从生产者流转到目标顾客，其目的在于满足目标顾客的需要，实现企业的目标。

（二）市场营销活动的核心是交换

市场营销活动的范围不仅限于商品交换的流通过程，而且包括生产前和生产后的活动。产品的市场营销活动往往比产品的流通过程要长。现代社会的交易范围很广泛，已突破了时间和空间的壁垒，形成了普遍联系的市场体系。

（三）市场营销与推销、销售的含义不同

市场营销包括市场研究、产品开发、定价、促销、服务等一系列经营活动；而推销、销售仅是企业营销活动的一个环节或部分，是市场营销的职能之一，不是最重要的职能。

有管理者认为市场营销就是“推销产品的艺术”。然而，当人们了解到推销并非市场营销中最重要的部分时，他们可能会大吃一惊。实际上，推销只是市场营销冰山的一角而已。著名管理学家彼得·德鲁克曾经指出：推销往往是有需要的。然而，市场营销的目的却是使推销成为多余。市场营销的目的就在于深刻地认识和了解顾客，使产品或服务完全适合特定顾客的需要，从而实现产品的自我销售。因此，理想的市场营销应该可以自动生成想要消费特定产品或服务的顾客，而剩下的工作就是如何使顾客可以消费到这些产品或服务。

当任天堂公司（Nintendo）设计出 Switch 游戏机产品时，当佳能公司（Canon）推出 EOS R5 数码照相机时，当小米公司推出电动轿车——小米 SU7 时，当苹果公司推出 iPhone 16 时，这些制造商的订单随之滚滚而来。之所以如此，是因为它们都是在进行了大量的市场营销基础上，才成功地设计出这些适销对路的产品的。

三、市场营销与客户的具体关系

（一）市场营销的首要目的是创造、获取和维持顾客

早期市场营销学的研究主要局限于商品的流通领域，商品一旦到达消费者手中即进入消费领域的范畴，不再属于市场营销学的研究对象。显然，这是一种早期的、过时的市场营销观念。新时代的市场营销不仅涵盖商品流通这一领域，而且包括前期的市场调研和商品售后、客户管理等多方面。因此，有人说，市场营销是创造和满足顾客需求的艺术。

（二）客户观念是市场营销观念演变与发展六大观念中的重要内容

随着现代营销战略由产品导向转变为客户导向，客户需求及满意度逐渐成为营销战略成功的关键所在。各个行业都试图通过卓有成效的方式，及时、准确地了解和满足客户需求，进而实现企业目标。实践证明，不同子市场的客户存在不同的需求，甚至同属一个子市场的客户的个别需求也会经常变化。为了适应不断变化的市场需求，企业必须及时调整营销战略。在此营销背景下，越来越多的企业开始由奉行市场营销观念转变为客户观念。

所谓客户观念，是指企业注重收集每一个客户以往的交易信息、人口统计信息、心理活动信息、媒体习惯信息以及分销偏好信息等，根据由此确认的不同客户的价值，分别为每个客户提供各自不同的产品或服务，传播不同的信息，提高客户忠诚度，增加每一个客户的消费量，从而确保企业利润的增长。与市场营销观念是满足一个子市场的需求不同，

客户观念强调的是满足每一个客户的特殊需求。

需要注意的是，客户观念并不是适用于所有企业。由于一对一营销需要以工厂定制化、运营电脑化、沟通网络化为前提条件，因此，贯彻客户观念要求企业在信息收集、数据库建设、电脑软件和硬件购置等方面进行大量投资，而这并不是每一个企业都能够做到的。有些企业即使舍得花钱，也难免会出现投资大于回报而带来的收益减少的局面。客户观念适用于那些善于收集单个客户信息的企业，这些企业所营销的产品能够借助客户数据库的运用实现交叉销售，产品需要周期性地重购或升级，或产品价值很高。客户观念往往会给这类企业带来异乎寻常的效益。

单元三 客户消费行为分析

一、了解客户的消费行为

20 世纪 60 年代末，霍华德与谢思在《购买行为理论》一书中提出霍华德-谢思模式。该书把影响消费者消费行为的因素归纳为四类：刺激或投入因素（输入变量）、外在因素、内在因素（内在过程）、反应或产出因素。刺激或投入因素和外在因素是消费的刺激物，它通过唤起和形成动机，提供各种选择方案信息，影响消费者的心理活动（内在因素）。消费者受刺激物和以往消费经验的影响，开始接收信息并产生各种动机，对可选择产品产生一系列反应，形成一系列消费决策的中介因素，如选择评价标准、意向等，在动机、消费方案和中介因素的相互作用下，便产生某种倾向和态度。这种倾向和态度又与其他因素，如消费行为的限制因素结合后，产生消费结果。消费结果形成的感受信息也会反馈给消费者，影响消费者的心理和下一次的消费行为。

（一）消费决策

消费决策是指消费者谨慎地评价某一产品、品牌或服务的属性并进行选择、消费能满足某一特定需要的产品的过程，即消费目的的确立、手段的选择和动机的取舍过程。

广义的消费者消费决策是指消费者为了满足某种需求，在一定的消费动机的支配下，在可供选择的两个或者两个以上的消费方案中，经过分析、评价、选择并且实施最佳的消费方案以及购后评价的活动过程。它是一个系统的决策活动过程，包括需求的确定、消费动机的形成、消费方案的抉择和实施、消费后评价等环节。

消费决策在消费者的消费行为中占有非常重要的作用。对于企业和商家来说，分析、研究消费者的消费决策能够为企业正确地确定产品、价格、分销、促销等策略提供依据，为商业营销策划服务提供营销决策依据，可使营销决策人员对影响消费者消费决策的因素分析具有清晰的、有深度的把握，从而在制定营销规划时更有针对性。有针对性有助于提高企业营销决策的效率，从而使营销工作更加具有竞争力，使营销效益最大化。对于消费者来说，决策内容不仅决定消费行为的发生方式，而且决策质量决定消费行为的效用大小。正确的决策可以使消费者以较少的费用和时间购买到物美价廉的商品，最大限度地满足消费者的需要。

（二）消费者角色

消费者角色

消费者角色是指消费者在消费过程中的各种角色。角色是指与某一特殊位置有关联的行为模式，代表着一套有关行为的社会标准。一个人的角色反映了他在社会系统中的地位，以及相应的权利和义务、权力和责任。消费者角色可以分为五种：倡导者、决策者、影响者、消费者和使用者。

（1）倡导者，即首先提出消费某个产品或服务的人。本人有消费需要或消费意愿，或者认为他人有消费的必要，或者认为其他人进行了某种消费之后可以产生所希望的消费效果，他要倡导别人进行这种形式的消费，这个人即属于消费的倡导者。

（2）决策者，即对消费决策的某个方面做出决定的人，有权单独或在消费中拥有与其他成员共同做出决策的人。

（3）影响者，即其观点或建议对决策有影响的人，是以各种形式影响消费过程的一类人，包括家庭成员、邻居与同事、购物场所的售货员、广告中的模特、消费者所崇拜的名人，甚至素昧平生、萍水相逢的过路人等。

（4）消费者，即实际消费且最终做出消费决定的人。

（5）使用者，即消费或使用产品或服务的人，有时称为最终消费者、终端消费者、消费体验者。

（三）消费过程

每一个消费者在消费某一商品时，都会有一个决策过程，只是因所购产品类型、消费者类型的不同而使消费决策过程有所区别。营销学者对消费者消费决策的一般过程做了深入研究，并提出了若干模式，而采用较多的是五阶段模式，即需求确认、信息搜索、方案评价、做出购买决策、消费后的行为。

1. 需求确认

消费者认识到自己有某种需求，是其决策过程的开始。需求确认是消费者消费决策过程的起点。当消费者在现实生活中感觉到或意识到实际与其需求之间有一定差距并产生了要解决这一问题的需求时，消费决策便开始了。消费者的这种需求的产生，既可能是由内在的生理活动、人体内器官的感受所引发的，如因饥饿而引发消费食品、因口渴而引发消费饮料等；又可以是由外部条件刺激引起的，如看见电视中的西服广告而打算自己买一套、路过水果店看到新鲜的水果而决定购买等。当然，有时候消费者的某种需求可能是内、外因同时作用的结果。因此，市场营销人员首先应确认客户产生需求的原因，根据不同的诱因采取相应的措施，刺激客户产生需求，且应注意不失时机地采取适当措施，唤起和强化消费者的需求。缺货、不满意、相关产品的需要、新产品上市、营销等因素可诱导需求的产生，此时的营销策略是诱发刺激并迎合消费者的需求。

2. 信息搜索

信息搜索是营销活动中的重要阶段。

（1）信息来源。消费者被引发的需求并不是马上就能满足，消费者需要从不同的信息中找到满足其需求的最佳方案。消费者的信息来源可以分为：个人来源、商业来源、公共来源、经验来源。

1）个人来源。消费者从家庭、亲友、邻居、同事等个人交往中获得信息。

2）商业来源。这是消费者获取信息的主要来源，其中包括广告、推销人员的介绍、商品包装、产品说明书、经销商、展览会等提供的信息。这一信息来源是企业可以控制的。

3）公共来源。消费者从电视、广播、报刊等大众媒体获得信息。

4）经验来源。消费者从自己亲自接触、使用商品的过程中获得信息。

上述四种信息来源中，商业来源最为重要。从消费者角度看，消费者最初的产品信息主要是商业信息。商业信息不仅具有通知的作用，而且具有针对性、可靠性。对企业来说，商业信息是可以控制的。消费者可以通过商业信息渠道了解该企业的产品，进而消费该企业的产品。但最有效的信息来源是个人来源。个人来源和经验来源起到验证的作用，商业来源一般起到告知的作用，个人来源还起着认定或评价的作用。

（2）受众选择"3S"论。消费者选择信息的过程同样遵循受众选择"3S"论，即消费者在接触媒介和接收信息时有很大的选择性，这个选择过程表现为三种现象，即选择性注意（Selective Attention）、选择性理解（Selective Understanding）、选择性记忆（Selective Memory），简称"3S"。

1）选择性注意。选择性注意是指在外界诸多刺激中仅仅注意到某些刺激或刺激的某些方面，而忽略了其他刺激。人们不可能对所有的信息作出反应，只能有选择地加以注意。知觉的选择性保证了人们能够将注意力集中到重要的刺激或刺激的重要方面，排除次要的刺激干扰，更有效地感知和适应外界环境。

2）选择性理解。选择性理解是一种倾向，个体将信息加以扭曲，使之合乎自己的意思，并以符合个体预想的方式理解信息。这一行为往往是出于潜意识的，它可能用以加强而非改变受传者的已有意见。即使刺激引起了人们的注意，也不一定能达到预期的目标。这是因为人们在面对客观事物时，有一种将外界输入的信息与头脑中早已存在的模式相结合的倾向。这种按人们已有的想法来解释信息的倾向，就是选择性理解，不同的人会对同一信息作出不同的意思解释和理解。影响传授者的选择性理解的因素包括需要、态度和情绪三个方面。

3）选择性记忆。选择性记忆是指人们只记忆对自己有利的信息，或者只记自己愿意记忆的信息，而其余的信息却被忘却，这种记忆上的取舍被称为选择性记忆。选择性记忆是指受众总是根据自己的需求，在已被注意和理解的信息中挑选出对自己有用、有利、有价值的信息并储存在大脑中。选择性记忆示例如图 1-1 所示。

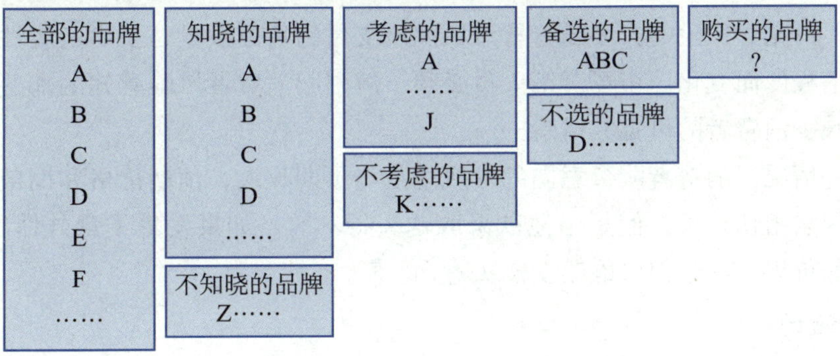

图 1-1　选择性记忆示例

3. 方案评价

当消费者从不同的渠道获取到有关信息后，便对可供选择的品牌进行分析和比较，并对各种品牌的产品作出评价，最后决定消费。解决客户需求的方案不是单一的，客户会对所有方案进行综合的评价，评价指标一般涉及产品属性、品牌满意度、总效用等。这一阶段的策略重点是了解客户期望从产品或服务中获得特定的利益，抓住其所关注的重点，强调产品或服务所具备的相关功能，从而打动客户。企业的营销策略是要帮助消费者消除各种消费顾虑。

消费者评价

4. 做出购买决策

消费者对商品信息进行比较和评选后，已形成购买意向，评价行为会使消费者对可供选择的品牌形成某种偏好，进而购买所偏好的品牌。企业的营销策略是要注意售后服务。但是，在购买意图和购买行动之间，消费者还会受到三个因素的影响（见图 1-2）。

（1）他人态度。消费者的购买意向会因他人的态度而增强或减弱。他人态度对购买意

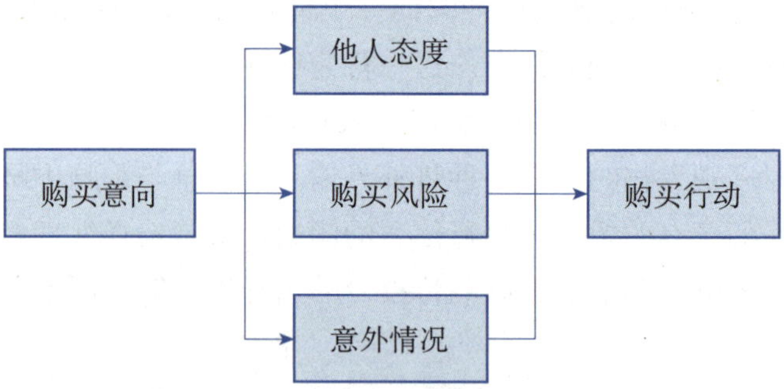

图 1-2　影响消费决策的三个因素

向影响力的强度取决于他人态度的强弱及他与消费者的关系。一般来说，反对态度越强烈，或持反对态度者与消费者关系越密切，消费者改变购买意向的可能性就越大。

（2）购买风险。消费者修正、推迟或者回避做出某一购买决定，往往是受到了可觉察风险的影响。可觉察风险的大小随着冒该风险所支付的货币数量、不确定属性的比重以及消费者的自信程度而变化。市场营销人员必须了解引起消费者风险感知的那些因素，进而采取措施来减少消费者的可觉察风险。

（3）意外情况。消费者购买意向的形成总是与预期收入、预期价格和期望从产品中得到的好处等因素密切相关。但是当他欲采取购买行动时，如果发生了意外情况，如失业、意外急需、涨价等，则他很可能改变购买意向。

5. 消费后的行为

消费者做出购买决策后，会对产品或服务的实际表现同期望水平进行比较，体会产品满足自身需求的程度，产品在被消费之后，就进入了购后阶段，消费者评价会影响以后的消费行为，如图 1-3 所示。企业的营销策略是进行售后跟踪，发现问题并及时解决、补救。消费者购买产品后，通过自己的使用和他人的评价，会对自己购买的产品产生某种程度的满意或不满意。为了避免客户消费后产生不满或弥补客户的不满，企业应采取有效措施以尽量减少客户不满意的程度。如提供有效的售后服务，定期回访客户，了解其对产品或服务的意见，并提供相应的解决方案。消费者消费后行为表现为对产品满意或者不满意，并处置产品。

（1）消费后满意、重复消费与品牌忠诚。如果消费者在消费产品后感到满意，就会出现重复消费、向别人诉说自己的购物经历或介绍产品等情况，并逐渐产生对品牌的信赖与认同，最终会成为品牌忠诚的顾客，实现关系营销的要义。这是任何商家都愿意看到的结果。

（2）消费后失调。消费后失调是因为消费者认为产品的效果与期望之间有差距，而发生认知失调之后，消费者会调整其对产品效果的感受，缩小差距，以消除心理上失调的状态。效果与期望之间的差距、差距对于个人的重要性、差距能够修正的程度及消费费用等是不协调的主要影响因素。价格通常会影响不协调的程度，因为高的价格往往会提高人

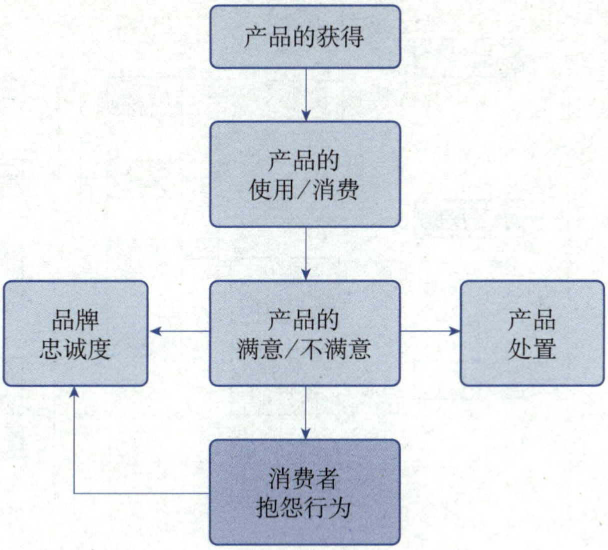

图 1-3 消费者产品消费后的行为

们的期望值。消费后失调大都是因为不满意引起的。只有有效运用处理消费者不满意的方法，市场营销人员才能从容应对。消费者在消费后如果出现不满意，会采取行动，或不采取行动。

如果消费者采取行动，可以采取公开行动或私下行动，如图 1-4 所示。

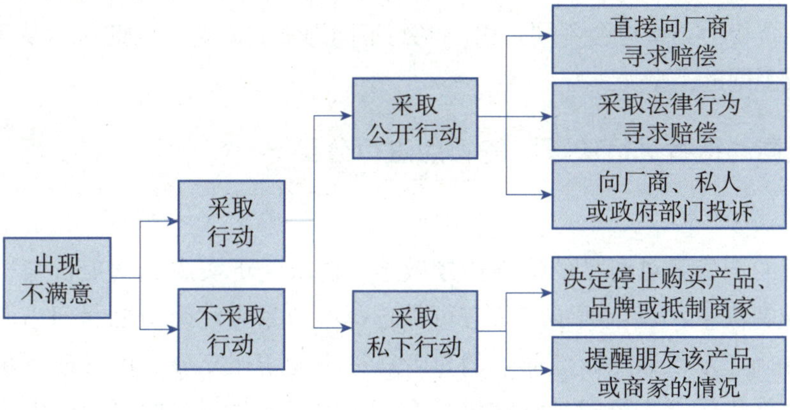

图 1-4 消费者处理不满意所采取的方式

(3) 消费后处置。消费者消费产品后，无论是满意还是不满意，都会对所消费的产品进行使用或处置，如图 1-5 所示。

市场营销人员必须清楚消费者使用或处置产品的方式，以便根据不同的处置方式设计相应的营销策略。如果发现消费者消费的产品有新的用途，那么这也为市场营销人员打开了新的思路，并帮助市场营销人员发现了新的市场机会。倘若市场营销人员能够及时解决营销过程中的问题，便可以完善产品定位。

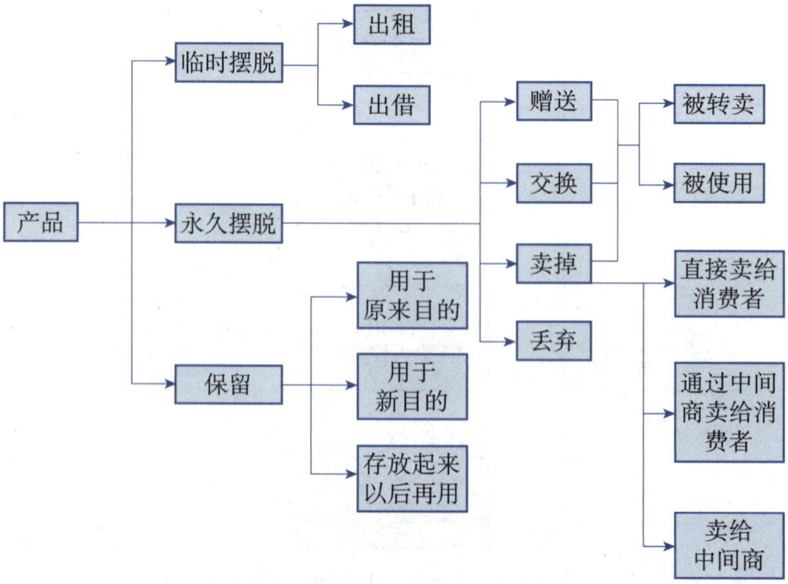

图 1－5　消费者对所购产品的处置方式

二、消费者的消费行为类型

因为消费者要满足的需要不同，所以发生的消费和使用商品的行为活动也会不同，从而消费者的消费行为类型也会不同。由于受到不同因素的影响，因此可以从不同的角度将消费者划分成不同的类型。

（一）根据消费者进行决策时的特点进行分类

1. 经济型消费者

这种类型的消费者对商品的价格比较敏感，讲求经济实惠、物美价廉。经济型消费者往往会做理智决策，在全面了解所有可供选择的产品时，确切地罗列出所有产品的优点和缺点，并确定最佳选择。然而，消费者往往不能掌握充分的信息或者足够精确的信息，甚至没有产生完美决策的足够动机。经济型消费者是相对而言的，因为真正的经济型消费者并不存在，如消费者常常受到生活技能、习惯、生活价值和目标与知识水平等的限制。

2. 被动型消费者

被动型消费者与经济型消费者正好相反，在消费方面易受自我兴趣和市场促销的影响。他们被认为是冲动或非理性的消费者，容易在广告宣传和各种诱导因素的影响下产生被动的消费行为。在冲动的状态下，消费者情感变化快，受外界影响大，选择能力就较弱。面对这种类型的消费者，市场营销人员应采取相应的营销方法。

3. 认知型消费者

认知型消费者如同问题解决者，他们积极地寻找并接受所需要的产品或服务，并不断地丰富自身的生活。认知型消费者会关注品牌信息和购物地点的信息，并对这些信息进行加工。信息加工有助于认知型消费者注意优先的信息，采取优先信息策略，认知型消费者可能通过专家、可信赖的朋友、领先者等获得优先的信息。经济型消费者试图寻找所有可供选择的信息，并做出最优的选择；相反，认知型消费者试图寻找关于选择的足够的信息，并做出一个令人满意的选择。这样，认知型消费者可能会通过走捷径的方式以使得决策过程简化。认知型消费者处于经济型消费者和被动型消费者之间，他们一方面没有足够的信息以做出一个完美的决策，另一方面他们会努力寻找信息以做出令人满意的决策。

4. 情绪型消费者

事实上，每一个人做任何事情都与情感和情绪有关，如兴趣、恐惧、喜爱、希望等因素。当涉及一个特定的消费行为时，这些情绪将会起到一定的作用。有时，消费者购买某种产品时，也许并不特别的需要，在购买之前也没有进行特别的比较和仔细的思考，而仅仅是由于一种冲动或情绪使然。情绪型消费者在购买某种产品或服务时，往往基于情绪做出决策，在购买之前并不将主要的精力放在收集有关产品或服务的信息，而将主要的精力放在当前的心情和情感上。这并不意味着情绪型消费者的消费行为不是理智的决定；相反，情绪上满意的消费也不失为一种较好的消费决策。情绪型消费者易受到情感倾向的广告的影响。

与情绪相似，消费者的心境对消费决策也会起到重要的影响，心境是一种情感状态或心理状态。但不同的是，情绪往往针对特定的事物或环境，而心境仅仅是一种没有任何针对性的状态。一般来说，消费者在积极的心境下会比在消极的心境下可以回想起更多的有关产品的信息。

（二）根据消费者的参与程度进行分类

霍华德在 1974 年根据消费者的参与程度把消费行为分为例行反应行为、有限度解决问题行为和广泛解决问题行为三类。

1. 例行反应行为

例行反应行为是最简单的消费行为，其对应的是消费价格低且经常买的产品。由于消费者已经熟知产品的性质、各种主要品牌，并且对于各品牌之间已有非常明显的偏好，因此他们只需做很少的决策。例行反应行为常常发生在廉价或常购的商品中。消费者不仅了解产品的等级，知道他们所需要的品牌，而且很清楚如何选择他们所喜爱的品牌。消费者并不经常消费同一家商店的产品，因为各种品牌的产品似乎没有太大的差别，而且他们的选择可能受商店有无现货或销售特制品等影响。总之，在例行反应行为中，消费者只是把消费看作一件必须完成的程序化工作，因此在行动时，不会花太多的时间进行思考或搜寻。

2. 有限度解决问题行为

有限度解决问题行为的消费者对产品很熟悉，并深知所需要的质量，但对消费的品牌不太熟悉，在没有选购前，会询问很多人，并通过各种渠道了解该产品及其品牌。只有这一特点的消费者是想收集更多的信息来降低消费风险，因此企业应该设计一套沟通方案，以便增进消费者对品牌的认识和信心。

3. 广泛解决问题行为

广泛解决问题行为的消费者对高价位、竞争激烈的产品的消费决策较为复杂，消费者通常不知道有哪些品牌可买或不知道用什么因素来评估这些品牌，一般会“货比三家”，从中收集信息，并比较各种品牌优劣后再决定。对于此类消费者，企业必须明确消费者如何收集和评估情报，帮助消费者了解主要的消费标准，并说服消费者相信产品在各种属性方面与竞争品牌相比都是有优势的。企业在品牌的广告宣传内容上，要着重介绍产品在现代生活中的作用，激发消费者的新需要，告知消费者如何使用产品，使消费者对新产品有更加全面的了解；同时在宣传媒介上，企业要特别重视运用产品宣传册，以提供丰富、全面的资料。

（三）根据消费者的参与程度及品牌之间的差异进行分类

根据消费者的参与程度及品牌之间的差异进行划分的消费者消费行为类型被称为阿萨尔消费行为类型，其主要分为复杂的消费行为、减少失调的消费行为、寻求多样化的消费行为、习惯性消费行为。

1. 复杂的消费行为

在复杂的消费行为下，消费者参与消费的程度较高，并且了解品牌间的显著差异。当产品很昂贵、消费不频繁、消费有风险时，消费者一般参与程度较高；当初次选购价格昂贵、消费次数较少的、冒风险的产品时，消费者则高度介入消费。由于对这些产品的性能缺乏了解，为慎重起见，消费者往往需要广泛地收集有关信息，并经过认真地学习，产生对这一产品的购买意图，形成对品牌的态度，并慎重地做出消费决策。

对这种类型的消费行为，企业应设法帮助消费者了解与该产品有关的知识，并设法让他们知道和确信本产品在比较重要的性能方面的特征及优势，使他们树立对本产品的信任感。企业可通过各种渠道投放介绍本产品特性的多种形式的广告以影响消费决策者。

2. 减少失调的消费行为

消费者有时参与消费的程度较高，但看不出各品牌间的差异，对所购产品往往会产生失调感。但由于品牌的差异不明显，消费者的消费会非常迅速，他们主要关心的可能是合适的价格和消费的便利程度。在消费一些品牌差异不大的产品时，虽然消费者对消费行为持谨慎的态度，但他们的注意力更多的是集中在品牌价格是否优惠，消费时间、地点是否便利，而不是花很多精力收集不同品牌间的信息并进行比较，而且从产生消费动机到决定消费之间的时间较短，因而这种消费行为容易产生购后的不协调感。为了改变这样的心理，追求心理的平衡，消费者往往会广泛地收集各种对已购产品的有利信息，以证明自己消费决定的正确性。

3. 寻求多样化的消费行为

在寻求多样化的消费行为下，消费者参与程度低，而且品牌间的差异很大，消费者经常会改变品牌的选择。如果一个消费者消费的产品品牌间差异大，可供选择的品牌很多，那么他们并不会花太多的时间选择品牌，而且也不会专注于某一产品，而是经常变换品种。例如，某消费者上次买的是巧克力夹心饼干，而这次可能想买奶油夹心饼干。这种更换并非是对上次购买饼干的不满意，而只是想换换口味。

4. 习惯性消费行为

许多产品的消费情况是消费者参与消费的程度不高，同时产品间的差异也不大。消费者有时消费某一产品，并不是因为特别偏爱某一品牌，而是出于习惯。例如，醋是一种价格低廉、品牌间差异不大的商品，消费者购买醋时，会根据多次消费和多次使用而形成的习惯去选定某一品牌。

单元四　客户关系管理

一、客户关系管理的起源

如今，市场正发生着很多的变化。就消费者市场而言，这些变化包括人口老龄化、农村城镇化、家庭规模越来越小、具有个性化需求的小消费群体越来越多、消费者生活方式多样化等。

（一）当今时代的特点

与以往相比，在当今时代，经济大环境正在发生着巨大的转变，供求关系发生了根本变化，全球经济一体化加快，竞争不分国界，信息技术迅速发展，企业面临数字化转型，客户、竞争与变化成为主要力量。我们所处的环境如图 1-6 所示。

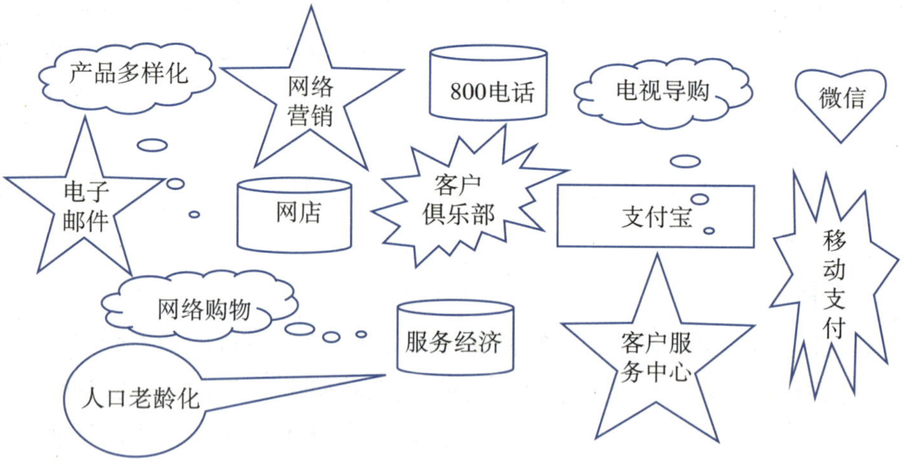

图 1-6　我们所处的环境

总体来讲，当今时代具有以下特点：

(1) 有形资产价值向无形资产价值的转移。企业扩张活动越来越频繁，企业不仅更加注重对无形资产的利用和控制，而且更加关注无形资产所带来的价值。

(2) 企业竞争力的转变。价值从提供产品的企业，转移到不仅提供产品同时提供低价格、高度个性化产品的企业，或者能够提供问题解决方案的企业。

(3) 信息技术成为经济活动的载体。现代产业体系是建立在制造业基础之上的，以标准化、规模化、模式化、讲求效率和层次化为特点。未来的经济是建立在信息技术基础之上的，追求的是差异化、个性化、网络化和速度。

(4) 大规模的广告传播已不适合。如今，市场营销人员的职能正在发生转变，市场营销人员不仅仅是传递产品信息，更需要的是利用新的营销方式为客户提供全方位的服务；网上商店的商品价格更为公开、竞争更为激烈，传统的店面经销遇到了强劲的挑战。

（二）客户关系管理的背景

客户关系管理的理论基础来源于市场营销理论。市场营销作为一门独立的管理学科存在已有将近百年的历史，它的理论和方法极大地推动了西方国家工商业的发展，深刻地影响了企业的经营观念以及人们的生活方式。信息技术的快速发展为市场营销管理理念的普及和应用奠定了基础，并开辟了更广阔的空间。

在工业经济时代，企业通过提高工作效率并最大限度地降低成本，同时建立质量管理体系以控制产品质量，从而取得市场竞争优势。可以说，工业经济时代是以“产品”生产为导向的卖方市场经济时代，也可称作产品经济时代。产品生产的标准化及企业生产的规模大小决定了其市场竞争地位，企业管理最重要的指标就是成本控制和利润最大化。

生产力的不断发展，逐步改变了社会生产能力不足和商品短缺的状况，并导致了社会生产能力过剩。商品的极大丰富并出现过剩，使得客户选择空间及选择余地显著增大。与此同时，客户的需要开始呈现出个性化的特征。为了提高客户满意度，企业必须完整掌握客户信息，准确把握客户需求，快速响应个性化需要，提供便捷的消费渠道、良好的售后服务与经常性的客户关怀等。企业尝试着衡量每一个客户可能带来的盈利能力，并委派专门的客户代表负责管理客户。在这种情况下，企业将为客户送去他们需要的产品，而不是让客户自己寻找他们需要的产品。在这种时代背景下，客户关系管理理论不断地被提及，并逐渐得到完善。

客户关系管理被企业重视的另一个重要因素应当归功于近年来资本市场的发展。在一个新成立的企业尤其是服务类企业没有取得利润前，会计师事务所及投资公司都将企业客户资源作为评估企业价值的重要指标，这促使客户资源的重要性得以提升。这一点在网络公司尤为显著。

二、客户关系管理产生的原因

从1999年开始，客户关系管理得到了诸多媒体的关注，国内外很多软件商（如Oracle、中圣、惠普等）推出了以客户关系管理命名的软件系统，一些企业开始实施以客户关系管理命名的信息系统，这是有一定必然性的。

（一）需求的拉动

在很多企业，销售、营销和服务部门虽然已经建立了信息系统，但信息化程度越来越不能适应业务发展的需要。企业的销售、营销和客户服务部门难以获得所需的客户互动信息，来自销售、客户服务、市场、制造、仓储等部门的信息分散在企业内，这些零散的信息使得各部门无法对客户有全面的了解，各部门难以在统一信息的基础上面对客户，这需要各部门对面向客户的各项信息和活动进行集成。

企业在对客户、销售人员、营销人员和服务人员、企业经理的调查中得到以下亟须解决的问题：从市场部提供的客户线索中很难找到真正的客户，老客户现在的需求有什么新变化，如何开发新的客户群体，客户对我们的产品看法怎样，其中有多少人已经与销售人员接触了，应该和哪些真正的潜在消费者多接触，谁是真正的潜在消费者，客户的行为如何预测。

（二）技术的推动

MIS 系统

计算机、通信技术、网络应用的飞速发展使得上述问题的解决不再停留在梦想阶段。办公自动化程度、员工计算机应用能力、企业信息化水平、企业管理水平的提高都有利于客户关系管理的实现。如今，信息化、网络化理念在我国很多企业已经深入人心，很多企业有了一定的信息化基础，建立和使用了管理信息系统（MIS），正在利用 ERP 管理企业。电子商务在全球范围内开展得如火如荼，正在改变着企业开展业务的方式。通过互联网，企业可以较低的成本开展营销活动，向客户销售产品，提供售后服务，搜集客户信息。

在可以预期的将来，企业的通信成本将会大幅降低。这将推动计算机与电话技术的发展，进而推动呼叫中心的发展。网络和电话的结合，使企业能以统一的互联网平台面对客户。

（三）管理理念的更新

随着社会物质逐渐丰富、恩格尔系数不断下降、人们的生活水平逐步提高，消费者的价值选择标准也在不断发生改变，其过程如图 1－7 所示。

图 1－7　消费观念的变更过程

在理性消费时代，消费者不仅重视价格，而且看重质量，追求的是物美价廉和经久耐用。此时，消费者价值选择的标准是“好”与“差”。随着企业生产能力的增强，产品出现过剩，进入感觉消费时代，消费者不再仅依据经久耐用和物美价廉的标准选择产品，而是开始注重产品的形象、品牌、设计和使用的便利性等。此时，消费者选择的标准是“喜欢”和“不喜欢”。随着信息技术的广泛使用，各厂家的产品和服务的差别越来越小，感情消费时代随之到来，消费者越来越重视心灵上的充实和满足，更加追求在商品消费与消费过程中心灵上的满足感。此时，消费者价值选择的标准是“满意”与“不满意”。同理，企业管理观念也随着市场环境的变化经历了五个阶段的演变，其过程如图 1－8 所示。

图 1－8　企业管理观念的演变过程

最初企业所处的市场环境为卖方市场，产品销售基本上不存在竞争，企业只要生产出产品就能卖得出去，因此企业管理的目标是如何更快更好地生产出产品。这一阶段是产值中心论阶段。随着生产能力的不断加大，市场出现了竞争，企业生产出的产品如果卖不出去，就无法实现资本循环。为了实现从商品向货币的转换，取而代之的是“销售额中心论”，企业一方面提高产品的质量，另一方面强化促销，所追求的目标是产品的销售额。随着市场竞争的加剧，企业发现单纯追求高销售额会导致生产成本和销售费用越来越高，利润反而下降，这绝不是经营者所期望的效果。因此，企业转而追求利润的绝对值，通过在生产和营销部门的各个环节上最大限度地削减生产成本和压缩销售费用来实现利润最大化。但众所周知，成本是由各种资源要素构成的，是一个常量，不可能无限制地削减，当对利润的渴求无法或很难再从削减成本中获得时，企业自然就将目光转向了客户，并企图通过削减客户的需求价值来维护其利润。为此，企业开始从内部削减成本转向争取客户，这就进入了以客户为中心的管理阶段。由于需求构成了市场，也构成了企业的获利潜力，而在市场上需求运动的最佳状态是满意，客户的满意就是企业效益的源泉，因此客户的满意程度就成为当今企业管理的中心和基本观念，形成客户满意中心论，这也正是客户关系管理的产生及近年来成为热点的原因。

当今时代是一个变革的时代、创新的时代。比竞争对手领先一步，哪怕仅仅一步，就可能意味着成功。

三、实施客户关系管理为企业带来的优势

美国顾客满意度指数（ACSI）的相关数据显示，具有最高客户满意度的公司增长的市值是具有最低客户满意度的公司增长市值的两倍多。换句话说，客户满意度能直接转化为企业价值。

经济全球化趋势和电子商务的快速发展正以前所未有的广度和深度改变着企业传统的业务运作方式。一般而言，企业可以采用两种方式保持竞争优势：一是在能够发挥自身优势的业务领域以超过竞争对手的速度增长；二是比竞争对手提供更好的客户服务，而提供优质服务的前提是实施客户关系管理。

归纳起来，客户关系管理的目标主要包括降低销售及服务成本、增加盈利、巩固客户关系、提高客户满意度、改进信息提交方式、加快信息提交速度、简化客户服务过程等。具体而言，实施客户关系管理为企业带来的优势可以归纳为以下几个方面。

（一）全面提升企业的核心竞争力

进入新经济时代，以往代表企业竞争优势的企业规模、固定资产、销售渠道和人员队伍已不再是企业在竞争中处于领先地位的决定因素。由于新竞争对手和新机遇不断涌现，企业必须创造出新的结构以适应变化需求。依赖于客户生存的企业必须学会如何对待具有不同背景的客户，并通过语言识别和人工智能等手段将技术“人性化”，提升对客户的吸引力。

在新的经济模式下，企业应当在管理客户关系方面做到极致，客户关系管理成为企业核心竞争力的衡量指标。通过使用正确的工具、技术，客户关系管理可以为所有企业提供“看得见的优势”。

如今，竞争的基础和竞争优势的本质已经发生了变化，这主要是因为信息时代使地理和环境不再具有以往的意义，规模和权力也不再能确保市场份额。技术发展和全球化趋势消除了过去许多妨碍经济增长的障碍，人们可以在全球范围内建立人与人以及人与信息之间的连接，这不仅使客户可以随时、随地寻找到能够满足其需求的最佳服务供应商，而且消除了现存市场和机遇固有的防卫壁垒。企业在市场中获胜所需的条件组合，如土地、人

力、资本、信息等，可以很快被竞争对手复制；然而，详细、灵活的客户信息，即有关客户及其爱好的信息和良好的客户关系本身，却很难被竞争对手复制。

如果土地、人力和资本不再是企业增长的核心，那么如何才能保持业务领先呢？企业可以采用的一个方法就是比竞争对手提供更好的客户服务。优质的服务可以促使客户再次消费更多的产品或服务，价格并非客户选择产品或服务时首要的考虑因素。企业可以通过建立以忠诚度为目标的持续不断的关系来实现，整个业务也将从每位客户未来不断的采购中获益。

此外，企业采用所有可以直接与客户接触的方式，如人员接触和通过电话、互联网或电子邮件接触等。企业每天都拥有成千上万这样的交流机会。企业采用客户关系管理系统意味着通过技术的应用将这些交流从简单的活动变为对双方都有用的经验。反过来，这种转换将使企业的业务代表持续提供卓越的客户服务，从而促使企业建立战略性竞争优势。

在价格、服务和客户知识等方面展开全面的竞争要优于单纯的价格竞争，企业实施客户关系管理有可能改变整个竞争格局。因为客户关系管理并不仅仅针对第一次接触或优质服务，它针对的是整个接触生命周期以及如何处理这些接触，促使企业从竞争中脱颖而出。

（二）提升客户关系管理水平

客户关系管理不是孤立的解决方案，而是企业管理的重要组成部分。人们已经深刻地认识到，仅仅从单一方面着手解决企业的问题无法扭转企业的竞争劣势。在电子商务时代，企业从大规模生产体系转向灵活、敏捷的竞争体系，客户关系管理有助于满足企业在提升客户价值、通过合作提高竞争力、建立适应变化的组织、充分利用人员与信息的杠杆作用方面的需要，最终帮助企业构建获利稳定的经营基础。

1. 客户研究与客户挖掘

需求和产品多样化使客户选择的负担日益加重，企业有责任帮助客户确定其需要和要求，这意味着企业应“研究和培育”客户，了解客户做什么、想什么和应该做什么。客户关系管理系统支持企业描述其经营范围、经营网络、业务流程。采集未来的客户信息，描述客户的形成过程可以使企业捕捉到新的客户机会。客户挖掘过程就是将潜在客户培养为现实客户，并进一步转变为支持客户的过程。企业可以借助客户关系管理系统对潜在客户进行数据采集和需求验证，对潜在客户进行简介编制和定位选择，并对潜在客户的喜好和动机进行描述。

2. 客户响应与交易记录

在电子商务环境下，为了与客户进行实时通信，企业必须构建一个以现代通信基础设施为依托的客户接待前台。在处理各类信息的接收、发送与记录的基础上，客户关系管理着重支持客户要求、服务跟踪和客户查询。前台系统将客户要求分配给相关部门并跟踪服务回应，客户可通过互联网数据系统查询自己的交易数据。客户关系管理系统可以降低企业的响应成本，并有利于实现数据系统与企业客户一体化，进而提升客户忠诚度。客户以自己喜欢的方式与企业交流，方便获取信息并得到更好的服务。客户的满意度提高了，企业就可以保留更多的老客户，并更好地吸引新客户。客户关系管理的实施有助于让老客户和潜在客户感受到企业对其需求的重视，促使企业提升响应客户要求的能力，使客户逐渐成为企业的忠诚支持者。

3. 客户追踪与客户评价

客户服务追踪、客户反馈和善后管理是联系在一起的。客户关系管理系统为企业提供了客户追踪服务，支持企业接收、处理客户反馈数据，其善后管理工作则包括维护预约和派遣、备件管理、服务收费及欠款催收等。

客户关系管理不只是一套产品，而是触及企业内部许多部门的商业理念。其核心思想是将企业的客户（包括最终客户、分销商和合作伙伴以及内部客户）作为重要的企业资源，通过完善的客户服务和深入的客户分析来满足客户的需求，保证实现客户的终身价值。

在激烈的竞争环境中，任何企业要发展都需要有一流的客户关系。越来越多的企业认识到了服务对于企业发展的重要性。对于那些迫切需要提高客户关系管理水平的企业来说，选择合适的客户关系管理解决方案将带来事半功倍的效果。

（三）重塑企业营销功能

企业实施客户关系管理就是要全面重塑企业营销功能，这种重塑要求来自企业所处的竞争环境发生的结构性变化。企业正在从一个大量市场产品和服务标准化、产品生命周期长、信息含量小、一次性交易中交换的竞争环境向新的全球化的竞争环境转变。新的竞争环境呈现以下特点：产品和服务个性化、产品生命周期短、信息含量大、企业处于客户基础不断变化的交易过程中。

企业经营从以生产设备为支点变为以客户为支点，营销变为企业活动的重要因素。飞速发展的计算机网络、日益开放的全球经济市场使企业不能再固守一隅。在这样的环境中，客户-竞争-品牌成了密不可分的要素，捕捉客户机会和迎合客户需求的准确性和速度决定了企业能否生存。企业需要一个信息畅通、行动协调、反应灵活的客户关系管理系统。

（四）提升销售业绩

客户关系管理系统的运用直接关系到企业的销售业绩。它可以重新整合企业的客户信息资源，使以往“各自为战”的销售人员、市场推广人员、电话服务人员、商店维修人员等开始真正的协调合作，使这些人员成为围绕“满足客户需求”这一核心宗旨的强大团队。客户关系管理的实施成果经得起销售额、用户满意度、用户忠诚度、市场份额等指标的检验，它为企业新增的价值是看得见、摸得着的。因此，客户关系管理的实施必将确确实实地改变企业的销售文化，让企业中每一个成员都切身感受到信息时代带来的机遇和挑战。

（五）降低成本，提高效率

客户关系管理系统的运用，提高了企业团队销售的效率和准确率，提升了服务质量，同时降低了工作量，这些无疑都降低了企业的运作成本。通过实施完整的客户关系管理策略，企业允许内部人员、供应商和合作伙伴通过互联网进行联系，共享客户信息。

1. IT 管理的加强和成本的降低

目前，Oracle（甲骨文）公司在全球拥有超过 160 座云数据中心，不仅更好地加强了信息的集中管理和资源的充分共享，而且降低了设备维护和管理人员的成本，管理的效率和系统的可靠性也得到了进一步加强。另外，Oracle 公司通过将大量内部培训课程移植到网上，节省了 250 万美元成本；通过全球财务数据的自动合并和整合管理，Oracle 公司每年还能节省 350 万～500 万美元的费用。

2. 公司整体效率的提高

Oracle 公司通过将大量工作和日常业务处理转移到互联网上，日常工作量减少了 25%，业务处理更快捷，员工的工作效率明显提高。Oracle 公司为中国银行和美的集团等许多企业提供了客户关系管理解决方案，都取得了令人满意的效果。

（六）利用整合信息提供卓越服务，提高客户忠诚度

借助客户关系管理系统，利用客户资料，企业可以针对客户需求完善对客户的服务，提高客户的满意度；通过整理和分析客户的历史交易资料，企业可以强化与客户的关系，提高客户再次光顾的次数或消费数量。

例如，在与客户洽谈汽车保险续约时，如果发现客户资料中没有人寿保险的记录，可尝试推销人寿保险；又如，银行或信用卡公司经常发送产品目录或旅游信息给客户，借以提升公司获利机会。

四、客户关系管理的概念

客户关系管理的英文全称是 Customer Relationship Management，首字母简称为 CRM。在实际中，Customer 译作“客户”所表示的意义更为广泛，它包括过去消费或正在消费的消费者，以及还没有消费但今后可能产生消费行为的“潜在消费者”，所指更为准确。

（一）客户关系管理的定义

关于客户关系管理的定义，不同的研究机构有不同的表述。综合现有的客户关系管理

的定义或概念，大致上可以分为以下三类。

第一类可以概括为：客户关系管理是遵循客户导向的战略，对客户进行系统化的研究，通过改进对客户的服务水平、提高客户的忠诚度，不断争取新客户和商机，同时以强大的信息处理能力和技术力量确保企业业务行为的实时进行，力争为企业带来长期、稳定的利润。这类概念的主要特征是基本上都从战略和理念的宏观层面对客户关系管理进行界定，往往缺少对明确的实施方案的思考和揭示。

第二类可以概括为：客户关系管理是一种旨在改善企业与客户之间关系的新型管理机制，它适用于企业的市场营销、销售、服务与技术支持等与客户相关的领域，一方面通过对业务流程的全面管理来优化资源配置、降低成本；另一方面通过提供优质的服务吸引和保持更多的客户，增加市场份额。这类概念的主要特征是从企业业务管理模式、经营机制的角度进行定义。

第三类可以概括为：客户关系管理是企业通过技术投资，建立能搜集、跟踪和分析客户信息的系统，或可增加客户联系渠道、客户互动以及对客户渠道和企业后台的整合的功能模块，主要范围包括销售自动化、营销自动化、呼叫中心等。这主要是从微观的信息技术、软件及其应用的层面对客户关系管理进行的定义，在与企业的实际情况和发展的结合中往往存在一定的偏差。

（二）客户关系管理的内涵

综合所有客户关系管理的定义，可以将其理解为管理理念、商务模式以及技术系统三个层面。其中，管理理念是客户关系管理成功的关键，它是客户关系管理实施应用的基础；商务模式是决定客户关系管理成功与否、效果如何的直接因素；技术系统是客户关系管理成功实施的手段和方法。三者构成客户关系管理稳固的“铁三角”，如图 1－9 所示。

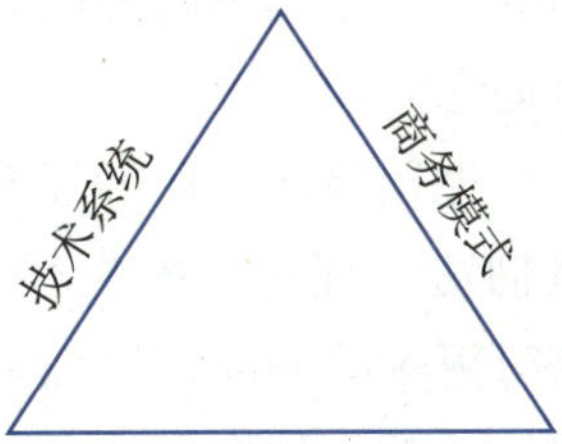

图 1－9　客户关系管理“铁三角”

1. 新管理理念

客户关系管理是企业为提高核心竞争力，达到竞争制胜、快速成长的目的，树立以客户为中心的发展战略，并在此基础上开展的包括判断、选择、争取、发展和保持客户所需而实施的全部商业过程。

必须肯定，客户关系管理作为目前全世界范围内各种企业热烈讨论的一个重要概念，首先体现为接触到企业内所有独立的职能部门和全部的业务流程的商业理念。简单地说，在客户关系管理的理念和思想指导下，企业将着力建立新的以客户为中心的商业模式，通过集成前台和后台资源、办公系统的整套应用支持，确保直接关系到企业利润的客户满意的实现。企业高层和经营管理人员必须贯彻这一思想、实践这一理念、树立并领导这一商业战略。在此层面上，客户关系管理对企业的成长、发展都具有关键的影响和决定作用，但如果仅靠业务流程改进和技术应用来体现显然是远远不够的。以前企业只注重运营效率的提高，但随着网络经济和电子商务的发展，企业在大量的探索和实践中逐渐认识到，建立并维持良好的客户关系，已成为获取独特竞争优势的唯一也是最重要的基础。

客户关系管理作为企业的经营指导思想和业务战略，其核心理念主要体现在以下几个方面：

（1）客户价值的理念。客户关系管理是选择和管理客户的经营思想和业务战略，目的是实现客户长期价值的最大化。客户关系管理的实践，促使企业树立新的客户观念、重新认识客户关系和客户的价值所在。也就是说，客户关系管理重新定义了企业的职能并对其业务流程进行了重组，要求企业真正用以客户为中心的理念来支持有效的营销、销售和服务过程。企业关注的焦点必须从内部运作转移到客户关系上来，通过加强与客户深入的交流，全面了解客户的需求，并不断对产品和服务进行改进和提高，以满足客户需求的持续行为，完成将注意力集中于客户的商业模式的转变。企业的客户关系管理理念，一定要反映在上至公司高层、下至每位员工的所有可能与客户发生关系的环节上，能够使他们充分地沟通，共同围绕客户关系的中心展开工作。从更广的范围来讲，客户关系管理不仅促使企业与客户之间进行良好的交流，也为企业与合作伙伴之间共享资源、共同协作提供了基础。在帮助企业真正做到以客户为中心的解决方案中，客户关系管理创造了具备客户智能的完整的系统，企业可以针对不同的客户建立不同的联系，根据其特点提供服务，这充分体现了客户关系管理的核心思想和理念内涵。

（2）市场经营的理念。客户关系管理要求企业的经营以客户为中心，在市场定位、市场细分和价值实现中必须坚持和贯彻这一理念。因为客户资源是企业最重要的资产之一，客户满意度直接关系到企业能否获得更多的利润，因而对现有客户的管理及潜在客户的培养和挖掘是企业在市场上获得成功的关键。如今，企业面临着更大的竞争和不稳定性，企业只有瞄准以个性化需求的满足为特征的细分市场，企业的资产回报率才能提高。

（3）业务运作的理念。客户关系管理要求企业从“以产品为中心”的业务模式向“以客户为中心”的模式转变。在具体的业务活动中，客户关系管理的理念指导企业搜集、整理和分析每一个客户的信息，号召为客户提供最合适的个性化服务，力争能将客户想要的产品和服务送到他们手中，以及观察和分析客户行为对企业收益的影响，从而使企业与客户的关系以及企业盈利都得到最优化。

（4）技术应用的理念。客户关系管理要求以客户为中心的商业运作流程实现自动化及通过先进的技术平台来支持、改进业务流程。首先，客户关系管理理念的实践要想在全企业范围内实现协调、信息传达和责任承担，就需要一个技术方案来实现企业新的商业策略；其次，考虑到业务流程的整合和较高的客户服务期待，不提及企业中信息技术支持和应用的状况而单考虑这些流程是不可行的；最后，当前信息技术领域的多种进步最终都汇集到一点上，使得客户关系管理的重要性和实效性不断得到加强。

2. 新商务模式

客户关系管理是企业以客户关系为重点，开展系统化的客户研究，通过优化企业组织体系和业务流程，提高客户满意度和忠诚度，提高企业效率和利润水平的工作实践。

客户关系管理作为一种旨在改善企业与客户之间关系的新型管理机制，实施于企业市场营销、服务与技术支持等与客户有关的业务领域，与传统的生产、销售的静态商业模式存在根本区别。客户关系管理系统的建立意味着企业在市场竞争、销售及支持、客户服务等方面形成动态、协调的全新的关系实体，形成持久的竞争优势，从而实现企业客户资源的优化管理。这些新型管理机制的变革集中地体现在市场营销、销售实现、客户服务和决策分析等与客户关系有关的重要业务领域。

（1）市场营销。客户关系管理中的市场营销包括对传统市场营销行为和流程的优化和自动化。个性化和一对一成为营销的基本思路和可行做法，实时营销的方式转变为电话、传真、网站、E-mail 等的集成，使客户以自己的方式、在方便的时间获得需要的信息，形成更好的客户体验。

（2）销售实现。客户关系管理扩展了销售的概念，从销售人员的不连续活动到涉及企业各职能部门和员工的连续进程都纳入销售实现中。在具体流程中它被拓展为包括销售预测、过程管理、客户信息管理、建议产生及反馈、业务经验分析等在内的一系列工作。

（3）客户服务。客户关系管理模式将客户服务视为最关键的业务内容，视同企业的盈利来源而非成本来源。企业提供的客户服务已经超出传统的业务平台，成为能否保留并拓展市场的关键。企业只有提供更加快速和周到的优质服务，才能吸引和保持更多的客户。企业客户服务人员必须能够积极、主动地处理客户各种类型的询问、信息咨询、订单请求、订单执行情况反馈，以及提供高质量的现场服务。

（4）决策分析。客户关系管理的一个重要方面在于创造并具备了使客户价值最大化的决策和分析能力。首先，企业应通过对客户数据的全面分析，规范客户信息，消除交流和共享障碍，并明确客户的需求，提供潜在消费的优先级定位，衡量客户满意度，以及评估客户带给企业的价值，提供管理报告、建议和完成各种业务的分析；其次，企业应在统一的客户数据的基础上，将所有业务应用系统融入分析环境中开展智能性分析，在提供标准报告的同时又能提供既定量又定性的即时分析，分析结果返回给管理层和整个企业各职能部门，增加了信息分析的价值，更能使企业管理者权衡信息，做出全面、及时的商业决策。

3. 新技术系统

客户关系管理也是企业在不断改进与客户关系相关的全部业务流程，整合企业资源，实时响应客户，最终实现电子化、自动化运营目标的过程中所创造并使用的先进的信息技术、软硬件和优化的管理方法、解决方案的总和。这主要是从企业管理中的信息技术、软件及应用解决方案等层面对客户关系管理的内涵进行拓展。

（1）应用软件系统。客户关系管理系统可以理解为企业运用信息技术实现客户业务流程的自动化软件系统，其中涉及销售、市场营销、客户服务以及支持应用等软件系统。

（2）方法和手段。客户关系管理可以是它所体现的方法论的统称，代表可用于帮助企业组织和管理客户关系的一系列信息技术或手段。例如，企业应建立能精确描绘客户关系的数据库，实现客户信息的集成、综合各类客户接触点的电话中心或联络中心等。

客户关系管理的解决方案从方法论上讲，对于大多数行业和企业而言，其以客户为中心的业务流程分析思路中，主要包含的内容具有一定的共性，简称“7P”。

1）客户概况分析（Profiling），包括客户的层次、风险、爱好、习惯等。

2）客户忠诚度分析（Persistency），是指客户对某个产品或商业机构的忠实程度、持久性、变动情况等。

3）客户利润分析（Profitability），是指不同客户所消费产品的边际利润、总利润、净利润等。

4）客户性能分析（Performance），是指不同客户所消费的产品按种类、渠道、销售地点等指标划分的销售额。

5）客户预测分析（Prospecting），包括客户数量、类别等情况的未来发展趋势和争取客户的手段等。

6）客户产品分析（Product），包括产品设计、关联性、供应链等。

7）客户促销分析（Promotion），包括广告、宣传等促销活动的管理。

在客户关系管理的应用系统中，解决方案主要集中在以下方面：业务操作管理（涉及的基本商业流程是：营销自动化、销售自动化、客户服务）；客户合作管理（对客户接触点的管理，如联络中心和电话中心建设、网站管理、渠道管理等）；数据分析管理（主要涉及为实现决策分析智能所做的客户数据库的建设、数据挖掘、知识库建设等工作）；等等。

客户关系管理的应用方案将客户作为公司业务流程的中心，通过与企业管理信息系统的有机结合，日益丰富客户信息，并使用所获得的客户知识来满足客户个性化需求，努力实现企业前后台资源的优化配置。客户关系管理应用系统在管理企业前台方面，提供了搜集、分析客户信息的功能，帮助企业充分利用其客户关系资源，扩展新的市场和业务渠道，提高客户的满意度和企业的盈利能力；在与后台资源的结合方面，客户关系管理要求同企业资源规划等传统企业管理方案实现有机结合，率先实现内部商业流程的自动化，提高生产效率。

随着网络技术的发展，客户关系管理在企业内部、企业与客户和业务伙伴之间建立的无缝协作的能力，将展示出更加巨大的价值。在传统意义上，技术只是管理的辅助手段，但现在信息技术已成为越来越多的企业运营管理的重要途径和工具。

（三）客户关系管理体系结构和流程

客户关系管理体系结构如图 1 - 10 所示。

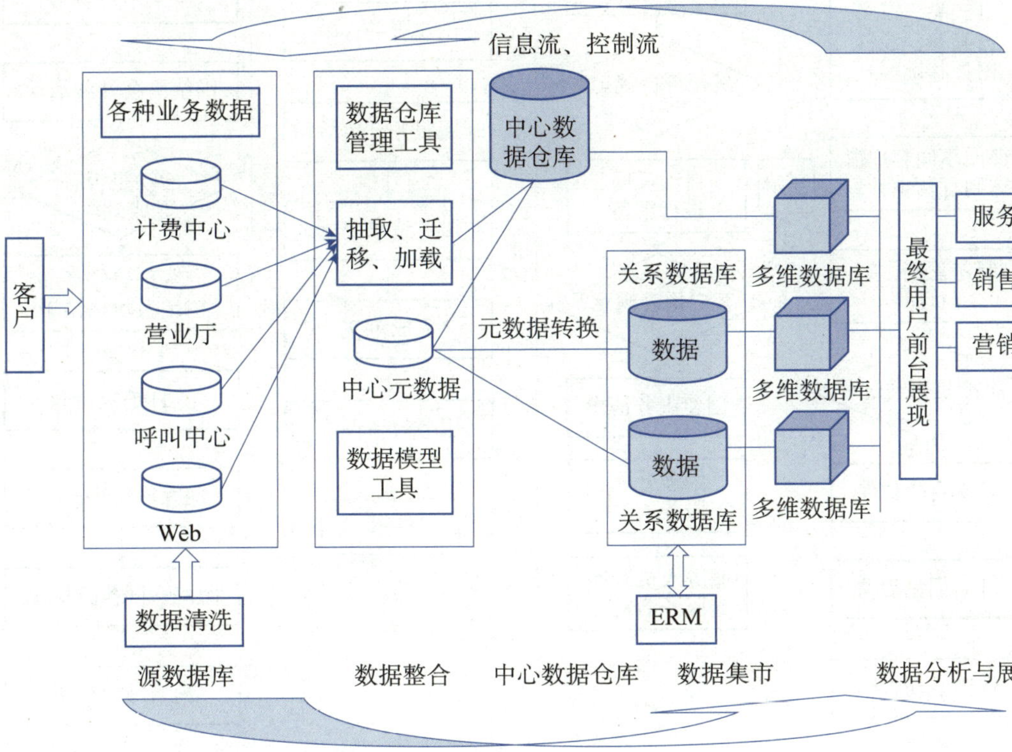

图 1 - 10　客户关系管理体系结构

在该体系结构中，最初，运营数据（企业与客户之间已发生的业务处理记录）是从客户“接触点”搜集的。这些运营数据连同遗留下来的内部客户数据和外来的市场数据经过整合和变换，装载进数据仓库。之后，OLAP 工具和数据挖掘等技术被企业用来从数据中分析和提取相关规律、模式和趋势。最后，企业利用精美的报表工具，使有关客户信息和知识在整个企业内得到有效的流转和共享。这些信息和知识将转化为企业的战略和战术行动，用于提高在所有渠道上同客户交互的有效性和针对性，将适当的产品和服务，通过适当的渠道，在适当的时间，提供给适当的客户。

接触点管理

客户关系管理流程如图 1－11 所示。

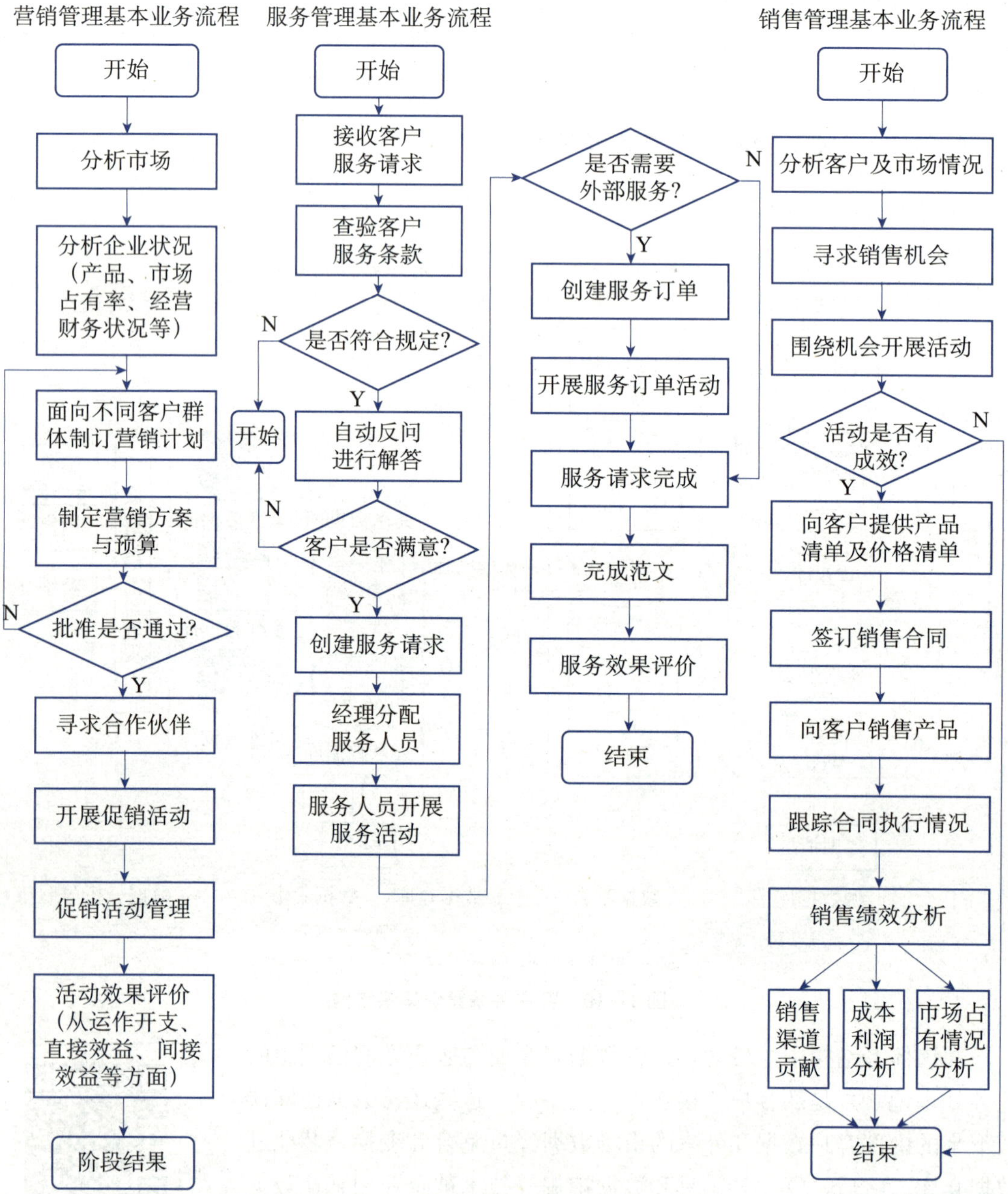

图 1－11　客户关系管理流程

五、客户关系管理的分类

客户关系管理涵盖了直销、间接销售以及互联网等所有的销售渠道，能帮助企业改善包括营销、销售、客户服务和支持在内的有关客户关系的整个生命周期。在新技术和新应用的推动下，全球客户关系管理市场正以每年50%的速度增长，逐渐成为一个价值数十亿美元的软件和服务大市场。随着客户关系管理市场的不断发展，新公司的加入和现有公司以合并、联合以及推出新产品的方式重新定位，这一领域可谓日新月异，客户关系管理解决方案呈现出多样化的发展趋势。为便于了解客户关系管理的全貌，我们可以从以下几个角度对客户关系管理进行分类。

（一）按客户目标分类

并非所有的企业都能够执行相似的客户关系管理策略，而当同一企业的不同部门或地区机构在考虑实施 CRM 时，会有不同的商务需要。此时，不同企业有不同的技术基础设施。因此，根据客户的行业特征和企业规模来划分目标客户群，是大多数 CRM 的基本分类方式。在企业应用中，越是高端应用、行业差异越大，客户对行业化的要求也越高，因而，一些专门的行业解决方案，如银行、电信、大型零售等 CRM 应用解决方案便应运而生。而对中低端应用，企业一般采用基于不同应用模型的标准产品来满足不同客户群体的需求。按照客户目标，CRM 可分为：以全球企业或者大型企业为目标客户的企业级 CRM；以 200 人以上、跨地区经营的企业为目标客户的中端 CRM；以 200 人以下的企业为目标客户的中小型企业 CRM。

在 CRM 应用方面，大型企业与中小型企业相比有很大的区别。首先，大型企业在业务方面有明确的分工，各业务系统有自己跨地区的垂直机构，形成了企业纵横交错的庞大而复杂的组织体系，不同业务、不同部门、不同地区实现信息的交流与共享极其困难。同时，大型企业的业务规模远大于中小型企业，致使其信息量巨大。其次，大型企业在业务运作上强调严格的流程管理，而中小型企业在组织机构方面则轻型、简捷，但运作上更具有弹性。因此，大型企业所用的 CRM 软件比中小型企业的 CRM 软件要复杂、庞大。而一直以来，国内许多介绍 CRM 的报道和资料往往是以大型企业的 CRM 解决方案为依据的。这就导致了一种错觉：CRM 都是很复杂、庞大的。其实，面向中小型企业的 CRM 软件也有很多，其中不乏简捷、易用的 CRM 软件。

越来越多的 CRM 供应商是依据不同情况来提供不同产品的。主要的 CRM 提供商一直以企业级客户为目标，并逐渐向中型市场转移，因为后者的成长潜力更大。以企业级客户为目标的公司包括 Siebel、Oracle 等。Onyx、Pivotal、Multiactive、SalesLogix 等公司瞄准的是中小型企业，这些公司的综合软件包虽不具有大型软件包的深度功能，但功能丰富、实用。

（二）按应用集成度分类

客户关系管理涵盖整个客户生命周期，涉及众多的企业业务，如销售、支持服务、市场营销以及订单管理等。客户关系管理既要完成单一业务的处理，又要实现不同业务间的协同。同时，作为整个企业应用中的一个组成部分，客户关系管理还要充分考虑与企业的其他应用，如与财务、库存、ERP、SCM 等进行集成应用。

但是，不同的企业或同一企业处于不同的发展阶段时，对客户关系管理整合应用和企业集成应用有不同的要求。为满足不同企业的不同要求，客户关系管理在集成度方面也有不同的分类。从应用集成度方面可以将客户关系管理分为：CRM 专项应用、CRM 整合应用、CRM 企业集成应用。

1. CRM 专项应用

以销售人员为主导的企业与以店面交易为主的企业，在核心能力上是不同的。销售能力自动化（SFA）是以销售人员为主导的企业的 CRM 应用关键；而客户分析与数据库营销则是以店面交易为主的企业的核心。

在专项应用方面，还有呼叫中心（Call Center）。随着客户对服务要求的提高和企业服务规模的扩大，呼叫中心在 20 世纪 80 年代得到迅速发展，与 SFA 和数据库营销一起成为 CRM 的早期应用。到目前为止，这些专项应用仍然具有广阔的市场，并处于不断的发展中。

对于中国企业特别是中小型企业而言，CRM 的应用处于初期阶段，中小型企业可根据自身的销售与服务特点，选择不同的 CRM 专项应用。当然，在启动专项应用的同时，企业应当考虑后续的发展，特别是对于业务组件的扩展性和基础信息的共享，应选择适当的解决方案。

2. CRM 整合应用

由于 CRM 涵盖整个客户生命周期，涉及众多的企业业务，因此，企业必须实现多渠道、多部门、多业务的整合与协同，实现信息的同步与共享，这就是 CRM 整合应用。CRM 业务的完整性和软件产品的组件化及可扩展性是衡量 CRM 整合应用能力的关键。这方面的代表厂商有 Siebel（企业级 CRM）、Pivotal（中端 CRM）、MyCRM（中小型企业 CRM）。

3. CRM 企业集成应用

对于信息化程度较高的企业而言，CRM 与财务、ERP、SCM 以及群件产品如 Exchange、Outlook 和 Lotus Notes 等的集成应用是很重要的。这方面的代表厂商有 Oracle、SAP（思爱普）等。

（三）按系统功能分类

1. 操作型 CRM

操作型 CRM 用于自动集成商业过程，包括销售自动化、营销自动化和客户服务与支持三部分业务流程。

2. 合作型 CRM

合作型 CRM 用于同客户沟通所需途径（包括电话、传真、网络、电子邮件等）的集成和自动化，主要有业务信息系统、联络中心管理和 Web 集成管理。

3. 分析型 CRM

分析型 CRM 用于对以上两部分所产生的数据进行分析，产生客户智能，为企业的战略、战术决策提供支持，包括数据仓库和知识仓库建设，以及依托管理信息系统的商业决策分析智能。

六、客户关系管理的功能

客户关系管理的功能与企业的需求密不可分。根据众多客户关系管理厂商的产品设计思路和不同企业不同阶段的需求，客户关系管理功能可以分为以下三个层次：部门级 CRM、协同级 CRM 和企业级 CRM。

（一）部门级 CRM

销售、营销和客户服务部门是 CRM 的主要应用部门，这三个部门工作职能不同，相应地对 CRM 的需求也不同。

1. 销售能力自动化（SFA）

销售人员希望能够在整个销售流程中随时获取相应的客户接触信息，并进行销售追踪；销售经理则希望能够随时掌握部门内所有销售人员的活动信息，包括他们的接触列表和销售机会，同时还希望能及时获得销售报告，进行销售预测。这就要求 CRM 能提供实时销售信息、自动销售任务安排（自动派活）、销售评价等功能。

为满足上述需求，CRM 的销售能力自动化模块的功能目标为：在支持销售流程完成其业务循环的基础上形成相关的知识管理、接触管理及预测管理。其基本功能模块包括接触管理、账户管理、销售机会和潜在客户管理、线索管理、销售渠道管理、销售预测工具、报价和订购、报告工具、数据同步引擎等。

2. 营销自动化（MA）

通常而言，企业的营销部门主要负责识别对企业最有价值的客户，判断和吸引潜在的最有价值的客户，这就要求 CRM 能够进行市场分析、市场预测、市场活动管理等。为满足上述需求，营销自动化模块通常包含以下功能：

（1）流程管理，端到端的组织和营销执行过程。

（2）业务分析工具，通过对数据的有效分析、判断、解释、挖掘，为组织提供有效的市场趋势判断，从而为相应的细分市场及营销活动提供有力的帮助。

同时，为将传统营销流程与传播环节结合起来以形成新的流程，营销自动化还包括以下功能：

1）活动管理，对企业的所有市场活动进行管理；

2）活动跟踪，跟踪市场活动的情况；

3）反馈管理，及时得到市场活动的反馈信息；

4）活动评价，对市场活动的效果进行衡量；

5）客户分析，对客户的构成、客户的地理信息和客户行为进行分析。

3. 客户服务与支持部门

客户服务与支持部门主要负责售后服务及相关问题的解决，也是 CRM 系统应用的重点部门。通常而言，客户服务与支持部门对 CRM 有以下要求：

（1）提供准确的客户信息。企业要提高客户服务质量，就需要准确的客户信息。

（2）提供一致的服务。企业的服务中心以整体形象对待客户，使客户感觉是同一个人在为其服务。

（3）支持远程服务。企业可在远程通过互联网、语音支持等技术手段为客户提供服务。

（4）实现问题跟踪。客户服务主要集中在售后活动上，不过有时也提供一些售前信息，如产品广告等。售后活动主要发生在面向企业总部的呼叫中心，此外面向市场的服务也是售后服务的一部分。产品技术支持是客户服务中最重要的功能，为客户提供支持的客户服务代表需要与驻外的服务人员（要求共享复制客户交互操作数据）和销售人员进行操作集成。总部客户服务与驻外服务机构的集成以及客户交互操作型数据的统一使用是现代 CRM 的一个重要特点。简单来说，面向客户服务与支持实时监控、故障诊断和维修等服务，能大大提高售后服务的效率，大幅降低服务费用。相应的 CRM 支撑功能包括：

1）客户定制。企业应为特定的客户进行个性化服务，为其所需的产品进行配置化和客户化。

2）客户使用情况跟踪。企业应对客户使用情况进行跟踪，以便客户能安全、可靠地使用产品。

3）信息检查。企业应在安排服务或维修之前检查客户是否具有支付服务费用的能力。

4）服务协议。它和所有的契约承诺（如客户服务合同、服务水平协议）和担保相关联。CRM 系统在记录呼叫时会自动执行授权检查，如果系统发现某一项目遗漏，会自动执行调整。

（二）协同级 CRM

1. 协同级 CRM 的需求

市场营销、销售和客户服务与支持是三个独立的部门，对 CRM 有着不同的需求。但是有一点对三者而言是共同的，它们都必须坚持以客户为中心的运作机制。协同级 CRM 将市场营销、销售和客户服务与支持三个部门紧密地结合在一起，从而使 CRM 为企业发挥更大的作用。协同级 CRM 主要解决企业在运作过程中遇到的以下问题：

（1）信息的及时传递。市场分析的结果应能及时地传递给销售和服务部门，以便它们能够更好地理解客户的行为，达到留住老客户的目的。同时销售和服务部门搜集的反馈信息也可以及时传递给市场营销部门，以便市场营销部门能够对销售、服务和投诉等信息进行及时分析，从而制定出更有效的竞争策略。

（2）销售渠道的优化。市场营销部门将销售信息传递给谁、让谁进行销售，对于企业的成功运营非常重要。企业应在众多的销售渠道中选取效果最佳、成本最低的销售渠道。

总之，市场、销售和客户服务与支持部门的协同工作有助于企业在恰当的时机拥有恰当的客户。

2. 协同级 CRM 的功能

（1）现代通信技术，特别是互联网的出现，给企业和客户的交流带来了许多新的选择，这些选择为企业降低市场营销、销售和服务的成本带来了新的机遇。但同时，这种多渠道的交流也会造成一些不必要的混乱，导致交流质量的下降并影响企业的形象。因此，协同级 CRM 的第一项功能是必须通过采用先进的信息技术，将电话、传真、Web、无线接入等多种交流渠道进行高度集成，使企业的客户无论通过何种渠道，在何时、何地，都能够以自己喜欢的方式通畅地与企业交流。同时，企业也能够利用多种联系渠道的协同运作对客户作出即时的反应，并提供准确、一致、最新的信息。交流渠道的集成，使客户避免了向企业的不同部门、不同人员反馈相同信息的烦琐，从而使客户的问题或抱怨能更快地和更有效地得以解决，最终提高客户的满意度。

（2）协同级 CRM 采用合理的信息基础架构，消除了各类信息之间的屏障，建立起统一的 CRM 信息资源库。统一后的 CRM 信息资源库包括有关客户的所有信息，无论是何时何地，通过何种渠道，凡是有关客户与企业接触或交流的信息都会储存在其中。CRM 信息资源库还包含企业的营销、销售、客户服务等信息。企业内销售、市场营销、客户服务等不同部门的有关人员都可以随时、随地存取信息，从而能够及时、全面地提供或掌握营销、销售和客户服务等信息，以便对客户的需求和变化作出及时、一致的反应。此外，CRM 信息资源库还会保存客户的偏好信息，企业可以根据客户的偏好，再考虑沟通渠道的方便与否，掌握沟通渠道的最终选择权。例如，有的客户或潜在的客户不喜欢那些不请自来的电子邮件，但对企业偶尔打来电话却不介意。对这样的客户，企业应避免向其主动发送电子邮件，而应多利用电话这种沟通方式。此功能的实现需要企业利用数据库和数据仓库技术。

（3）协同级 CRM 应具有强大的工作流引擎，从而确保跨部门的工作能够自动、动态、无缝地链接。另外，企业的跨部门工作流程可能还将随着外部环境的变化而变化，工作流引擎还应具有柔性定制的功能。

（4）面对浩如烟海的客户及企业营销、销售和服务信息，如果没有一个具有高度商业智能的数据分析和处理系统来进行处理是很难想象的。一方面，协同级 CRM 可以将最佳的商业实践与数据挖掘、数据仓库、一对一营销、销售自动化以及其他信息技术紧密地结合在一起，通过充分挖掘客户商业行为的个性和规律，来不断寻找和拓展客户的盈利点和盈利空间。另一方面，智能化的数据分析和处理本身也是企业向客户学习的一个高效过程。CRM 的商业智能系统使企业在获得与客户关系最优化的同时，也获得了企业利润的最优化。实现这一点的核心技术无疑就是数据挖掘技术。

综上所述，统一的渠道能给企业带来效率和利益的提高，这些收益主要从内部技术框架和外部关系管理方面表现出来。从内部来讲，建立在集中的数据模型基础上的统一的渠道方法能改进前台系统，增强多渠道的客户互动。从外部来讲，企业可从多渠道的与客户良好的互动中获益。例如，客户在与不同的企业交涉时，不希望向不同的企业部门或职员提供重复的信息，统一的渠道有利于客户问题或抱怨能更快、更有效地被解决，进而提高客户满意度。

（三）企业级 CRM

1. 企业级 CRM 的需求

大中型企业往往可能已经建立了企业资源计划（ERP）、办公自动化（OA）、管理信息系统（MIS）、供应链管理（SCM）、产品数据管理（PDM）等一系列的 IT 系统，如果这些 IT 系统之间相互孤立，就很难充分发挥各系统的功能。因此，实现不同 IT 系统之间的面向信息、过程的紧密集成，不仅可以充分提高企业的运作效率，而且可以充分利用原有的系统，降低企业 IT 系统的成本。

CRM 作为企业重要的 IT 系统，也需要与企业的其他 IT 系统紧密集成，这种集成从低到高主要表现为以下三个层次：

（1）集成各种信息来源。市场分析需要有关客户的所有数据，销售和服务部门也需要在适当的时机掌握正确的数据。这些有关客户行为、客户基本资料的数据通常来源于其他系统，因此企业经常需要从已有的 ERP、OA、MIS 等 IT 系统中获得这些数据。

（2）利用企业原有的信息系统。企业已有的 IT 系统中有很多模块可以直接集成到 CRM 系统中。企业对已有系统的利用，不仅可以增强 IT 系统中数据的一致性，而且可以降低 CRM 系统的成本。一般而言，ERP 系统都会包含人力资源管理这一功能模块，其中就包含对市场营销人员、销售人员和客户服务与支持人员的管理，CRM 系统完全可以利用 ERP 系统的这一功能实现对这三个部门的人员管理。

（3）支持其他 IT 系统的实现。CRM 的分析结果同样可以被企业内其他 IT 系统所利用。例如，在电信企业中，对客户群体的分析并实现客户细分是运行客户信用度管理信息系统的基础。

2. 企业级 CRM 框架

要满足企业三个层次的不同需求，CRM 系统就必须具有良好的可扩展性，从而使企业能够在不同的时期根据其经营规模和 IT 系统状况，灵活地扩展 CRM 系统的功能。

图 1－12 中企业的其他系统如 ERP、OA、MIS 和 PDM 等都通过企业应用系统集成，为数据仓库和 CRM 系统提供数据。CRM 系统将分析结果用于销售管理和呼叫中心管理，与此同时，销售管理、电子邮件等渠道将客户的反馈信息传递给数据仓库，为 CRM 系统所用。其中，呼叫中心是 CRM 系统与客户的一个主要接触点。

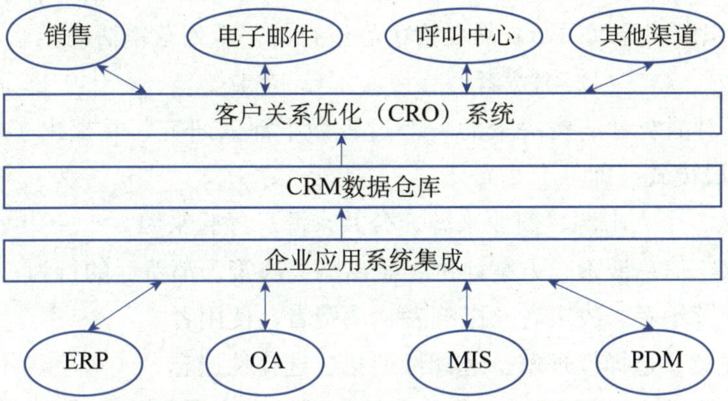

图 1－12　企业级 CRM 系统构成

在企业级 CRM 系统中，各部分功能如下：

（1）客户关系优化（Customer Relationship Optimization，CRO）系统可以满足部门级和协同级的功能需求，优化企业与客户之间的关系。

（2）CRM 数据仓库，存储 CRM 所需要的各种历史数据。

（3）企业应用系统集成（Enterprise Application Integration，EAI），利用应用系统交换（包括数据库适配器、语言适配器和应用适配器等）、信息转换和 XML 技术以及 Cobra、Web Service 等技术将 CRM 与企业的其他 IT 系统紧密集成起来。

这样的结构能够充分满足部门级、协同级和企业级的不同需求，企业可以根据自己的状况，选择相应的系统来构造其 CRM 系统。在如图 1－12 所示的结构中，CRO 是整个 CRM 系统的核心，它主要满足部门级和协同级的需求，所有销售自动化、市场营销自动化、客户服务支持自动化等核心功能都将在此实现。

模块小结

本模块要让学生明晰客户关系与市场及市场营销的关系，通过了解客户消费行为过程及客户消费行为类型找到客户关系维护及保持的切入点。教学重点是客户关系管理的核心要义，教学难点是让学生站在市场的角度，建立发现客户需求、解决客户问题、建立客户关系的意识。

课后练习

一、单项选择题

1. 通俗地讲，市场营销就是商品或服务从生产者手中移交到消费者手中的一种过程，是企业或其他组织以满足（　　）需要为中心进行的一系列营销活动。

A. 生产者　　B. 消费者　　C. 企业　　D. 商品

2. 营销学者对消费者消费决策的一般过程做了深入研究，并提出了若干模式，而采用较多的是五阶段模式，即（　　）。

A. 需求确认、个人来源、商业来源、公共来源、经验来源

B. 需求确认、信息搜索、方案评价、做出购买决策、消费后的行为

C. 倡导者、营销者、决策者、影响者、消费者、使用者

D. 选择性注意、选择性理解、选择性记忆、选择性遗忘

3. 根据客户的行业特征和（　　）来划分目标客户群，是大多数 CRM 的基本分类方式。

A. CRM 专项应用　　B. CRM 整合应用

C. CRM 企业集成应用　　D. 企业规模

4. （　　）部门主要负责售后服务及相关问题的解决，也是 CRM 系统应用的重点部门。

A. 产品生产　　B. 产品销售

C. 客户服务与支持　　D. 财务

5. （　　）是整个 CRM 系统的核心，它主要满足部门级和协同级的需求，所有销售自动化、市场营销自动化、客户服务支持自动化等核心功能都将在此实现。

A. 企业应用系统集成　　B. 客户关系优化系统

C. 企业级 CRM 框架　　D. 数据仓库

二、多项选择题

1. 市场构成三要素是什么？（　　）

A. 商品　　B. 人口　　C. 消费力　　D. 消费欲望

2. 消费者消费角色可以分为（　　）、消费者和使用者五种。

A. 倡导者　　B. 营销者　　C. 决策者　　D. 影响者

3. 根据消费者的参与程度，可将消费者划分成（　　）类型。

A. 例行反应行为　　B. 有限度解决问题行为

C. 广泛解决问题行为　　D. 复杂的消费行为

4. 客户关系管理产生的原因包括（　　）。

A. 需求的拉动　　B. 技术的推动
C. 管理理念的更新　　D. 时代的变化
5. 在 CRM 的应用系统中，解决方案主要集中在以下（　　）方面。
A. 业务操作管理　　B. 客户合作管理
C. 客户预测分析　　D. 数据分析管理

三、判断题

1. 广义的市场是指买卖双方进行商品交换的场所，如集市、菜市场、超市等。（　　）
2. 以买方为代表的市场需求是决定商品交换能否实现的基本要素。（　　）
3. 市场营销的第一目的是创造、获取和维持客户。（　　）
4. 正确的决策可以使消费者以较少的费用和时间买到物美价廉的商品，最大限度地满足消费者的需要。（　　）
5. 客户关系管理涵盖了直销、间接销售以及互联网等所有的销售渠道，能帮助企业改善包括营销、销售、客户服务与支持在内的有关客户关系的整个生命周期。（　　）

四、案例思考

重温开篇“导引案例”，小组讨论分析并回答以下问题：

1. 在诸多的利益相关者中，华为最重视哪一类利益相关者的关系？为什么？为此，华为采取了哪些具体的措施？
2. 贯彻“以客户为中心”的思想为华为带来了哪些价值？
3. 分析华为的 CRM 实践给其他企业的启示。
4. 为华为的 CRM 实践提出建议。

教学方法建议

关键词卡片法

模块一是让学生先了解什么是客户关系，从市场与客户的关系、市场营销与客户的关系，到了解客户消费行为，再到了解客户关系的起源及概念等。内容比较多，概念之间关系有些复杂，学生可能在理解上有一定难度，如何让学生掌握这些概念之间的关联性是本模块的教学难点。因此，建议采用关键词卡片法。具体操作如下：

（1）教师首先向学生讲解清楚什么是关键词，并对学生自学的项目关键问题进行简单讲解。

（2）安排学生在课上一段时间（如 10 分钟），或者课下自行阅读某个单元的一部分内容，要求每名学生在本单元中找出 5～10 个关键词，并记录于本页下方笔记处。

（3）按照课前分配的小组，每名学生展示自己的关键词内容，组长组织全组学生讨论，形成统一意见，每个组统一整理出 10 个关键词。

（4）将自己组的关键词写在下方心形卡片上，一个卡片写 5 个关键词。

（5）每个组安排一名学生讲解为什么选择这些关键词，并安排相关学生给每个组打分。

（6）按照小组第一的全组学生给 95 分、第二的全组学生给 90 分的方式，以此类推，教师记录平时成绩。

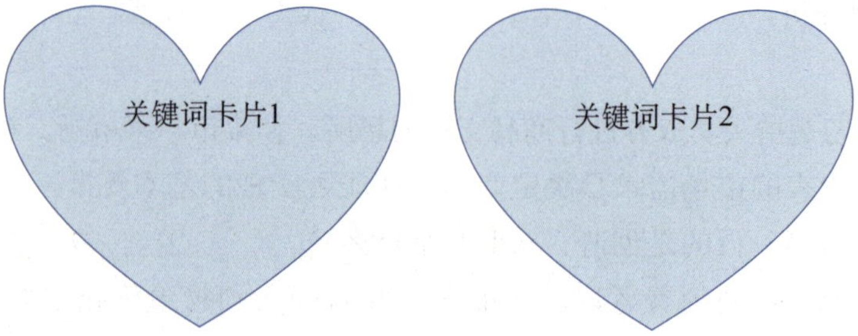

教学过程操作建议

一、确定学习项目

二、教师讲解教材使用方法及要求

1. 在书上记笔记。
2. 组织全班学生分组（每组 4～6 人）。
3. 完成课后习题。
4. 建议学生完成关键词卡片。

三、制订计划

1. 教师根据每个单元内容设计好教学的各个环节。
2. 模块一建议采用关键词卡片法。
3. 教师梳理四个单元的主要教学内容，列出重难点问题。

四、教学实施

1. 案例导入—分组讨论—提出问题—学生自学—各组关键词分享—教师讲解关键点。
2. 教师给出学习资源及要求。
3. 学生自学，也可以查阅手机和讨论。
4. 教师到各组巡查，答疑解惑。
5. 教师要强调关键点及重难点或专门做好教学设计。

五、检查评估

1. 教师提问，总结每个单元的知识点。
2. 课后练习，学生自查知识点掌握情况。
3. 模块一全部学习完后做好单元测验。

模块二　客户区分

学习目标

素养目标：

1. 培养学生注重以人为本，在细分客户工作中重视保护客户个人隐私，注意保护消费者权益的意识；
2. 培养学生树立社会整体福祉观，在进行客户细分与客户画像过程中，不能仅考虑经济利益，还要关注社会责任。

知识目标：

1. 了解市场细分与客户细分之间的关系；
2. 明确客户细分对于客户关系管理的作用；
3. 掌握客户关系生命周期相关理论。

能力目标：

1. 能够运用市场细分的方法筛选出目标客户；
2. 能够应用客户细分、客户画像进行客户关系管理；
3. 能够运用客户画像等相关理论进行智能客户细分。

导引案例

以客户为中心再定义！从千人千面到一人多面，从细化到泛化，客户细分到底该咋做？

1. “悬浮”的客户细分和动摇的客户关系

金融服务业在客户细分这项工作上已经尝试了很多年，尽管重要性尽人皆知，实操中却是说来容易做起来难。金融机构有苦难言：客户细分工作耗资巨大，各级员工压力倍增，但这种努力并不一定能带来更有效率的业务运转，或必然提升销售量和利润率。这并不是简单的“观点是否跟上”“认识是否到位”的问题，而是有着极其现实的考量和客观因素。

有效的客户细分取决于对客户的充分认识。在国内目前分业经营的环境下，某种业态的金融机构往往只对应其中一个投资类型，即便同一类型的投资，出于“赛马”或分散风险的考虑，也会被放到不同的篮子里进行比较，再加上对个人隐私的保护日益重视，最终每个金融机构能拿到的客户信息都只是拼图的极小一块。有限的信息来源和真正量体裁衣、满足动态发展要求的整体性规划和服务之间存在错位，金融机构要做到精细定位面临较多的困难。

很多金融机构基于不科学的标准进行的客户细分本质上是在做无用功。举例来说：有些金融机构按客户之前的购买习惯进行细分，但这种标准并没有考虑客户需求的动态变化；有些金融机构按客户在该机构的资产值进行判断，但这种标准忽视了客户可能没有说出口的整体资产状况；有些金融机构按客户登记的收入状况预测其可能感兴趣的投资类型，但却无法确切得知客户的风险偏好和投资倾向。

金融机构也往往无法回答关于客户的一系列问题。例如，目前从客户处收集到的数据是否准确？这些数据能否用以预测客户接下来将处于生命周期中的哪个阶段？需要哪些能力来匹配与这些需求对应的产品和服务？前期思考的缺失，导致千辛万苦得来的数据并不具备太强的实用性，更像是“为做而做”，而无法真正指导资源配置。

在企业自身经营层面，一些金融机构既缺乏对自身经营状况和利润率的精确分解，也无法将客户细分工作与企业的短、中、长期经营目标有效挂钩。由于对客户分类工作的评价指标与经营目标实现程度的联动性不强，因此企业也无法有效改善财务报表，长此以往更容易陷入战略摇摆的境地。

而个体（企业、客户）得失之外，站在企业社会责任的角度，还要谨防智能客户细分沦为企业收割客户、获取短期利益的工具。“大数据杀熟”的本质是罔顾长期目标和社会整体福祉，将原本用以提供“差异化的产品和服务”的客户信息用作客户不知情基础上的“差异化定价”。在反垄断的大环境下，这种运作模式是悬在企业头上的利剑，不仅损害了客户利益，也给企业的做大做强带来了极大的合规不确定性和监管应对压力。

2. 从“细化”到“泛化”，重新定义“以客户为中心”

新时代的客户面对更加透明的产品和服务价格，也习惯通过互联网等多渠道比价降低获取成本，这一现象的逻辑后果是，客户对于标准化服务的忠诚度正在下降，金融机构想要维护客户忠诚度，必须提供更多的价值支撑。

实践中，当一项综合性战略取得市场反响时，我们往往会认为这是客户细分策略的成功，但也许这只是某个产品的阶段性成功。把时间拉长，在产品热度散去后，给客户所做的画像仍然是那些画像，但客户却已转身投向其他产品。在这样一个变化的时代，任何对个人角色和行为特征的僵化定义都失去了意义，必须有更好的方法来帮助客户管理需求。

如果说细分是通过识别具有不同需求的消费群体来开发市场，那么泛化则是拉长服务周期，从“整合”的角度来获取更大的客户价值。后者不是对前者的简单否定，而是在前者基础上的进化，希望用更全面、更到位的服务来重新定义以客户为中心的概念。

反映在金融服务领域，一些金融机构在客户服务团队的建立上，不再局限于传统的客户细分思维，而是按客群进行服务全覆盖，提供无缝体验。这实际上是两个维度的结合：在某一时点的切面上，做到“千人千面”，对不同的客户提供该时点的最佳方案（包括对应的产品和服务）；而对同一客户的不同时段，则围绕满足客户需求做好衔接，重新组织自己的业务流程，为客户的“一人多面”提供贯穿整个生命周期的客户体验。一切皆以“人”为中心。正如美国营销专家皮特·费德所言：“客户中心化是一种战略，它使公司产品和服务的开发和提供与选定的客户群的当前和未来需求相一致，以使他们的长期利益最大化，从而为公司创造财务价值。”

这是一种前瞻性的关系与互动，金融机构不仅要有跟踪和长期服务客户的能力，也要有直面自己当下的能力边界并预测下一个阶段自身核心能力的勇气。

资料来源：叶毓蔚．以客户为中心再定义！从千人千面到一人多面，从细化到泛化，客户细分到底该咋做？[EB/OL]．券商中国微信公众号，2021-09-25.

讨论并分析：

1. 从上述案例中找出与本模块各单元核心内容及智能客服概念相关联的关键词，在案例中标注，并记录在此处。

____

____

2. 认真阅读案例，找出关于社会责任、消费者权益方面的表述，并用下划线标注。

任务分组：

班级			组号		指导教师	
组长			学号		任务	
组员	姓名	学号	任务	姓名	学号	任务

单元一 市场细分与市场定位

一、市场细分

市场细分的概念是营销学家温德尔·史密斯于1956年提出来的。市场细分是指按照消费者欲望与需求把因规模过大导致企业难以服务的总体市场划分成若干具有共同特征的子市场，处于同一细分市场的消费群被称为目标消费群。相对于大众市场而言，这些目标子市场的消费群就是分众了。

（一）市场细分的依据

企业进行市场细分的目的是通过对客户需求差异予以定位来取得较大的经济效益。通常而言，企业是组合运用有关变量来细分市场，而不是单一采用某一变量。概括起来，细分消费者市场的变量主要有地理变量、人口变量、心理变量、行为变量四大类，如表2-1所示。以这些变量为依据来细分市场就产生了地理细分、人口细分、心理细分和行为细分四种市场细分的基本形式。

表2-1 消费品市场细分标准及变量一览表

细分标准	细分变量
地理变量	地理位置、城镇大小、地形、地貌、气候、交通状况、人口密集度等
人口变量	年龄、性别、职业、收入、民族、宗教、教育、家庭人数、家庭生命周期等
心理变量	生活方式、社会阶层、个性、消费动机、价值取向、对商品或服务的感受或偏好、对商品价格反应的灵敏程度以及对企业促销活动的反应等
行为变量	消费时间、消费数量、消费频率、消费习惯（品牌忠诚度）、利益、使用者状况、态度以及对服务、价格、渠道、广告的敏感程度等

1. 地理变量

按地理变量细分市场就是将市场分为不同的地理区域，如国家、地区、省区市、东部、西部、南方、北方、城市、农村、山区、平原、高原、湖区、沙漠等。以地理变量作为市场细分的依据，是因为地理因素会影响消费者的需求和反应。各地区由于自然气候、交通状况、通信条件、传统文化、经济发展水平等因素的影响，形成了不同的消费习惯和偏好，具有不同的需求特点。例如，生活在我国不同区域的人们的饮食口味有很大差异，也由此形成了粤菜、川菜、鲁菜等著名菜系。

2. 人口变量

人口变量细分是按年龄、性别、职业、收入、民族、宗教、教育、家庭人数、家庭生命周期等人口统计因素，将市场细分为若干消费群体。例如，可以将服装市场按照“性别”这个细分变量分为两个市场：男装市场和女装市场。又如，可以将服装市场按照“年龄”这个细分变量细分为七个市场：童装市场、青年男装市场、青年女装市场、中年男装市场、中年女装市场、老年男装市场、老年女装市场。

3. 心理变量

在市场营销活动中，常常会出现这种情况，即在人口因素相同的消费者中间，对同一商品的爱好和态度截然不同，这主要是受心理因素的影响。市场细分的心理因素十分复杂、广泛，涉及消费者一系列的心理活动和心理特征，主要包括消费者的生活方式、社会阶层、个性、消费动机、价值取向、对商品或服务的感受或偏好、对商品价格反应的灵敏程度以及对企业促销活动的反应等。下面我们就其中的部分因素加以说明。

（1）生活方式。生活方式是指个人或集体在消费、工作和娱乐上表现出的特定的习惯。不同的生活方式往往会产生不同的消费需求和消费行为，即使对同一种商品，也会在质量、外观、款式、规格等方面产生不同的需求。如今，许多消费者消费商品不仅是为了满足物质方面的需要，更重要的是为了表现他们的生活方式，满足其心理需要，如彰显身份和地位、追求时髦等。很多企业十分重视生活方式对企业市场经营的影响，特别是生产经营化妆品、服装、家具等产品的企业更是高度重视。一些企业将追求某种生活方式的消费群当作自己的目标市场，专门为这些消费者生产产品。

（2）社会阶层。由于不同的社会阶层所处的社会环境不同、成长背景不同，因此他们的兴趣偏好不同、消费特点不同，对产品或服务的需求也不同。社会阶层是指一个社会中具有相对的同质性和稳定性的群体，他们按等级排列，每个阶层成员拥有类似的价值观、兴趣爱好和行为方式。处于不同社会阶层的人，对汽车、服装、家具、娱乐、阅读等方面的需求都有较大的差异。

（3）个性。个性是指个人独特的心理特征，这种心理特征使个人与其环境保持相对一致和持久的反应。每个人都有影响其消费行为的独特个性。在区分出不同的个性，并且特定的个性同产品或品牌的选择之间存在很强相关性的前提下，个性就可以成为细分市场的心理变量。例如，有些钟表公司将市场细分为传统型消费群、新潮型消费群、节俭型消费群、活跃型消费群等。

消费者在选择品牌时，不仅会在理性上考虑产品的实用功能，而且会在感性上评估品牌表现出的个性。因而很多企业会赋予品牌以个性，以迎合消费者的个性需求。例如，20世纪50年代末，福特汽车公司和通用汽车公司在促销方面就强调其个性的差异。有不少人认为消费福特汽车的顾客有独立性，易冲动，敏于变革并有自信心；消费通用汽车的客户往往保守、节俭，恪守中庸之道。

（4）偏好。偏好是指消费者偏向于某一方面的喜好，反映了消费者对不同产品或服务的喜好程度。在市场上，消费者对不同品牌的喜爱程度是不同的，有的消费者有特殊偏好，有的消费者有中等程度的偏好，有的消费者没有什么偏好。消费者偏好的不稳定和不清晰是常态的，这主要是由当时当地的社会环境、风格习惯等对整个消费群产生的影响决定的。因此，企业为了维持和扩大经营，就要了解消费者的各种偏好，掌握其需求特征，以便从产品、服务等方面满足他们的需要。

4. 行为变量

行为细分是根据消费者对品牌的了解、态度、使用情况及反应而将他们分为不同的群体。许多营销人员认为，行为变量是市场细分的最佳起点。以下是其中几个变量的介绍。

（1）消费时间。这是指按消费者消费和使用产品的时间细分市场，这些时间包括结婚、购房、搬家、拆迁、入学、升学、退休、出差、旅游、节假日等。时间细分有助于提高品牌使用率，提高营销的针对性。例如，旅行社为“十一”黄金周提供专门的旅游服务，文具企业为新学期提供学习用品开学套装。

（2）利益。利益细分是根据消费者从品牌产品中追求的不同利益分类的一种方法。美国曾有人运用利益细分法对钟表市场进行研究，发现手表消费者可分为三类：23%的人侧重价格低廉，46%的人侧重耐用性及一般质量，31%的人侧重品牌声望。当时美国各大钟表公司都将注意力集中于第三类细分市场，制造豪华、昂贵的手表并通过珠宝店销售。天美时（TIMEX）公司则慧眼独具，选定第一、二类细分市场作为目标市场，全力推出“天美时”牌手表并通过一般钟表店或大型综合商店出售。该公司后来发展成为世界第一流的钟表公司。

（3）使用者状况。许多品牌按使用状况将消费者分为曾经使用者、未曾使用者、潜在使用者、初次使用者、偶尔使用者和经常使用者等类型，针对不同使用群体采用不同的营销策略和方法。市场占有率高的品牌特别重视将潜在使用者转变为实际使用者，如领导型品牌，而一些小企业则只能以经常使用者为服务对象。

品牌忠诚度

（4）消费习惯（品牌忠诚度）。消费者的忠诚度是企业最宝贵的财富。美国商业研究报告指出：与初次登门者相比，多次光顾的顾客可为企业带来20%～85%的利润；固定客户数量每增长5%，企业的利润则增加25%。

（5）消费频率。很多企业会根据品牌的轻度使用者、中度使用者和重度使用者情况来细分市场。品牌重度使用者一般在市场上所占比例不大，但他们的消费量在全部消费量中所占的比例却相当大。20%的品牌重度使用者的消费量占该品牌消费量的80%。

（6）态度。消费者对品牌的态度大体可以分为五种，即热爱、肯定、冷淡、拒绝和敌意。态度是人们生活方式的一种体现，态度决定着成败，也决定着品牌定位。企业可以通过调查、分析，针对不同态度的客户采取不同的营销对策。例如，对抱有拒绝和敌意态度的消费者，企业就不必浪费时间去改变他们的态度；对冷淡者，企业应设法争取他们。

（二）市场细分的意义

1. 有利于选择目标市场和制定市场营销策略

市场细分后的子市场比较具体，易于企业了解消费者的需求，企业可以根据自己的经营思想、方针及生产技术和营销力量，确定自己的服务对象，即目标市场。针对较小的目标市场，企业可制定特殊的营销策略。同时，在细分市场上，信息容易了解和反馈，一旦消费者的需求发生变化，企业可迅速改变营销策略，制定相应的对策，以适应市场需求的变化，提高应变能力和竞争力。

2. 有利于发掘市场机会，开拓新市场

通过市场细分，企业可以对每一个细分市场的消费潜力、满足程度、竞争情况等进行分析和对比，探索出有利于本企业的市场机会，使企业及时做出投产、异地销售决策或根据本企业的生产技术条件编制新产品开拓计划，进行必要的产品技术储备，掌握产品更新换代的主动权，开拓新市场，以更好地适应市场的需要。

3. 有利于集中人力、物力投入目标市场

任何一家企业的资源、人力、物力、资金都是有限的。通过细分市场，选择适合自己的目标市场，企业可以集中人力、资金、物力及资源，争取局部市场上的优势，然后占领自己的目标市场。

4. 有利于企业提高经济效益

通过市场细分后，企业可以面对自己的目标市场，生产出适销对路的产品，既能满足市场需要，又可增加企业的收入；适销对路可以加速商品流转，加大生产批量，降低企业的生产销售成本，提高工人的劳动熟练程度，进而提高产品质量，全面提高企业的经济效益。

（三）市场细分的步骤

市场细分作为一个比较、分类、选择的过程，应该按照一定的程序来进行。通常而言，市场细分包括以下七个步骤：

（1）正确选择市场范围。企业应根据自身的经营条件和经营能力确定进入市场的范围，如进入什么行业，生产什么产品，提供什么服务。

（2）列出市场范围内潜在顾客的需求情况。企业应根据细分标准，比较全面地列出潜在顾客的基本需求，作为以后深入研究的基本资料和依据。

（3）分析潜在顾客的不同需求，初步划分市场。企业将所列出的各种需求通过抽样调查进一步搜集有关市场信息与顾客背景资料，然后初步划分出一些差异最大的细分市场，至少从中选出三个细分市场。

（4）筛选。根据有效市场细分的条件，企业对所有细分市场进行分析和研究，剔除不合要求、无用的细分市场。

（5）为细分市场命名。为便于操作，企业可结合各细分市场上顾客的特点，使用形象化、直观化的方法为细分市场命名。例如，某旅游市场分为舒适型、好奇型、冒险型、享受型、经常外出型等。

（6）复核。企业应进一步对细分后选择的子市场进行调查研究，充分认识各细分市场的特点，本企业所开发的细分市场的规模、潜在需求等。

（7）选定目标市场，设计营销策略。企业应在各子市场中选择与本企业经营优势和特色相一致的子市场作为目标市场。没有这一步，就没有达到细分市场的目的。

经过以上七个步骤，企业便完成了市场细分的工作。企业可以根据自身的实际情况确定目标市场并采取相应的目标市场策略。

（四）市场细分的方式

品牌营销专家兰晓华认为市场细分有两种极端的方式——完全市场细分与无市场细分，在两极端方式之间存在一系列的过渡细分方式。

1. 完全市场细分

完全细分是指市场中的每一位消费者都单独构成独立的子市场，企业根据每位消费者的不同需求为其生产不同的产品。理论上说，只有一些小规模的、消费者数量极少的市场才能进行完全细分。这种做法对企业而言是不经济的。尽管如此，完全细分在某些行业，如飞机制造业等行业还是大有市场的，而且近几年开始流行的“定制营销”就是企业对市场进行完全细分的结果。

2. 无市场细分

无市场细分是指市场中的每一位消费者的需求都是完全相同的，或者是企业有意忽略消费者彼此之间需求的差异性，而不对市场进行细分。

3. 按某一标准细分

按某一标准细分是指对于通用性较强、挑选性不强的产品，指定对消费者影响最强的标准进行细分。例如，影响儿童图书市场的主要因素是年龄，可根据年龄将儿童图书市场分为学前儿童图书市场、学龄儿童图书市场、少年图书市场。

4. 综合标准细分

大多数产品都是受消费者多种因素影响的，因此企业细分市场时可以选择两个以上标准，同时从多个角度对整个市场进行细分。例如，企业可以按照年龄、追求的利益、使用时机等方式细分奶粉市场。

二、市场定位

市场定位，又称营销定位，是市场营销在目标市场客户（此处目标市场指该市场中的现有客户和潜在客户）的心目中塑造产品、品牌或组织的形象或个性的营销技术。企业根据竞争者现有产品在市场上所处的位置，针对消费者或用户对该产品某种特征或属性的重视程度，强有力地塑造出此企业产品与众不同的、给人印象深刻的个性或形象，并把这种形象生动地传递给客户，从而使该产品在市场上确定适当的位置。简而言之，市场定位就是在目标客户心目中树立产品独特的形象。

（一）市场定位战略

市场定位的核心是与众不同，即差异化，所以市场定位战略可以理解为差异化战略。

差异化可表现为以下方面。

(1) 产品差异化。产品差异化可以说是多种多样的，作为企业来说，要将各种差异化进行有效的组合。例如，企业可对产品质量、价格、渠道、促销、款式、功能、使用场合、目标顾客群体等各方面进行有效的整合。其中，产品质量和价格定位是企业运用最普遍的，也是消费者最熟悉的定位。

(2) 质量差异化。质量差异化是指产品在满足基本功能需求的基础上所表现出的特有品质差异。企业向市场提供竞争对手不具有的高质量产品，通过高质高价获得比竞争对手更多的利润。

(3) 价格差异化。企业应与竞争对手保持不一样的价格，形成高价、中价、低价产品线。企业可通过价格差异化来实现产品差异化。

(4) 款式差异化。企业的产品应采用独具特色的款式，如服装、家具、手机等产品注重款式差异。

(5) 功能差异化。企业应与竞争对手保持不同的产品功能，或者使功能更为优化。一些技术含量高、发展速度快的产品尤其注重功能差异化。

(6) 客户群体差异化。企业应根据市场情况和特点，在提供基本服务的基础上，针对不同客户群体的不同特点和需求，提供具有可行性、外延性的差异化服务。

(7) 使用场合差异化。某些产品特别强调在某种特殊场合下使用。

(8) 分销渠道差异化。企业应根据自己的产品差异和企业优势，选择合适的分销渠道，如通过第三方中间商、建立零售店、特许经营等。企业应建立本企业独特的分销渠道体系。

(9) 广告等促销方式差异化。对于同类产品，企业应采用与众不同、独具特色的广告形式和其他促销方式。

(10) 服务差异化。服务差异化是指本企业向目标市场提供与竞争对手不同的优质服务。现代企业的竞争既是产品的竞争，又是服务的竞争。技术复杂的产品更强调服务。如果一个企业提供的服务不理想，很可能影响客户的再一次消费，消费者会将这种不满意传播给其他的消费者，从而影响其他客户的消费。

(11) 企业形象差异化。企业形象是一个十分广泛的概念，泛指企业的厂容厂貌、建筑、设备、产品、员工、经营理念、价值观念、广告等。企业形象在消费者的心目中是一个总体的印象。如果企业要让消费者在消费了自己的产品后感到放心，就要树立良好的企业形象，形成良好的企业文化。

(二) 市场定位的步骤

市场定位的关键是企业要设法在自己的产品上找出比竞争者更具有竞争优势的特性。一般而言，竞争优势有两种基本类型：一是价格竞争优势，就是在同样的条件下比竞争者定出更低的价格。这就要求企业采取一切努力来降低单位成本。二是偏好竞争优势，即能提供确定的特色来满足顾客的特定偏好。这就要求企业采取一切努力在产品特色上下功夫。因此，企业可以通过以下步骤来完成市场定位。

1. 分析目标市场的现状，确认本企业潜在的竞争优势

这一步骤的中心任务是要回答以下三个问题：一是竞争对手产品定位如何？二是目标市场上顾客欲望满足程度如何以及确实还需要什么？三是针对竞争者的市场定位和潜在顾客的真正需要的利益，企业应该以及能够做什么？要回答这三个问题，企业市场营销人员必须通过一切调研手段，系统地设计、搜索、分析并报告有关上述问题的资料和研究结果。通过回答上述三个问题，企业就可以从中把握和确定自己的潜在竞争优势。

2. 准确选择竞争优势，对目标市场进行初步定位

竞争优势是指企业能够胜过竞争对手的能力。这种能力既可以是现有的，也可以是潜在的。选择竞争优势实际上就是一个企业与竞争者各方面实力相比较的过程。比较指标应是一个完整的体系，从而有助于企业准确地选择相对竞争优势。通常的方法是分析、比较企业与竞争者在经营管理、技术开发、采购、生产、市场营销、财务和产品七个方面究竟哪些是强项、哪些是弱项，借此选出最适合本企业的优势项目，初步确定企业在目标市场上所处的位置。

3. 显示独特的竞争优势和重新定位

这一步骤的主要任务是企业要通过一系列的宣传促销活动，将其独特的竞争优势准确地传播给潜在顾客，并在顾客心目中留下深刻印象。为此，企业首先应使目标顾客了解、知道、熟悉、认同、喜欢和偏爱本企业的市场定位，在顾客心目中建立与该定位相一致的形象。其次，企业要通过各种努力强化目标顾客形象，保持目标顾客的了解，稳定目标顾客的态度和加深目标顾客的感情来巩固与市场相一致的形象。最后，企业应注意目标顾客对其市场定位理解出现的偏差或者由于企业市场定位宣传上的失误而造成的目标顾客模糊、混乱和误会，及时纠正与市场定位不一致的形象。企业的产品在市场上定位即使很恰当，但在下列情况下，还应考虑重新定位：竞争者推出的新产品定位于本企业产品附近，侵占了本企业产品的部分市场，使本企业产品的市场占有率下降；消费者的需求或偏好发生了变化，使本企业产品销售量骤减。

（三）市场定位的方法

1. 区域定位

区域定位是指企业在进行营销策略时，应当为产品确立要进入的市场区域，即确定该产品是进入国际市场、全国市场，还是在某市场、某地等。只有找准了自己的市场，企业的营销计划才能获得成功。

2. 阶层定位

每个社会都包含许多社会阶层，不同的阶层有不同的消费特点和消费需求，企业的产品究竟面向什么阶层，是企业在选择目标市场时应考虑的问题。根据不同的标准，企业可以对社会上的人进行不同阶层的划分，如按知识分，就有高知阶层、中知阶层和低知阶层。企业进行阶层定位，就是要牢牢把握住某一阶层的需求特点，从营销的各个层面满足他们的需求。

3. 职业定位

职业定位是指企业在制定营销策略时，要考虑将产品或劳务销售给从事什么职业的人。企业将饲料销售给农民及养殖户，将文具销售给学生，这是非常明显的职业定位，而真正能产生营销效益的往往是那些不明显的、不易被察觉的定位。企业在进行市场定位时要有一双善于发现的眼睛，及时发现竞争者的视觉盲点，这样可以在定位领域获得巨大的收获。

4. 个性定位

个性定位是指企业应考虑将产品如何销售给那些具有特殊个性的人。企业应选择一部分具有相同个性的人作为定位目标，针对他们的爱好实施营销策略，这样可以取得最佳的营销效果。

5. 年龄定位

在制定营销策略时，企业还要考虑销售对象的年龄问题。不同年龄段的人具有不同的需求特点。企业只有充分考虑这些特点，满足不同消费者的要求，才能赢得消费者的青睐。

单元二 客户细分与客户定位

客户是企业最宝贵的资源，没有客户资源，企业就丧失了生存和发展的土壤。全世界的供应商、服务提供商都在千方百计地取悦自己的客户，尽他们最大的努力满足客户的需求，力图赢得客户的欣赏和忠诚，获取利润。商业竞争日趋激烈。无数事实证明，企业只有不断发现和利用机会，了解客户喜好，满足客户需求，赢得客户的信赖，才能够在瞬息万变的竞争环境中求得生存和不断发展。

企业的盈利和发展取决于客户的价值水平、客户满意度和客户忠诚度等因素。如何吸引和锁定客户，如何赢得客户进而提高客户的满意度、忠诚度，这成为企业最为关心的问题，也是客户关系管理能否成功的关键。为此有必要进行客户细分。

一、客户细分

（一）客户细分的概念和目的

客户有狭义和广义之分。狭义的客户是指产品和服务的最终使用者。广义的客户要结合过程模型来理解，任何一个过程输出的接受者都是客户。运用系统的观点，我们可以将企业看作由许多过程构成的过程网络，其中某个过程是它前面过程的客户，又是它后面过程的供方。如果我们划定了系统的边界，那么在企业内部存在内部供方和内部客户，在企业外部存在外部供方和外部客户。因此，我们经常说下一道工序是上一道工序的客户，这里的客户就是广义上的概念。在不同的情况下，企业的客户可以是一个人、一个目标群体或一个组织。因此，客户的分类是重要的。企业可按性别、年龄、文化程度、职业、收入、居住地区等对客户进行分类，也可按专业与非专业、消费时间长短、目标与非目标等进行分类。客户细分是指在明确的战略业务模式和专注市场中，根据客户的价值、需求和偏好等综合因素对客户进行分类，并提供有针对性的产品服务和营销模式。

从客户价值方面来看，不同的客户能够为企业提供的价值是不同的，很多企业已经意识到这一问题，不再简单地追求客户数量，而是更多地寻求客户的“质量”。企业要知道哪些客户是企业最有价值的客户、哪些客户是企业的忠诚客户、哪些客户是企业的潜在客户、哪些客户的成长性最好、哪些客户最容易流失，就必须对客户进行细分。

企业的资源和能力都是有限的，如何对不同的客户进行有限资源的优化应用是每个企业必须考虑的。企业在进行客户关系管理时，有必要对客户进行统计、分析和细分。只有这样，企业才能根据客户的不同特点进行有针对性的营销，赢得、扩大和保持高价值的客户群，吸引和培养潜力较大的客户群。

另外，客户细分使企业所拥有的高价值的客户资源显性化，并能够就相应的客户关系对企业未来盈利影响进行量化分析，为企业决策提供依据。

（二）客户细分的方式和客户主要类型

客户细分的标准有很多，一般而言，我们可以参照以下因素进行客户细分：客户的个性化资料、客户的消费行为（消费习惯、数量和频率）、客户的消费方式、客户的地理位置、客户的职业、客户的关系网、客户的知识层次、客户的规模、客户对企业的贡献、客户的忠诚度、客户的信誉度、客户是否流失、客户是否是新客户等。这些都是比较传统的细分标准。下面我们就三种更适合客户关系管理的客户细分方式进行讨论。

1. 根据客户与企业的关系进行细分

企业产品或服务的众多消费者的消费目的并不相同，因此与企业的关系也就不相同。

这一点可以作为对客户进行细分的依据。这样的细分可以帮助企业充分认识到客户的特点，从而可以对不同的客户采取不同的策略，更大限度地实现资源最优化配置和有效的管理运营。

根据客户与企业的关系，可以将客户细分为以下几种类型：

（1）一般客户。这里的“客户”更确切地说是零售消费者。他们一般是个人或家庭，主要消费企业最终产品或服务。这类客户的特点是：数量众多，但消费额一般不高，往往是企业最为关注、花费精力最多的客户群。

（2）企业客户。企业客户消费企业的产品或服务并非用于自身消费，而是在其内部将购得的产品附加到自己的产品上，再销售给其他客户或企业。

（3）内部客户。内部客户是指企业（联盟企业）内部的个人或业务部门，他们需要企业的产品或服务来达到其商业目的。这种类型的客户往往最容易被忽略，但同时他们也是最具长期获利性的客户。企业雇员应该是企业最重要的内部客户之一。

（4）渠道分销商和代销商。他们一般是直接为企业工作的个人或机构，通常不需要企业为他们支付工资，他们消费企业产品的目的是进行销售并获利，或是作为该产品或服务的一个地区的代表或代理。

2. 根据客户的价值进行细分

客户对企业的价值是不尽相同的，很多企业 80%的盈利来自 20%的客户，这就是帕累托最优法则（80/20 法则）。因此，企业要能够找出自己最有价值的客户资源，发现最为珍贵的客户，以便有的放矢地开展营销，有针对性地实施客户关系管理。

帕累托最优法则

根据客户的价值和其在企业客户总量中所占比例，可以将客户细分为以下几类，并形成一个“金字塔”式模型，如图 2-1 所示。

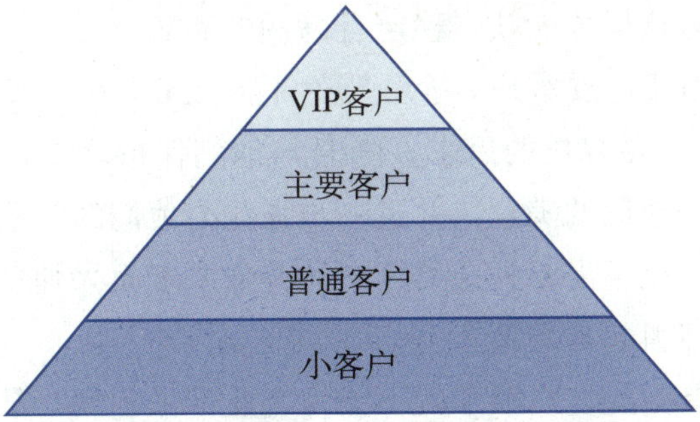

图 2-1 客户金字塔

（1）VIP 客户。这类客户的数量不多，但消费额在企业的销售额中占有的比例很大，对企业贡献的价值最大，他们位于金字塔的顶层，一般情况下占企业客户总量的 1%左右。

（2）主要客户。除 VIP 客户外，这类客户的消费额所占比例较大，能够为企业提供较高利润，约占企业客户总量的 4%。

（3）普通客户。这类客户的消费额所占比例一般，能够为企业提供一定的利润，约占企业客户总量的15%。

（4）小客户。这类客户人数众多，但是能为企业提供的盈利却不多，甚至导致企业不盈利或亏损，他们位于金字塔的底层。

3. 根据企业的产品进行细分

企业细分客户的目的是更好地运营，找到最有价值的客户，更好地将有限的资源加以优化利用。下面我们从企业产品的角度来考察客户的细分。

首先能够达成共识的一点是，企业肯定要紧紧地抓住其VIP客户和主要客户。但是，怎样才能够抓住他们？VIP客户和主要客户与企业的关系是什么样的？他们是企业的零售消费者，还是企业客户、代理商或是内部客户？不同类型客户的消费目的不同，其对企业产品的要求也有所不同。下面是四类客户对企业产品的要求：

第一，零售消费者——要求产品质量好、价格低、外形好、售后服务完善等；

第二，企业客户——要求产品的兼容性高、质量好等；

第三，代理商——要求产品性价比高、供货渠道通畅、售后服务完善等；

第四，内部客户——要求企业做好关怀工作、企业前景光明、信息交换通畅等。

可以看到，不同的客户对企业产品和服务的要求是不同的，这就要求企业应当有针对性地开展生产和营销工作，以便为重要客户提供高满意度的产品，锁定最有价值的客户群。

我们依据企业对客户的不同反应，可以将客户分为四种类型：

（1）屈从型客户。企业应当屈从于最有价值的客户，如VIP客户，了解甚至预测他们的需求，满足他们的需求，培养他们的兴趣，赢得他们的信任，努力与他们建立一种稳定的信任关系。企业的产品应当向这些客户倾斜，企业应尽可能地取悦他们、锁定他们、赢得他们的忠诚，因为只有这样才能获得稳定且高额的利润。

（2）关怀型客户。对于主要客户，企业当然不能放弃，但是要从“屈从”转变成“关怀”。企业应当跟踪调查主要客户的需求，随时与他们保持联系，在企业的产品中反映出这类客户的需求，以赢得他们的满意，并进一步强化与他们的关系，获取他们的忠诚。

（3）适应型客户。企业不需要为这类客户的特殊要求而兴师动众，只需要使自身的产品适应他们的需要，能够引起其兴趣。

（4）冷漠型客户。有一些客户根本就不能为企业带来利润，甚至只能让企业亏本，这类客户属于被淘汰的范围，企业不必为他们浪费资源，对其只需要采取冷漠的态度即可。

（三）客户关系管理与客户细分

长期以来，企业已经习惯对客户进行宏观细分。传统的分类方法，如人口统计法、心理描绘法、几何统计法和行为聚类法等，尽管都有其科学的一面，但它们共同的缺陷之一就是对于信息的搜寻缺乏有效的手段。传统的客户信息搜集方法，一般不外乎面对面访问、问卷调查等。这样做的缺陷是很明显的，如需要大量人力和物力、调查的范围狭窄、真实性不能保证、不具有实时性等。

现在有许多企业已经意识到这一点，在自身的企业信息化的基础上，开始通过其内部的信息系统来统计和分析所得到的数据。当前企业内部的信息系统很多，有财务系统、订货系统、存货系统和资产管理系统、分销系统等。但是其中最大的一个缺陷是这些系统缺乏统一的数据规划和信息处理技术要求，在联系、使用、实施及运营上数据结构各不相同。这样的直接后果是难以产生聚焦于以客户为中心的数据，甚至会在不同系统里产生相互矛盾的以客户为中心的数据，因此，利用当前的企业信息系统搜集客户信息进行客户细分，产生的效果是不能令人满意的。

我们需要新的管理和信息处理方法，CRM 就是这样的一种方法。在 CRM 中，企业使用的是基于客户的数据仓库，从而使它与传统的运营型数据库区别开来。CRM 中的数据仓库已经不仅仅是一个存储数据的储藏室，它具有智能，能将企业所需的客户信息进行统计分类，形成真正实用的企业客户信息。

企业不可能挨家挨户地进行信息调查，也不能只了解某些特定类型家庭的大致情况。企业所需要的是客户的详细资料，客户的名称、地址、偏好、消费额、售后意见等信息都必不可少。企业的周围随时都充满着客户信息，关键是怎样发掘。除了客户消费所留下的信息，企业还应主动向客户了解寻求相关信息，只有这样，才能够对客户进行有效、准确的细分。

客户细分是客户关系管理的基础，也是实施客户关系管理的关键一环。企业要从战略的角度出发，做好客户细分。有了良好、准确的客户细分，客户关系管理就有了成功的基石。

(四) 客户分类指标与客户顺序模型

随着市场竞争的日益激烈，企业发现如果单纯追求销售额，由于生产成本和销售费用越来越高，因此利润反而下降。企业由此开始通过在生产和营销各部门的所有环节上最大限度地削减生产成本和压缩销售费用来实现利润最大化；但成本不可能被无限制地削减，当企业对利润的渴求无法或很难再从削减成本中获得时，企业就将目光由内而外转向了客户，努力通过把握客户的需求来增加利润。企业从内部挖潜转向争取客户，以客户为中心的战略就必然被摆上了日程。那么，如何对待不同客户？哪些客户是最具价值客户？这一切问题的解决的基础是对客户的分析。客户分析也是实施客户关系管理的前提。

1. 客户的分类指标

企业开展客户分类研究，目的是研究如何提升客户满意度，从而改善客户关系，用以衡量客户满意度，即客户忠诚度。因为对于企业来说，仅仅知道和了解客户对企业已经或正在提供的产品和服务的满意程度，一般只具有借鉴和参考的作用，只意味着企业获得了进入市场的“通行证”，而只有通过满意度研究来掌握客户对企业产品的信任和忠诚程度，才会对企业发掘潜在客户和需求、增加未来市场销售具有重要的指导意义。企业无疑都希望拥有忠诚的客户群体，不仅对自己的品牌忠心不二，而且乐于说服他们身边的人成为同一品牌的消费者。因此，很多企业在开展客户满意度研究的同时，也开展了客户忠诚度的分析，组建相应部门或聘请市场调查研究机构，对自己的客户群体进行定性和定量测试，试图掌握客户群体的忠诚度，发掘潜在需求，提高未来业务开展的可能性。

企业在对客户忠诚度的研究中，应当设计一系列定量指标来考核工作目标。由于企业的具体经营情况有很大的不同，因此，不同企业在设计客户忠诚度的量化考核标准时可以从自身各个方面加以考虑，根据实际情况选择合适的因素，并赋予不同的权重来得出一个综合评价得分。通常而言，企业通用的和相对重要的考核指标有下述几个。

（1）客户重复消费率。考核期间，客户对某一种产品或服务重复消费的次数越多，说明对此产品或服务的忠诚程度越高；反之则越低。此项指标还适用于同一品牌的多种产品，即如果客户重复消费企业同一品牌的不同产品，也表明客户忠诚度较高。

（2）客户对本企业和对手企业产品或品牌的关注程度。客户通过消费或非消费的形式，对企业的产品或品牌予以关注的次数、渠道和信息越多，表明客户忠诚度越高。如果客户对竞争对手产品或品牌的关注程度提高，多数是客户对竞争对手产品的偏好有所增加的缘故，表明客户忠诚度可能下降。

（3）客户对产品或服务价格的敏感度。一般而言，客户对产品或服务价格的敏感度越低、忠诚度越高，企业可以借价格调整、客户消费量的增减等来侧面考察此指标。但需要注意的是，忠诚客户对产品或服务价格的不敏感，并不意味着企业可以利用单独的调价行为来谋取额外利益，因而要结合产品的供求状况和对于人们的必需程度等进行综合考察。

（4）客户消费行为的选择时间。客户选择产品所用的时间越短，表明客户忠诚度越高。因为客户在消费产品或服务时，只有对自己曾经使用过并且相信的品牌，才能在短时间内做出消费决定，而这种信任就是客户忠诚度的很好体现。

（5）客户对产品质量事故的承受力。客户忠诚度越高，对出现的质量事故也就越宽容。

企业根据以上指标设计适合自身情况的指标体系，采用相应的客户忠诚度解决方案，可以提高客户回购率、增加单位客户销售额、减少客户流失率；可以对市场形势进行准确的判断，使产品设计更具针对性，向企业决策者提供关于产品和市场的专业参考意见；可以使企业在获取丰厚利润的同时，树立更具亲和力的形象，为开发潜在市场打下牢固基础。

2. 客户分类依据

客户分类是一项非常具体、难度很大的工作。下面，我们运用营业收入指标、资信状况指标、市场份额指标、客户经营状况指标对某运输公司的客户进行评价，得出客户规模和客户信用等级的分类依据。

（1）营业收入指标。这个指标是公司所拥有客户的每年的运输总额，主要是从运量上对客户加以识别。一般而言，企业可以通过以下指标确定客户规模。年运输收入总量在500万元以上的客户为大型客户，100万～500万元的客户为中型客户，50万～100万元（不含）的客户为小型客户，5万元以下的客户为零星客户。

（2）资信状况指标。这是参照目前国际通行的资信信誉度来对客户进行分类的指标。企业的客户资信状况可以分为四等，即最好、较好、一般、较差，除此以外的均归为无信誉类别，如表2-2所示。

表2-2 企业资信评价表

资信级别	24个月内资金回收状况	最长付款周期（天）	资信评价
A	90%～100%	45	最好
B	75%～90%（不含）	75	较好
C	60%～75%（不含）	105	一般
D	30%～60%（不含）	255	较差
E	0～30%（不含）	＞270	无信誉

（3）市场份额指标。这是按客户原材料、产成品及其他各类货物运输总量的市场份额而划分的指标。一般而言，企业可做以下认定：市场份额在80%及以上的为稳定客户；市场份额在50%～80%（不含）的为基本稳定客户；市场份额在30%～50%（不含）的为不稳定客户；市场份额在30%以下的为极不稳定客户。

（4）客户经营状况指标。客户经营状况指标反映了客户的信用等级，是对客户性质评价的重要描述，也是客户关系管理中对客户进行分类时需要特别注意的一个重要参考指标。事实上，客户经营状况的好坏及客户所处发展阶段在一定程度上影响企业的获利情况。在这一指标上，企业可根据客户经营状况的不同而将其分为以下的四个信用等级。

特级客户：经营状况良好，有稳定的盈利。

一级客户：经营状况一般，保持收支平衡或略有盈利。

二级客户：经营状况一般，有亏损，但是总体业绩呈上升趋势。

三级客户：经营状况较差，有亏损，并且没有好转的趋势。

客户分类方法并不是固定的，可以根据客户数据中心已建立的不同类型信息，通过分析模块和自动报表生成模块，进行任意分类，并完成分类结果的生成与输出。

3. 类型组合的客户分类法和运作策略

从企业的实际运作情况来看，类型组合的客户分类法更有实际操作意义。

（1）结合客户忠诚度与信用等级进行分类。结合客户忠诚度与信用等级进行分类可将客户分为四种类型（见图 2－2）。

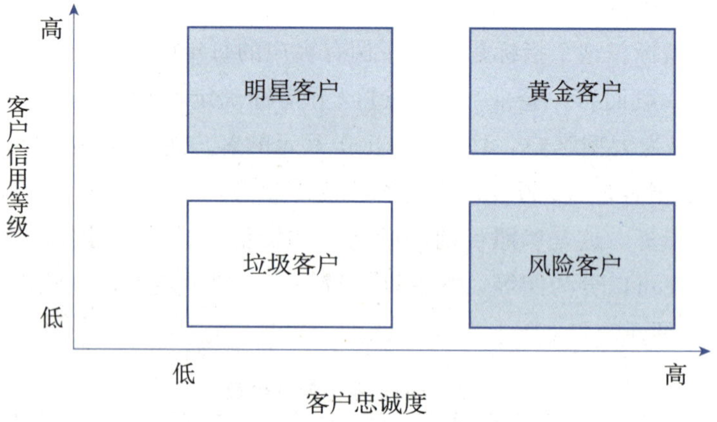

图 2－2　客户信用等级-忠诚度矩阵

1）低信用等级-低忠诚度客户。这类客户是没有开发潜力或者是开发成本过高的客户，他们在对该公司运输服务接受程度很低的同时，还没有良好的信用保障，使得该公司对这类客户的开发失去了信心。假设不考虑这类客户的开发难度和开发成本，即使能够成功开发这类客户，该公司也没有收回成本并取得利润的保障。这无疑是不值得考虑的一类客户，其被称为“垃圾客户”。

2）低信用等级-高忠诚度的客户。这类客户可以称为“风险客户”，即他们喜欢该公司提供的产品和服务，但是却不喜欢为自己取得的产品和服务而付出相应的费用，公司对于这种客户的后期维护成本很高。因此，公司应根据实际而做出如下考虑，即在新产品和服务投入市场的初期，不要主动与这类客户联系，而应该在产品和服务的推广阶段才考虑对这类客户的开发。

3）高信用等级-高忠诚度的客户。这是该公司的“黄金客户”，如果对这类客户采取了有效的措施，将会为公司的发展注入新的动力，也会使公司稳定地保持收益，并可使公司获取良好的综合效益。因此，这类客户应是该公司开发客户时的首选对象，该公司需要与之建立畅通的沟通渠道，建立“一对一”的互动联系，及时向他们通告公司信息，向他们提供最新的服务组合以及其他最好的服务。事实上，对于这类客户的开发将能有效地实现该公司与客户的“双赢”。

4）高信用等级-低忠诚度的客户。这类客户是公司发展的主攻方向，被称为“明星客户”。如果能有效地开发这类客户，无疑会增大公司“黄金客户”的比例，也会为公司带来更多的收益。对于这类客户，培养他们的忠诚度、培养他们对公司的兴趣、提高他们对运输方案的认可程度是该公司的首要任务。同时，在对这一类型客户的开发过程中，该公司如能加以积极、有效的引导，将会取得更好的效果。

根据以上分析，依据“信用等级-忠诚度”进行客户分类，可以推出最具价值的客户顺序（见图 2－3）。

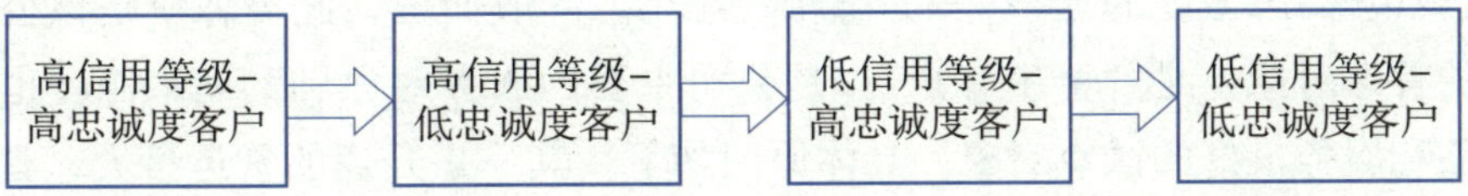

图 2－3 按客户信用等级-忠诚度分类的最具价值客户顺序模型

(2) 结合客户忠诚度与客户规模的分类。结合客户忠诚度与客户规模进行分类，可以将客户分为四种类型（见图 2－4）。

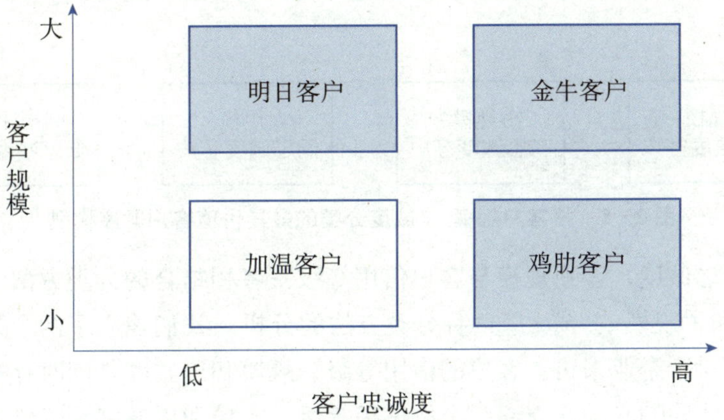

图 2－4 客户规模-忠诚度矩阵

1）小规模-低忠诚度的客户——“加温客户”。对于这类客户的开发，该公司不仅需要投入大量的人力、物力，而且会耗费相对较长时间，即便如此，所取得的开发结果往往还难以令人满意。所以，该公司对此类客户的开发，只有在进入全面占领市场阶段时方可做考虑。换言之，该公司可以先开发其他类型的客户或其他容易开发的客户，而对此类客户进行前期示范性的“加温”处理，这样，将会为后期对他们的直接开发降低难度。

2）小规模-高忠诚度的客户——“鸡肋客户”。此类客户宛如“鸡肋”。对于此类客户，该公司要从两个方面来分析。首先，应该肯定此类客户是对公司发展有益的客户，且他们对于公司提供的新产品和服务具有很高的忠诚度，有试用的意愿和兴趣。但是，从此类客户的规模上来考虑，对其进行开发需要具有较强专业客户开发与服务能力的队伍。此外，由于这类客户相对分散，需要比较长的开发时间，则投入的开发成本可能也比较高。显然，恰当的时间选择和比较高素质的队伍要求是必须解决的问题。

3）大规模-低忠诚度的客户——“明日客户”。此类客户是公司进行运输新产品和服务开发的过程中具有不稳定性质的客户，且对其开发的顺序往往也比较难以确定。因为此类客户的忠诚度虽然较低，但对其开发有很高的预期收益，开发成功有可能成为“金牛客户”。开发时，公司在初期阶段所需要投入的推广人员相对较少，平均开发成本较低，便于公司的初期开发工作。此类客户一旦开发成功，会为公司带来相对较大的收益，也可以为公司业务带来不错的示范和推广效果，这类客户被称为“明日客户”。不过，应该特别注意，开发此类客户对推广人员素质的要求较高。

4）大规模-高忠诚度的客户——“金牛客户”。一般而言，此类客户是该公司进行客户开发时的首选对象，是“金牛客户”，是公司主要的服务对象和利润来源，也是该公司运输新产品和服务最好的试点对象。具体原因如下：其一是开通的货运量大，具有很好的规模效应；其二是大规模客户的示范效果好，对其他类型客户的辐射能力强，可以帮助公司进行“免费”的推广与宣传；其三是大规模客户一般具有相对较强的经济实力作保障；其四是所需的平均客户支持成本小于其他类型的客户，节省人力资源。

根据以上分析，依据“规模-忠诚度”进行客户分类，可以推出最具价值客户顺序（见图 2－5）。

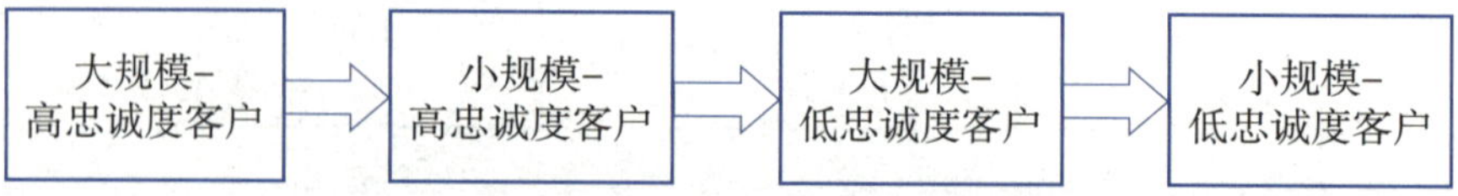

图 2－5　按客户规模-忠诚度分类的最具价值客户顺序模型

（3）将客户忠诚度、客户规模与客户信用等级三者相结合的分类方法。经过对“信用等级-忠诚度”和“规模-忠诚度”两种分类方法的分析，我们建立了两个最具价值客户顺序模型。但是，对于企业来讲，客户的信用等级、规模和忠诚度是同时存在于一体和同时发生作用的，因此我们必须建立起一个以信用等级、规模和忠诚度为三维变量的最具价值客户顺序模型（见图 2－6）。在这三个变量中，高信用度是第一位的，因为它是客户各种综合指标的整合，反映客户的综合能力和未来发展的前景；第二位的是客户的规模，这一变量在短期内变化较小，但客户的规模却和企业获利程度成正比；第三位的是客户忠诚度，这一变量可以随着企业对客户的关系管理的程度而发生巨大变化，这也是企业建立良好的客户关系的重点工作，企业可以通过实施客户关系管理来提高客户的忠诚度，进而提高客户的顺序级别。

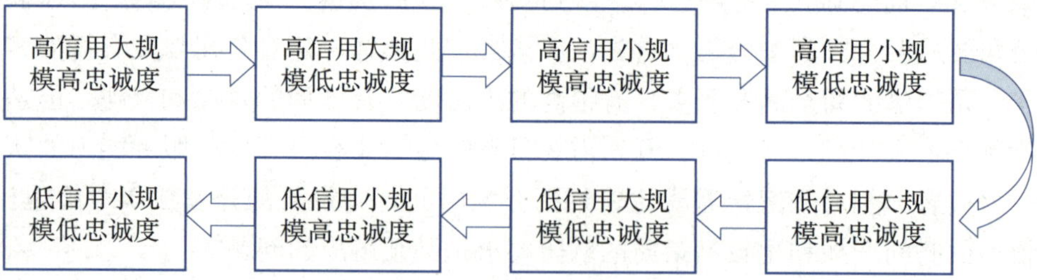

图 2－6　最具价值客户顺序模型

从图 2－6 最具价值客户顺序模型中我们可以得到八种类型的客户：

1）高信用等级-大规模-高忠诚度客户；

2）高信用等级-大规模-低忠诚度客户；

3）高信用等级-小规模-高忠诚度客户；

4）高信用等级-小规模-低忠诚度客户；

5）低信用等级-大规模-高忠诚度客户；

6）低信用等级-大规模-低忠诚度客户；

7）低信用等级-小规模-高忠诚度客户；

8）低信用等级-小规模-低忠诚度客户。

这八种类型客户对于企业的重要程度而言是逐级降低的，企业的工作是使客户逐步升级。企业要促使客户升级，就要不断改进产品来适应客户喜好的变化，不断改变工作流程和工作方式以提供更好的服务。正如同质量管理工作永无止境一样，客户关系管理也是一个不断地适应变化的过程。客户关系管理并不高深、复杂，但却不是依靠一个“软件”、实施一个“项目”、上一套“一步到位的系统”就能完成的。

二、客户定位

在客户导向战略的指引下，企业进行变革时应当考虑客户定位问题。在传统的商务模式下，客户要得到产品的咨询或服务，通常需要经过一个自行联络过程或者借助于企业的中间代理。由于企业与客户直接交往的机会和渠道并不多，因此大多数企业的客户定位仅仅局限在市场营销的层面。如今，传统的中间代理、销售渠道和分支机构将因为互联网平台的运用而逐渐被取代或逐渐消失，企业与其客户或供应商等合作伙伴更多地将建立以“电子关系”为表象的、互动的客户关系。企业的客户定位如果不十分明晰和准确的话，任何业务的开展和效益的取得都将无从谈起。

更为重要的原因在于，由于铺天盖地的营销信息充斥着人们的生活，任何企业强行推给客户的产品及服务信息都有可能面临被当作垃圾信息的结局。所以，如果企业不能及早设法与客户建立一对一的互动关系，就不可能与用户进一步交流和沟通，开展产品推广或服务营销行为。也就是说，企业今天不着手进行自身的客户定位，将来就不可能与客户建立起长久坚实的客户关系，不能发挥网络营销和服务的优势。那么，企业应该如何为自己的客户定位呢？

在树立了对于客户和客户关系的正确认识后，开展客户定位的具体方法可以多种多样。但这些方法的核心无一例外都是企业如何区分要与之建立一对一关系的目标客户。四步法被视作开展客户定位时的一种效果良好的方法。下面简要介绍这一方法。

（一）准确识别谁是你的客户

有些企业拥有数量极其庞大的客户群体，对于其中的一些客户，企业或许还没有意识到他们的价值。而如果不能清楚掌握客户的真实姓名和身份，企业想与之建立一对一关系从何谈起？目前，企业大部分的客户记录来自内部账目、客户服务部门和客户数据库，有一些企业还成功地频繁启动营销方案和会员制度来了解其客户群，还有的企业则选择并利用来自用户群、分支机构、战略合作伙伴或者第三方的数据资料。互联网以及呼叫中心等新技术使企业可以开拓更多的市场渠道并获得更多的客户信息。无论采取哪种方法，企业都要获得客户真实、具体、详细的身份信息，以便开展下一步的交流和互动。

（二）区分客户群中的不同客户

相比之下，有的客户可能会带来更大的利润，有的客户则更具有长远的价值。企业应通过客户对企业产品消费的增加潜力及其对企业的长期价值来衡量客户价值。企业可以利用每个客户的平均收益、较高利润的产品或服务的使用百分比、销售或订单的趋势（升或降）以及客户支持或服务的成本等替代值来评估客户的长期价值。为客户群分类时，在一定程度上运用80/20法则（即80%的利润由20%的客户带来）来区分不同的客户，往往能收到较好的效果。根据客户对企业的价值的不同将其分在不同级别的组内，同一组内的客户对企业有相同或相似的价值。按照这种划分方法，对企业价值最大的客户组被称为最具价值客户；对企业的价值仅次于最具价值客户的客户组被称为最具成长性客户，这组客户也有可能成为最具价值客户；还有一类客户组被称为低于零点客户，是因为企业为支持和服务于这一客户组的成本可能会超出边际收益，因此这类客户对于企业意味着负面的价值。在最具成长性客户与低于零点客户之间还会有多个其他客户组，他们没有明显的长期价值，但仍然会给企业带来利润。

（三）企业会与对其有长远利益和有价值发展一对一关系的客户进行高质量的互动

企业对最具价值客户、最具成长性客户与低于零点客户应制定不同的策略。企业应当让最具价值客户知道他们的重要性，让他们能清楚地感觉到企业是按他们的需要为其提供新产品和服务的。例如，企业可以让最具价值客户参与产品的开发和生产流程设计，这是一个充分理解客户、满足客户需要的很好的机会。为了使企业与最具价值客户的互动行为更为有效，有必要按照客户需要将客户分为若干个组，每组由不同的经理负责。经理的作用是开发客户组中客户的长期价值，因而应被赋予适当改变企业的运作的权力以支持客户、满足客户需要。对于最具成长性客户，也需要在一定范围内提供个性化服务，促使其成长为最具价值客户。而对待低于零点客户方面，适当的策略也很重要。例如，一些银行向低于零点客户收取服务费或将产品的价格定位在某一点，这个价格会让这批客户转向其他企业，或是带来值得企业保留的价值。

（四）提供个性化的服务、产品或满足客户的特殊需要，提高客户消费力并加强客户关系

为了使最具价值客户的需要得到满足，企业应该使与其相关的信息沟通、产品和服务带有个性化特征，个性化的程度应该与客户的需要相对应。

企业的客户定位，简而言之就是要准确地发现客户的有效需求，然后致力于解决该类型客户的需要。我们用一个实际的案例来说明从客户需要进行客户定位的意义和价值。这个案例最早是由美国印第安纳大学教授罗伯特·霍尔在研究质量流程问题时使用的：日本积水住宅（Sekisui House）的工厂使用标准房屋组件提供房屋定制服务，其中房屋的布线是按“智能屋”来设置的，使用计算机辅助设计（CAD）仅 3 天就可以完成 80%的工作。但是，积水住宅会花大量时间与客户共同商讨设计房屋布局并进行调整，因为即使业主自行设计、自定风格，房屋落成后，仍然会有不满意之处，通过调整就可以完全满足业主的需求。积水住宅的业务取得了很大的成功，其经验就在于：企业要定位于采取有效措施来满足客户特定的需要，甚至包括引导客户发现自己真正的需求。

三、客户区分方法

（一）客户 ABC 分类法

ABC 分类法

ABC 分类法，又称帕累托分析法，是根据事物在技术或经济方面的主要特征，进行分类排队（将分析对象分成 A、B、C 三类），分清重点和一般，从而有区别地确定管理方式的一种分析方法。其中 A 类占 10%～15%，B 类占 15%～25%，余下为 C 类，其中 A 类为最重要的成熟客户。

1. A 类客户

A 类客户是对产品及服务认可、满意度高，有需求或需解决的问题时会第一时间直接找到企业的客户，销售贡献大或潜力大。A 类客户代表“重要的少数”，企业应采用 ABC 分类法，在目标客户群中选取重点细分客户，对该细分客户群体投入相当于竞争对手 2 倍的人力、物力和财力。这类客户数量少、价值高，他们应备受重视而享有最佳的客户开发管理，包括最完整的服务记录、最充裕的服务时间、最细心周到的服务措施等。企业应及时执行营销计划并反馈客户信息，选择最佳的服务方案，建立最佳的客户跟踪档案，从而能够在短期内迅速赢得该类重点客户。

2. B 类客户

B 类客户是对产品和服务比较认可、较满意，但还有一些异议，有需求时会找企业，但需排除异议后才会购买的客户，销售贡献一般或有一定潜力。B 类客户是数量和质量介乎 C 类与 A 类之间的客户。企业要将对这类客户的跟踪工作作为管理的重点，定期拜访他们，听取他们的意见并加以改进。企业可采用培育的方式，当该类客户数量降到某一特定水平时，应自动增补该类客户并加以培育。

3. C 类客户

C 类客户是处于观望状态，会将企业的产品和服务与竞争对手比较，并且倾向于竞争对手的产品和服务的客户。企业的产品和服务在某些方面不能满足C类客户的需求，并且C类客户的问题不容易解决。C类客户是“琐碎的多数”，数量多、价值低。对这类客户来说，企业不宜有过多的管理，但也不能缺少关注。因为若进行过多的管理，则所花的时间和费用可能超过这些客户本身的价值。企业应仔细分辨是否将C类客户提升到B类或A类，以避免误判而导致损失。当发现这类客户数量过少时，企业应设法加以补充和关注。

此外，还有一种分法，是将客户分为A、B、C、D四类，其中D类为暂时不予关注的客户。其划分及维护如图2-7和图2-8所示：

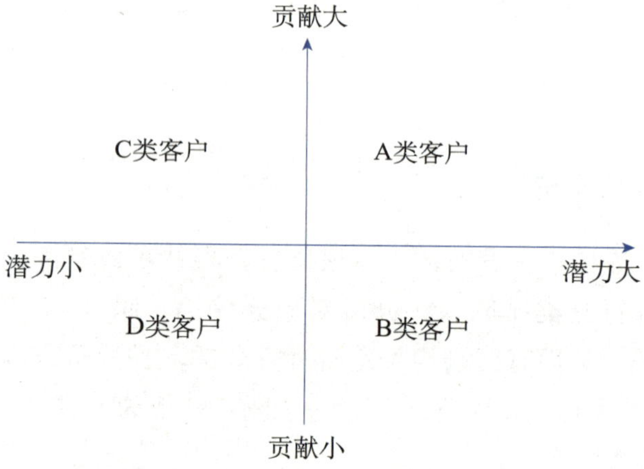

图2-7　A、B、C、D四类客户划分

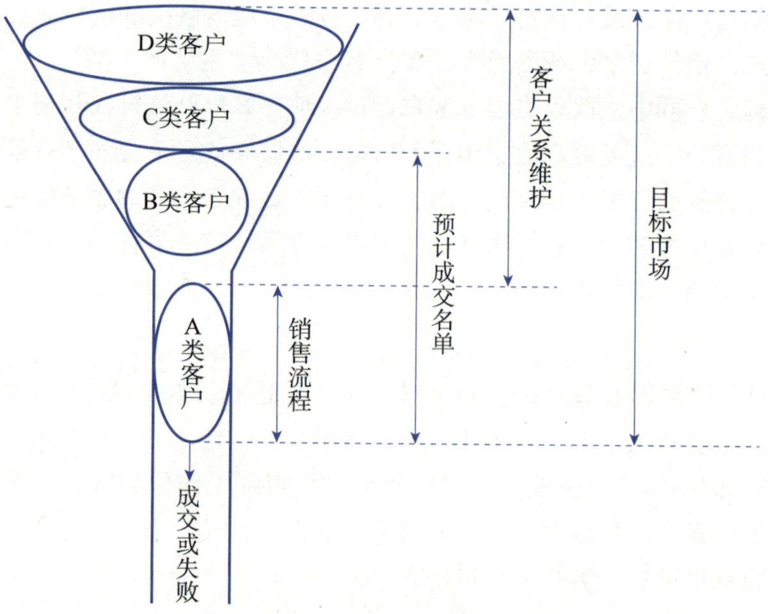

图2-8　A、B、C、D四类客户维护

（二）RFM模型

RFM模型，又称客户价值模型，是衡量客户价值的重要工具，用于从企业的角度分析客户，其三个维度分别为：R——时间进度，代表客户的活跃度或者流失风险；F——购买次数，代表客户的忠诚度；M——购买的金额，代表客户的购买量或金额贡献。这三个维度是基于企业管理客户的角度，而不是客户自身特征的角度，所以RFM模型不能看作客户分类模型。一个购买量大的客户不见得其自身是“大客户”，而一个规模大的客户可能购买的数量和金额都很小。RFM模型本质上是一种三维度分析方法（见图2-9）。

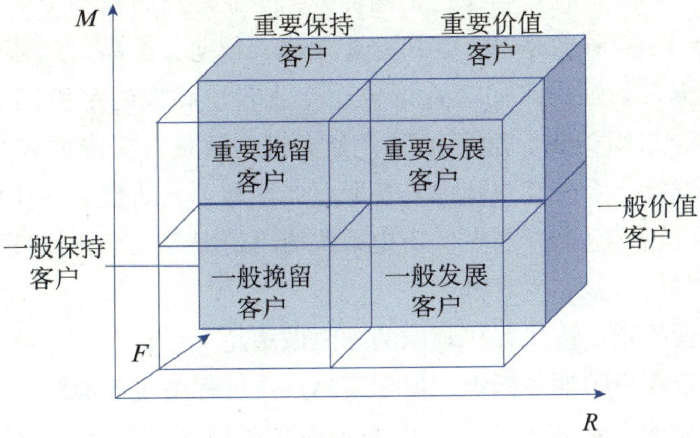

图2-9 RFM模型

RFM模型用于指导企业内部的客户管理。针对不同的客户，企业需要采取不同的策略。F和M值都很高的客户，但R值变大了，说明客户处在休眠期，企业需要对客户采取激活策略；R值很小，F值很高，但M值很小，说明这是少量多次购买的小型忠诚客户，企业除了要维护他们的利益，还需要采取一定的措施增加这类客户每次的购买金额，减少购买次数。因为购买次数在整个企业中是“成本中心”，客户每次购买都需要专门的人员进行跟踪、服务，这就导致企业的服务成本很高，所以企业应引导客户提高每次的购买金额。RFM模型是客户经理的绩效评价模型以及管理客户的工具，而不是对客户进行描述的模型。

单元三 客户画像

众所周知，一个精准粉远比10个泛粉有价值得多。在大数据时代，客户画像能够帮助企业实现精准营销，为客户量身定制服务和广告投放，深挖潜在的商业价值。

一、客户画像的定义

C端

客户画像，又称用户画像，最初是在电商领域得到应用的。通俗地说，就是给客户打标签，包括地域、年龄、性别、职业、偏好、来源等。这些标签特征结合在一起，就可以在一定程度上代表客户的需求。企业可利用这些标签对客户形象具体化，从而为客户提供具有针对性的服务。

客户画像包括两部分：企业客户画像和个人客户画像。企业客户画像是基于客户企业规模、行业、产品、经营模式、上下游、员工等各个维度的数据，刻画出来的企业形象。企业客户画像的字段还包括但不限于营业额、企业发展阶段、组织架构、融资情况、分支机构数量、客户的客户、客户的业务模式、客户信息化情况等。个人客户画像具备职业属性和个人属性。职业属性包括：决策链角色、职位/职能、信息化偏好/痛点、历史采购使用情况等。个人属性包括：年龄/性别、性格特征、工龄/喜好、婚姻/生育等。

一家多元化经营的企业构建客户画像的理想做法是对所有多元化业务统一数据并进行业务摸底，统一确定客户的唯一标识。但在实际操作过程中企业面临人员配置不够、管理困境等问题，因此只能在物理上建立“以单一业务领域客户”为单位的“小客户画像”。这样做其实并没有真正意义上完成客户数据整合。但从另外一个角度讲，企业在不同成长阶段会有不同的诉求，当交叉销售、跨业务领域对客户协同服务变得至关重要时，这种全局性客户整合就会被再次提上日程。

二、客户画像、客户分层、客户分群之间的关系

不同行业的客户分层是多样性的；在产品发展的不同阶段，客户分层也会有不同的变化。RFM 模型是通过衡量客户价值来进行客户分层，定义出一般价值客户和重要价值客户。客户分层的结果其实就是完成了客户画像中一项标签的刻画，所以客户分层属于客户画像的一部分。客户分群，即客户画像中各类标签组合，生成一类又一类客户群体。客户分群是客户分层的进一步精细划分，将客户分层中不同层次的客户切分为更细的粒度，与客户分层相辅相成。例如，找出“重要价值客户”中“零售行业”且“年营业规模大于 2 000 万元”的客户群体。

三、客户画像的意义

客户画像能够帮助企业基于客户的视角面对问题。营销部门能够根据客户画像制定更

有效益的策略；研发部门能够做出更加符合客户需求的功能与设计；销售团队能够更了解潜在客户的需求以及品牌的优势，制定更有效益的销售策略；策略团队能够更了解每一个专案、活动的优先顺序，以及每一个专案、活动应该要投入时间资源的比例等。客户画像的意义有以下几个方面：

（1）企业可基于客户画像分析和洞察发展趋向，以数据驱动运营，做好风险预警和需求挖掘工作，避免客户流失和提高客户黏性，以达成续约和应用扩展。

（2）客户画像有助于企业的精细化营销。企业可根据客户标签，分析客户属性，从中筛选出目标客户以及目标客户画像能够辐射到的其他客户范围，并制定每天、每月的相关营销方案。

（3）客户画像有助于提升客户服务经理的能力。不断地应用客户画像，以固化思维和行为模式，是客户服务经理快速掌握企业服务技巧的方式之一。

（4）企业可以实现客户的深入洞察与研究，同时能支持基于标签化的结果对业务经营结果数、经营过程数进行更加丰富和深层的分析。

四、客户主数据、数据仓库、客户画像之间的关系

基础数据：为业务数据化，将企业经营管理设计的业务过程数据化，数据沉淀在 IT 系统。其中，IT 系统在构建过程中，关于主数据、参考数据、交易数据的标准化问题是 IT 系统设计时要首要考虑的。

分析数据：为数据业务化赋能，通过大数据、机器学习等技术进行价值的提炼，形成企业的数据资产，再通过服务化的能力来建立符合不同业务领域和不同角色的数据产品，赋能现有业务系统。分析数据一方面整合 IT 系统基础数据，另一方面基于业务和数据整合方法生成分析数据。所生成的分析数据中，数据仓库体系与画像数据体系是其中重要的两环。

数据仓库层的主要目的是建立数据标准规范的存储底座，将整合的基础数据分主题、分层次，分事实表、维度表等，将数据分门别类、有章有序地摆放好。

客户画像层的主要目的是从数据仓库各主题域整合客户各类信息，通过统计学、业务规则、算法等手段完成客户的标签化。

所以，数据仓库为客户画像的核心元数据，客户画像为了完成业务场景的闭环，往往也会有部分从业务应用端回流的数据，同样会进一步丰富仓库数据，再到客户画像丰富对标签的刻画。

五、构建客户画像

（1）个人资讯：包含客户的基本资讯，如年龄、居住地、教育程度、收入水平等。

（2）专业资讯：包含客户与工作相关的专业资讯，如现就职公司、职位、特殊技能、日常规划等。

（3）价值观：包含客户生活以及工作上的价值观，或是其他客户喜欢、不喜欢、影响购买的其他因素。

（4）目标以及挑战：包含客户的个人目标和工作目标、现在所面临的问题、品牌如何替他们解决这些问题等。

（5）客户在哪里：包含取得资讯的来源，常使用的社群媒体，常读的新闻，参加的活动、会议、其他的相关爱好等。

（6）是否有不想要的客户：包含太难搞的客户、预算不足的客户、不符合目标产业的客户或维护关系过于昂贵的客户等。

单元四 客户生命周期

一、客户生命周期概述

（一）客户生命周期的概念

客户生命周期是指从一个客户开始对企业进行了解或企业欲对某一客户进行开发开始，直到客户与企业的业务关系完全终止且与之相关的事宜完全处理完毕的这段时间。客户对企业而言，也有类似生命一样的诞生、成长、成熟、衰老、死亡的过程。客户的生命周期是企业产品生命周期的演变，但对商业企业来讲，客户的生命周期比企业某个产品的生命周期重要得多。客户生命周期描述的是客户从一种状态（一个阶段）向另一种状态（另一个阶段）运动的总体特征。不同的行业对此有不同的详细定义。如在电信行业，所谓的客户生命周期，指的就是电信客户从成为电信公司的客户并开始产生业务消费开始、消费成长、消费稳定、消费下降，到最后离网的整个过程。

（二）客户生命周期的意义

客户生命周期是非常重要的，因为它直接影响客户对一家企业的长期价值：

（1）对客户已有产品，增添新功能，或者说提升产品的消费价值；

（2）向客户出售更多、更容易升级的产品；

（3）使客户能长期消费本企业的产品。

最具价值客户并不都是稳定的客户。客户和企业的关系随时间会不断地发展和变化。了解客户和企业的关系是客户关系管理中至关重要的内容。

客户的背景资料是指客户和公司商业交往中的详细档案。例如，企业通过什么途径与客户建立服务关系？客户通过什么样的方式对产品和服务进行投诉？客户新开一个账户时，需要填写哪些表格？客户通过什么方式来更新资料中的电话号码？诸如此类的问题，都是企业必须面对的问题。

有趣的是，正是这些客户的背景构成了客户生命周期的重要阶段。有一些共同的阶段是每个客户都要经历的，但每个客户经历每一阶段的时间各不相同，各个阶段里的详细资料会因客户从事的行业的不同而有所差异。了解客户的经历，为数据挖掘提供了重要的线索。

客户生命周期为何如此重要？客户生命周期是一个框架，可以用来理解客户的消费行为。数据挖掘可以植入生命周期的不同阶段中，了解客户生命周期可以提高数据挖掘的效率。除此之外，某些客户的生命周期事件是非常重要的。如果能够预测这些变化，将是极其有意义的。

(三) 客户关系生命周期的不同阶段

客户关系生命周期是企业产品生命周期的演变。根据客户关系的不同，客户关系生命周期可以分为四个阶段（见图 2－10）。

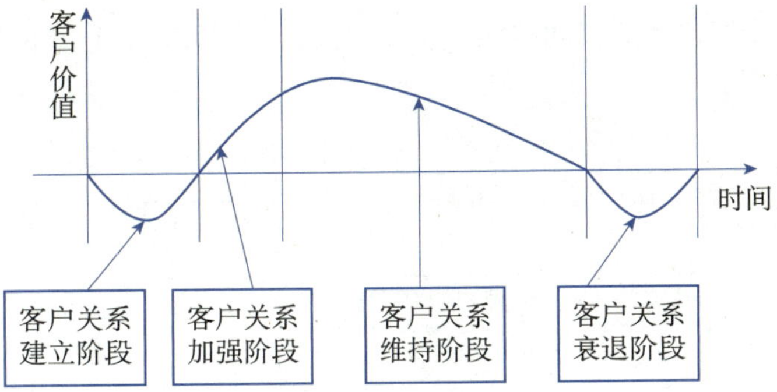

图 2－10 客户关系生命周期

1. 客户关系建立阶段

这是客户关系的培育开发阶段，它始于企业对目标客户的选择和认定。潜在客户一旦被企业作为目标客户予以培植，客户关系便进入这一阶段。处于这个阶段的客户，要么还不是企业的现实客户，要么是零星消费的小规模客户，企业还不能从他们身上获取现实的利润。但企业与他们的关系应是具有发展前景的，未来有可能形成良好的客户关系。

2. 客户关系加强阶段

在成功经过前一阶段后，客户关系便进入这一阶段。处于这个阶段的客户，已经是企业的现实客户，消费规模不断扩大，企业对他们的客户关系管理的费用不再大量增加，甚至有所下降，他们开始为企业提供现实的利润，尽管利润不高但却保持增长态势。

3. 客户关系维持阶段

经过较长时间的发展后，企业与客户的关系形成比较稳定的状态，进入稳定发展期。处于这个阶段的客户，他们一般是企业比较忠诚的客户，虽然他们与企业的交易不再具有明显的成长性（不排除二次成长的可能性），但他们通常将其大部分甚至全部采购业务给予了企业，为企业提供大部分的现实利润，属于企业的最有价值客户。

4. 客户关系衰退阶段

由于各种各样的原因，客户与企业的关系或早或晚地要进入衰退阶段，客户退出客户群体，结束客户关系。处于这个阶段的客户，他们由于破产倒闭、经营方向调整、重要人事变故、增加与竞争对手的业务、自然人客户的死亡等不同的原因，企业从他们身上获得的订单及利润不断减少直至为零，而且一般没有起死回生的可能性。

以上各个阶段的发展转化是客户关系生命周期演进变化的一般形态（正常形态）。现实生活中，具体的客户关系生命周期形态多种多样，并非严格按以上规律演化。此外，企业如何认识客户关系生命周期各阶段的转换点，判断客户所处的阶段，应视具体客户具体分析，通常要根据客户特征、交易变化、客户价值分析等因素，综合加以确定。

（四）客户生命周期的不同阶段

图 2－11 展示了客户生命周期的四个主要阶段：潜在客户、有意向者、真正客户、历史客户。

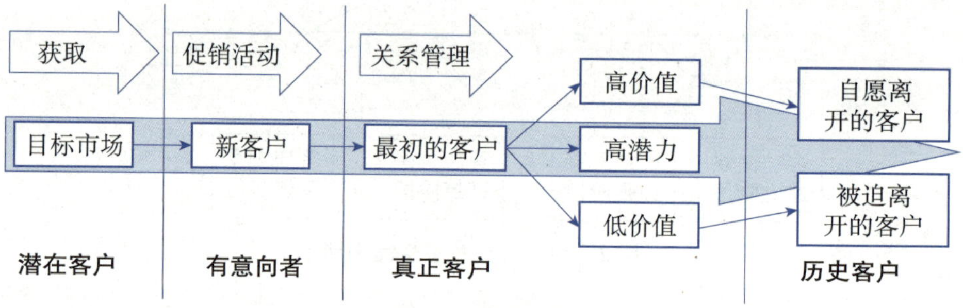

图 2－11　客户生命周期

（1）潜在客户：是指目前还没有成为企业客户的目标市场客户。

（2）有意向者：是指积极询问或者已经登记在册的人群。将有意向者转变成真正的客户的过程会因企业的不同而不同。

（3）真正客户：是正在使用产品和服务的人。许多案例表明，观察这些客户的早期消费行为，对预测这些客户的未来消费行为极有帮助。

（4）历史客户：是那些不管自愿还是非自愿，不再使用企业产品和服务的人。

从总体上来观察客户生命周期可以发现，开始的时候，没有成为客户的人对企业产品和服务很有兴趣（因为他们是企业锁定的目标市场客户）。经过一段时间以后，他们成为真正的客户。这些客户最初的消费行为非常重要，虽然随着时间的推移，这些客户可能会变得越来越有价值，也有可能发挥出更大的潜在价值，甚至可能越来越没有价值，最终，他们不再是企业客户。下面，我们将以特定的行业为例，介绍其中客户生命周期的情况。

先来看一家保险公司。在美国，这类公司的目标通常定位于 65 岁以下（也就是退休年龄以前）的个人。通常情况下，保险公司更愿意发展身体比较健康、低风险的人成为保险客户。这些人通过填写保险公司的表格以后，就成为有意向者。有意向者只有经核保审定，才能成为保险公司的真正客户。这个过程对于个人来说，常常带有侵犯性，因为他必须进行相应的体检。许多有意向者由于体检不合格，而永远不能成为保险公司真正的客户。

再来看信用卡公司的情况。这类公司的目标市场常常定位于需要信用借款并且有能力偿还的个人。个人只要填写信用卡申请表，就可以成为有意向者。申请表通过审批后，申请人就会成为真正的客户，并可以启用他的信用卡。一个真正客户丧失客户身份的原因是多方面的：自愿流失者将卡片撕毁，并将其寄回公司；悄悄溜走者仅仅指那些停止使用信用卡的人；非自愿流失者是指停止付费，直到账号被取消，信用卡也接着被取消的客户。

在全球网络世界里，也有类似的特征。潜在客户是指在全球目标市场中的任何人。例如，客户在电子商务网站注册以后，就成为有意向者。经常购物的客户是真正客户。真正客户会以自愿流失者、悄悄溜走者或者非自愿流失者的身份来终止他们和网站的联系。

（五）客户生命周期中的重要事件

在整个客户生命周期中，不同的阶段都有重要的事件。图 2－12 展示了客户生命周期中的各种事件。客户生命周期中的每个阶段都为数据挖掘和客户关系管理提供了切入的机会。

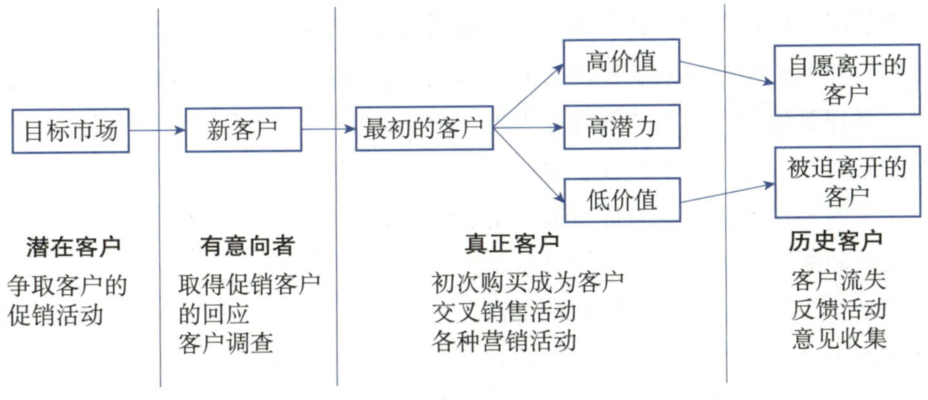

图 2－12　客户生命周期中的各种事件

1. 潜在客户

争取客户的活动是面向目标客户市场的行销活动，它的目的是找到可能对企业的产品或服务有兴趣的人。这项活动有许多明显的特征，其中之一是缺乏进行活动的资料。因为目标市场上的潜在客户并不是真正的客户，所以无法取得关于他们的资料。

数据挖掘可以将以前对类似的活动有兴趣的人员的特点整理出来。这样企业就可以将在以前活动中涌现出的有意向者作为本次行销活动的重点对象。一个更好的办法是，寻找和当前高收益的客户类似的有意向者。这样就可以让那些真正对某项产品和服务有兴趣的客户有机会接触到该项产品和服务。

企业可利用广告或其他的声像媒体来进行这项活动。不管是通过哪一种渠道，企业都可以利用数据挖掘整理出的客户的特点，找出最有兴趣的客户群，并依此建立购物客户群的名单等。

2. 有意向者

未来的潜在客户可以通过不同的方式变成有意向者，包括在网页上留言、拨打免费电话、填写申请表、寄回保修单等。

上面这些做法都可以将一个无名的潜在客户变成一个记录在册的潜在客户，企业可以依据资料与这些人保持联系。这些有意向者没有向企业支付任何费用，但他们是最有可能成为客户的人——企业的真正客户。在一些例子中，对于第一次浏览网站就在该网站消费的人，企业很难分辨出谁是有意向者、谁是真正客户。

数据挖掘通常可以用来决定哪些潜在的客户可能成为有意向者，而预测模型也常常用来预测哪些有意向者最终能够成为真正客户。

3. 真正客户

有意向者一旦和企业建立了经济关系，就成为企业的真正客户。这表示企业和客户之间已经开始了买卖行为，如信用申请已经获批、核准通过，以及其他类似的行为。

许多重要的事件都发生在真正客户的生命周期中。这些重要的事件不外乎三种类别：

（1）客户的消费偏好刻画了客户的消费行为。如果客户的消费偏好构成了企业的主要收入来源，如何刺激客户的消费偏好就成为一个非常重要的问题。不同的客户群体的消费偏好是有差异的。

（2）交叉销售是促使客户消费尚未使用的产品和服务的营销手段，它的目的是增强企业和客户之间的关系。

（3）增量销售是促使企业将现有产品和服务升级的销售活动，它的目的在于增强企业和客户之间的关系。

企业的真正客户给数据挖掘提供了可以大显身手的沃土。通过观察客户的消费习惯，企业可以透视客户的重要消费模式，预测什么时间会发生什么事件，判断哪些客户对交叉销售和增量销售很有意向，这些都是企业值得研究的课题。

了解客户早期的消费偏好和消费模式是非常有价值的。在某些企业里，利用客户早期的消费行为，就可以预测其未来的消费习惯。客户有可能挥金如土，也可能非常节俭；可能喜好单一，也可能偏好多样。客户的消费习惯通常在前几次的消费中就可以清楚地表现出来。

4. 历史客户

无论如何，总会有一些客户不再成为企业的客户。他们离开的原因大致可以分为两类。

（1）自愿离开。这也就是说客户自己不想再继续成为该企业的客户。自愿流失客户离去的原因是多方面的：

1）客户搬离企业服务的区域；

2）客户的生活方式发生改变（如退休），不再需要企业提供的产品或服务；

3）客户从对手企业那里获得了更好的产品或服务；

4）客户不再看好正在使用产品的价值。

笔者曾经参与过信用卡行业中的一个预测客户流失的专项研究，从中发现有一小群流失的客户。在这些流失的客户中，有持卡年限很长（甚至超过 10 年）却很少使用信用卡消费的客户。这群人有较高的平均年龄。经过仔细调查，证实这些客户已去世。这说明，这群人不应成为避免流失研究中应考虑的重点。

这其中有一个很重要的问题是，客户到底是在什么时候离开的呢？这取决于客户生命周期的价值，因为一个人是某企业客户的时间越长，他的价值就越大。

（2）非自愿离开。这类客户不再是企业的客户，他们已经停止消费。

将自愿离开的客户和非自愿离开的客户区别开来是非常重要的。如果企业在制定留住客户的促销策略时，将焦点集中在不再消费的客户身上，将会导致浪费。

确定哪些客户有非自愿离开的倾向，也是一个值得关注的问题。而这个问题的答案却有可能是意想不到的。例如，一项专项研究发现，从未赊账的客户比常常赊账的客户似乎更容易流失。深入研究表明，如果那些从未赊账的客户赊账，通常都是因为他们失业了，因而无法付账；而那些经常赊账的客户是因为没有将准时付账当成一回事，并非真的没有钱付账。

二、客户关系生命周期各阶段的 CRM 策略

客户关系生命周期模型描述了理想状态下客户关系发展的一般规律。由于客户关系的密切程度在生命周期的各个阶段是不同的，因此企业要针对客户关系生命周期各个阶段的特点，正确把握客户关系管理措施的重点。

（一）客户关系建立阶段的 CRM

在客户关系建立阶段，说服和刺激潜在客户并与其建立客户关系是CRM的中心任务。

1. 说服客户

潜在客户对某种产品或服务一旦产生需要，就会设法搜集有关该产品或服务的信息。但是，由于信息的泛滥和不对称，潜在客户往往难以找到适合自己的信息。因此，企业应设法通过各种有效途径向潜在客户传递信息，使其信服使用本企业的产品或服务是满足其需要的最佳选择。在这一阶段，企业必须向潜在客户证明自己具备满足客户特定需要的能力，可以借助于两种基本方法来说服潜在客户与其建立业务关系，即承诺和推荐。

承诺是指向潜在客户承诺本企业产品的性能或服务的质量，从而使他有充分的理由相信本企业具备满足其需要的能力。企业可通过产品或服务的质量保证以及有针对性的沟通策略加以传达。企业应向潜在客户承诺自己的产品或服务完全能够满足他的期望，否则就应给予必要的补偿。承诺一方面充分体现了企业对产品性能或服务质量的信心，另一方面也希望潜在客户对此认同。企业也可以通过有针对性的沟通手段，如广告、中间商的促销活动、互联网主页等传达承诺。若企业的这类沟通措施具有较高的可信度和较强的说服力，就容易说服潜在客户相信本企业的产品或服务。

推荐是指中立的第三者直接向潜在客户推荐某企业的产品或服务。客户正面的口碑宣传具有很强的说服力，因此企业要通过各种沟通措施刺激现有客户为其做正面的口碑宣传。

2. 刺激客户

在客户关系建立阶段，除说服客户以外，企业还要刺激客户尽快购买本企业的产品或服务。刺激措施旨在直接促使潜在客户与本企业达成某项交易，如在网上发布某种商品限期供应的优惠价格、直接向潜在客户发出内容颇具诱惑力的推销函等。刺激措施直接促使潜在客户与企业建立长期的客户关系，并刺激其重复消费和交叉消费本企业的产品或服务。这类措施有价格折扣、产品组合销售、购物积分等。若客户重复消费某种产品或服务，则企业可给予一定的价格折扣。间接的长期刺激措施可以为潜在客户与企业建立长期的业务关系创造条件。

（二）客户关系加强阶段的 CRM

在客户关系加强阶段，企业CRM的主要目标是留住客户，为此企业要做大量的客户适应工作，让客户学会使用本企业的产品或服务，预防和解决产品或服务使用过程中可能出现的问题。企业可以通过有针对性的客户培训，加快客户适应产品或服务的进程，保持客户联系部门员工队伍的稳定、建立高效率的客户服务热线或呼叫中心均有助于提高直接客户适应的效率。

在关系加强阶段，买卖双方的业务关系刚刚建立，企业与客户只是有了初步接触，客户关系也许还十分脆弱。由于客户对企业的第一印象对将来客户关系的进一步发展极为重要，因此，企业应想方设法尽快完成从客户关系的建立阶段向客户关系维持阶段的过渡，从而把客户关系推向更高的层次。

（三）客户关系维持阶段的 CRM

客户关系维持阶段的企业 CRM 的主要目标是提高客户满意度，尽量延长维持阶段的长度。因此，企业应该在产品或服务的个性化和交叉销售以及提高客户退出壁垒和提高客户关系管理效益上做工作。

企业应向客户提供符合客户特殊要求的个性化产品或服务，以便从长远的角度保证企业产品或服务对客户的吸引力。企业可通过将客户纳入产品的研发、规划和生产过程，使产品能更好地符合客户的要求，增强客户对企业的信任基础。企业通过交叉销售可以进一步增强客户关系。交叉销售旨在提高本企业从某客户取得的销售收入，交叉销售的目标可通过纯交叉销售和提高客户的消费频率来实现。纯交叉销售措施包括旨在扩大客户对本企业相关产品或服务需求的措施。提高客户的消费频率，即增加客户重复消费的需求，以增加销售收入。

企业可通过提高客户退出壁垒将客户在较长时期内锁定，以确保企业在该客户身上实现较高的利润。企业可从经济、技术和契约三个方面提高客户退出壁垒以维持客户关系。经济壁垒是指客户关系的终止会给客户带来经济上的损失，如客户无法获得约定的折扣。客户的这种经济上的损失称为转移成本，主要包括直接成本、沉没成本和机会成本。客户转移成本越高，客户关系就越稳定。通过技术壁垒可以使客户在使用产品或服务时对企业产生一定的依赖性，如客户只有在消费一定的相关辅助产品的条件下，主产品的性能才能得到充分发挥。契约壁垒是一种法律手段，企业应设法与客户签订购销契约，契约规定客户有义务在一定时间内消费企业的产品或服务。

（四）客户关系衰退阶段的 CRM

客户关系衰退阶段的 CRM 存在两种情况：一种是将客户挽留，使其恢复满意；另一种是解除关系。如果要让处于危机中的客户关系重新回到原先的满意和维持状态，企业就必须做好两项工作，即纠正错误和提供补偿，从而使客户关系恢复到维持阶段。纠正企业及其员工所犯的错误是恢复客户关系的基础。除了纠正错误外，企业还要向客户证明自己已经意识到缺陷的存在，并且说明这是一种例外情况。企业应给予客户相应的补偿以尽可能地消除或降低负面影响。无论是纠正错误还是提供补偿，企业均可从产品、沟通、价格和分销等策略着手。

在产品策略方面，企业可对有缺陷的产品进行返修。有些有缺陷的产品事后可以修复，并且不影响客户的使用，如汽车召回服务。为了消除负面影响，在缺陷产品修理期间，企业应与客户充分沟通并向客户提供补偿，以避免给客户带来不便。例如，在汽车召回期间，厂商可准备一辆汽车供客户免费使用。企业的纠错和补偿工作也可通过沟通策略加以实施。如果产品出错是客户使用不当所致，则企业可组织客户培训，以便客户今后能正确使用产品，避免同类问题的再度出现。企业应主动与客户进行沟通，必要时登门致歉。在价格策略方面，企业可通过价格折扣来纠正错误，提供补偿。一方面，企业可通过价格折扣来调整瑕疵产品的价格性能比，使其恢复到客户原先追求的价格性能比水平；另一方面，价格折扣对客户来说是一种实实在在的金钱补偿。最后，企业也可借助于分销策略达到纠正错误、提供补偿的目的。若客户未能按时收到发出的货物，则发货单位应尽快查询货物的下落，消除物流环节出现的差错。企业可通过免费送货上门以作补偿，并事先充分做好解释工作。在上述措施中，产品或服务本身最为关键，其次是价格策略，沟通和分销策略作为补充。如果客户对企业提供的产品或服务的质量不满意，那么仅凭企业的道歉恐怕是无济于事的。

在解除关系时，确认和分析客户流失的原因是十分重要的。客户流失的原因大致可分为三个方面：一是企业原因，企业提供的产品或服务无法令客户满意或认可，如汽车有安全隐患；二是竞争原因，竞争对手开出更优惠的条件吸引了本企业的客户；三是客户原因，客户自身原因导致企业无法为其继续服务，如客户离开企业的服务区域或客户需求生命周期发生变化等。

模块小结

本模块要让学生通过市场细分与市场定位、客户细分与定位或从客户生命周期的角度进行客户区分，通过客户画像锁定目标客户，实现精准客户关系管理。教学重点是客户细分，教学难点是客户画像。

课后练习

一、单项选择题

1.（　　）是指在明确的战略业务模式和专注市场中，根据客户的价值、需求和偏好等综合因素对客户进行分类，并提供有针对性的产品服务和营销模式。

A. 市场细分　　B. 客户细分　　C. 市场定位　　D. 客户画像

2. CRM 中的数据仓库已经不仅仅是一个存储数据的储藏室，它具有（　　），能将企业所需的客户信息进行统计分类，形成真正实用的企业客户信息。

A. 统计功能　　B. 智慧　　C. 智能　　D. 数据处理

3. (　　) 是客户关系管理的基础，也是实施客户关系管理的关键一环。

A. 客户细分　B. 市场细分　C. 市场定位　D. 客户信息

4. ABC 分类法又称 (　　)。

A. 三维度分析方法　B. 帕累托分析法

C. RFM 模型　D. CSM 模型

5. (　　) 是客户画像的核心元数据。

A. 数据仓库　B. 基础数据　C. 参考数据　D. 交易数据

二、多项选择题

1. 市场定位中的目标市场是指 (　　)。

A. 该市场中的现有客户　B. 市场商品

C. 潜在客户　D. 市场地域

2. 企业的盈利和发展取决于 (　　) 等因素。

A. 客户的价值水平　B. 客户的抱怨

C. 客户满意度　D. 客户忠诚度

3. 三种更适合 CRM 的客户细分方式包括 (　　)。

A. 依据企业对客户的不同反应

B. 根据客户与企业的关系进行细分

C. 根据客户的价值进行细分

D. 根据企业的产品进行细分

4. 客户画像包括 (　　) 两部分。

A. 产品画像　B. 企业客户画像

C. 个人客户画像　D. 服务画像

5. 客户生命周期是企业产品生命周期的演变，根据客户关系的不同，客户关系生命周期可以分为哪几个阶段？(　　)

A. 客户关系建立阶段　B. 客户关系加强阶段

C. 客户关系维持阶段　D. 客户关系衰退阶段

三、判断题

1. 客户是企业最宝贵的资源，没有客户资源，企业就丧失了生存和发展的土壤。(　　)

2. 在 CRM 中，企业使用的是基于客户的数据仓库，从而使它与传统的运营型数据库区别开来。(　　)

3. 客户关系管理也是一个不断地用变化适应变化的过程，客户关系管理并不高深，并不复杂，但不是依靠一个“软件”、实施一个“项目”、上一套“一步到位的系统”就能完成的。(　　)

4. 掌握客户画像，对企业的精细化营销没有什么太大的作用。(　　)

5. 最具价值客户都是稳定的客户。（　　）

四、案例思考

重温开篇“导引案例”，小组讨论分析并回答以下问题：

1. 以金融机构为例，要做到精细定位有几个困难，分别是什么？

2. 案例中列出了哪几个不科学的客户细分的标准？这些客户细分标准的问题分别是什么？

3. 在反垄断的大环境下，哪种运作模式是悬在企业头上的利剑，不仅损害了客户利益，也给企业的做大做强带来了极大的合规不确定性和监管应对压力？

4. 从“细化”到“泛化”，哪种是以更全面、到位的服务来定义“以客户为中心”的概念的？为什么？

5. 反映在金融服务领域，一些金融机构在客户服务团队的建立上，不再局限于传统的客户细分思维，而是如何做的？

教学方法建议

合作学习教学法

本模块主要学习市场细分、客户细分等教学内容，相关理论相对于第一模块有些难度，学生必须深刻理解，之后方能掌握其核心要义。本模块的内容对今后工作有较强的指导意义。因此，教学方法建议选择合作学习教学法（伙伴搭档学习法）。

一、合作学习教学法的基本环节

1. 分配任务

教师进行引导教学，说明教学的目标与学习的任务。例如，教材中客户关系生命周期及每个阶段应采取的策略教学内容，要求学生按照小组或个人用 PPT 对所学习的问题进行描述，PPT 要求用图片与文字相结合的方式进行说明，页数限于 3～5 页。

2. 进行分组

依据教材内容、任务的复杂程度等因素决定组别数量及各组人数。通常每组的人数在 6 人以下，讨论的效果比较理想。分组时应考虑学习能力、先备知识、动机、性别等因素。

3. 教师进行简单讲解

在本活动中，教师要对本部分的教学内容关键点进行讲解，而不是对全部内容作讲解，旨在确保学生在自学和讨论中不产生大的偏离。

4. 小组学习活动

小组学习包括角色分配以及依教学目标进行学习与讨论。角色分配主要分为支持工作角色与学习工作角色，支持工作角色宜平均且轮流分担，而对于学习工作角色则每位成员在每次讨论中都必须参与。

5. 小组报告和师生讨论

小组必须向教师及其他小组汇报小组活动成果，并且可以针对学习情形及活动结果，讨论在小组合作的过程中所遭遇的问题，以及如何改进和提高等心得体会。

6. 小组学习成就展示

学生按照小组进行汇报，教师根据具体情况安排汇报时间，并对每个小组汇报成果进行评价打分。这是合作学习教学法中非常重要的教学策略。展示学习成果可以激励学生的学习热情，小组成果的展示更能激发小组成员的荣誉感及成就感。

二、合作学习教学法的要求

1. 关注学生情感，营造良好的课堂教学氛围

教师在开展小组合作活动时常会发现有些学生只顾自己思考，不愿意参与到活动中来。通过观察教师发现有三类学生会出现这种情况。一种是学习有困难的学生。由于基础薄弱，他们无法表达自己的思想，想参加但力不从心，于是干脆置身事外，久而久之就变得厌学。另一种是性格过于内向的学生。他们不善于和同学交流，习惯于独自琢磨，喜欢独处，更不善于在同学面前发表自己的见解。即使有能力参与，他们也往往保持缄默。还有一部分学生缺乏合作精神，不乐于参与集体活动。针对这些情况，教师要坚持关注每个学生的情况，特别要关注性格内向和学习有困难的学生。

2. 转变教学方式，使学生真正成为课堂的主人

传统教学注重教师讲、学生听的单向信息交流，忽视了学生之间的合作互动在教学和学生发展过程中的积极作用。教师务必要更新观念，真正领会“小组合作活动”是让学生成为学习的主人，而教师只是课堂的组织者（organizer）、话题的设计者（designer）和活动的指导者（instructor）。小组活动不能只流于形式、走过场。例如，有时由于教学内容多、任务重，教师担心完不成教学任务，不敢留给学生充足的时间，一旦个别小组展示了自己的成果，教师就匆忙结束任务，进入下一个教学环节，让许多本来准备很好的学生感到失望，久而久之就会失去参与的兴趣。因此，教师要转变教学方式，自己一定要少讲、精讲，并设计好每一个教学环节。

3. 不断学习，提高教师指导学生合作学习的教学技能

（1）课堂调控能力和组织能力。小组合作活动中小组成员分配是否得当，是学生合作能否成功的基础。例如，每次的小组活动都是同桌或前后位交流，难免会缺乏新意，学生久而久之就会失去参与活动的兴趣。教师在安排小组活动时要注意使学生有信息差，要根据组中成员的组织能力、学习成绩、性别等均衡分配。要明确每个成员的分工，如可以采取轮换制，组长、记录员、资料员、报告员等要由每个成员轮流担任，让每个学生都真正参与到活动中来，都能发挥自己的作用。教师对于什么时候进行合作学习、合作时间多长

都要了如指掌。活动形式要多样化，教师要根据不同的教学环节引导学生采用适当的合作学习方法，培养和提高学生的合作能力。

（2）选择适当合作话题的能力。学生合作学习的成效与合作话题选择密切相关。如选择的话题要贴近学生的生活，要有趣味性、可行性与探究性，让学生有话要说并有话可说。切忌话题过于简单，导致学生根本不感兴趣。因此，话题的设计要有一定的难度和挑战性，教师要鼓励学生开动脑筋、发挥创意。另外，选择的话题还要具有开放性，便于学生从不同的角度寻求问题的解决。设计的问题应具有启发性，能开拓学生思维。

（3）及时为学生提供有效帮助和引导的技能。教师要有敏锐的洞察力，能够及时发现学生的困难，并能够给予适当的帮助。小组成员之间发生矛盾时，教师应把握时机进行调解。

（4）采取适当的评价方式，提高学生参与活动的兴趣。只有合作过程，而没有反思与评价同样不会调动学生的积极性。对合作学习进行科学的评价可以使学生更加注重合作过程的表现。评价还可以使教师获得准确的反馈信息，反思自己对合作活动的组织以及对合作目标和活动的设计，以便做出及时调整，使合作学习更加有效。

在评价时要对学生积极参与合作给予鼓励，要做到客观公正，而且形式要多样。如组内成员自评、组内成员互评、小组自评、小组互评、教师评价以及师生合作评价等。教师还可通过课堂观察、作业批改、找学生谈话等方式搜集信息，反思成功的经验和不足之处，进而针对每个小组的表现，再分别做具体的指导，促进每个小组都进行反思，这样逐渐形成小组合作学习的良性循环。

教学过程操作建议

一、介绍案例及要求

1. 教师准备案例。建议选择“以客户为中心再定义”“王永庆从卖大米到台湾首富”“汇丰银行如何区分客户”等有关市场细分、市场定位、客户细分、客户画像、客户生命周期知识内容的案例。

2. 案例预设问题。案例至少预设三个问题，问题设置可参考教材中“讨论并分析”，要能全面反映模块二各单元中的核心知识点，保证让学生通过案例分析掌握知识点，树立正确价值观，培养分析问题和解决问题的能力。

3. 教师要充分熟悉案例，不建议通过投影仪投影案例，建议完全掌握、烂熟于心并口述给学生。PPT 可以列一些案例中的关键信息或预设的问题，不能把案例所有文字都放在 PPT 上照着读。

二、分组分析案例

将全班学生分组（每组 4～6 人），每个组都要参与案例分析，要求每组推荐一名代表做好记录，代表小组陈述分析意见。意见至少包含 3 个方面：

1. 案例中涉及哪些知识点？你的收获是什么？（知识目标）

2. 通过阅读与分析案例给我们未来工作有什么启发，对生活有什么指导？（素养目标）

3. 通过案例分析，你提高了哪方面的能力？（能力目标）

三、观察与启发

各组分析案例时，教师到各小组巡视，观察讨论情况，记录讨论情况，不发表任何意见。

四、陈述意见

1. 学生围绕教师预设问题进行回答，最终实现 3 个方面的目标。

2. 教师指导学生认真汲取别人的经验成果，丰富和提升自己。

3. 限时发言，多鼓励学生的发言，不批评别人的观点。

五、知识整理

教师指导学生把案例中所涉及的专业知识要点展示出来。

六、评价总结

教师对各小组观点中存在的问题进行评价总结，要重视学生分析的思维过程、表述层次和结构、语言的运用等方面的问题。教师要通过学生汇报的案例分析结果检验其对本模块知识的掌握程度。

模块三 客户忠诚

学习目标

素养目标：

1. 树立民族品牌意识，培养学生民族自豪感与自信心；
2. 树立“服务至上”职业理念，弘扬中华优秀传统文化，在传承中提升文化自信。

知识目标：

1. 掌握与客户互动的关键要素和客户出现不满意的根本原因；
2. 了解客户满意与客户忠诚之间的关系；
3. 掌握客户让渡价值、客户终身价值的相关概念。

能力目标：

1. 能够应用客户关系管理相关策略，提高客户满意度和忠诚度；
2. 能够识别投诉客户类型，并应用相关处理技巧快速、有效地解决问题。

导引案例

海底捞服务至上的背后——他是如何将顾客的心牢牢地抓在手里的

四川海底捞餐饮股份有限公司（以下简称海底捞）成立于1994年，是一家以经营川味火锅为主，融合各地火锅特色于一体的大型跨省直营餐饮民营企业。其通过对员工满意度和客户满意度的双满意度考核机制，成功打造了火锅行业“五星级服务”典范。海底捞始终秉承“服务至上、顾客至上”的理念，以创新为核心，改变传统的标准化、单一化的服务，提倡个性化的特色服务，致力于为顾客提供愉悦的用餐服务。创始人张勇曾说：“我们的战略目标就是不断提高，在保证顾客满意度的前提下，把海底捞建设成一个民族品牌。”海底捞遍布中国多个城市，员工在现场表演川剧变脸和特色舞面成了海底捞的招牌，颇具中华文化特色。有着国际野心的海底捞将版图拓展到了海外，覆盖了韩国、日本、美国、英国等国家和地区。开在国外的海底捞门店，获得了“中国风”

“中国味道”“和国内一个味”等评价。

1. 建立顾客档案

海底捞员工会记录自己招待的顾客的生日、顾客家庭人口数，以及他们的结婚纪念日等信息。海底捞会根据以上信息建立顾客档案，与顾客互动并保持不断联络，在他们生日或者纪念日时送上祝福，并邀请他们参加公司的活动。海底捞的目的只有一个：“让客户永远记住我们，当他们想吃火锅的时候，第一个想到的就是我们！”最高境界就是：“让顾客习惯我们的服务！”

2. 提供优质服务

● 新鲜的菜品和锅底

海底捞在成都设立了生产基地，生产的产品通过 HACCP 认证、QS 认证和 ISO 国际质量管理体系认证。海底捞在北京、上海、西安和郑州设立了四个大型现代化物流配送基地，形成了集采购、加工、仓储、配送为一体的大型物流供应体系。

● 良好的服务

海底捞的做法是从顾客到达餐厅到就餐完毕，力图把每一个环节的服务质量都做到最好。顾客到达时，服务人员会帮忙停车；顾客等待时，可以自取免费水果、饮料、零食；女士可以免费美甲；顾客点菜时，服务人员会送上皮筋、手机袋、围裙，以免顾客弄脏头发、手机和衣服；顾客用餐时，如果有需要，服务人员会及时响应；顾客结账离开时，服务人员还会送上口香糖。

● 解一时之难，温暖人心获共情

一名女大学生在社交平台发文称自己没有赶上车，在未消费的情况下在深圳某家海底捞门店的包间里留宿了一晚，并称海底捞的服务人员并没有催促她离开，反而提供了毯子、枕头、水果等，让她感到非常温暖。海底捞此次提供无偿留宿服务的行为得到部分网友共情，称是好心善举，提供给独身女性应急之所，也是企业社会责任感的体现。

3. 重塑服务利润链

服务利润链由以下几个循环构成：员工能力循环、员工满意度循环、顾客忠诚度循环、企业盈利循环。海底捞的服务利润链是：企业对员工好、员工有干劲、员工对顾客好、顾客体验良好、忠诚顾客再次消费和口碑推广、企业获利。例如，海底捞的服务人员遇到某位顾客说特别喜欢店内的某种免费食物，服务人员就会为该顾客单独打包一份，让其带走……这些服务不仅让海底捞的顾客满意度提升，更给他们带来了一份惊喜和感动，长此以往，这些顾客就会成为忠诚顾客。

4. 顾客投诉才是真爱

在海底捞，服务中有一句话是：投诉是真爱！一旦遇到顾客投诉，海底捞管理人员向服务人员传递的理念是：留住顾客、变成忠诚顾客的机会，终于来了！试想想，当一线服务人员抱着这样的心态去处理顾客投诉时，是不是角色和心态都会完全不同？海底捞对店长的考核除了营业额、利润外，顾客满意度也是一项重要的指标。店面不会为了短期效益和短期利润而牺牲顾客满意度。

我们要知道，现代人消费，需要的是舒心、愉快，只有给顾客创造愉悦的心情，企业才会赢得消费者的心，客户才不易流失，企业的经营才会长久，顾客才会再次光临，并且带动新的顾客。

资料来源：木子．海底捞客户关系管理案例分析［EB/OL］．扒拉扒拉正能量，2018－03－13；王晓宇．海底捞免费包间借女大学生留宿，如何权衡社会责任与风险［EB/OL］．人民网舆情数据中心，2023－03－21.

讨论并分析：

1．从上述案例中表述的内容分析，海底捞成功的秘诀表现在哪些方面？

2．创始人张勇曾说过海底捞的战略目标是什么？

任务分组：

班级			组号		指导教师	
组长			学号		任务	
组员	姓名	学号	任务	姓名	学号	任务

单元一 客户互动

一、客户互动的含义

客户互动是为了在市场上为客户提供能够为其带来优异价值的产品和服务，企业需要充分利用信息的潜在内涵和各种互动技巧，努力在客户的购买过程中发展与客户的合作关系。

在实践中，除了向客户提供定制化的产品和服务以外，“以客户为中心”的观念还应包括与客户互动的类型和风格。企业只有通过互动、对话来增强对客户的了解，知道什么时候为客户提供哪些产品和服务，才能让客户心甘情愿地与企业合作。企业相关资料积累得越多，掌握客户的精确性就越准，企业应对不同挑战所提出对策的有效性也就越高，从而降低风险，提高企业利润。

实际上，客户互动的概念十分广泛。客户与企业双方的任何接触都可以视为互动。例如，产品和服务的交换、信息的交流和业务流程的了解等都包含于其中。互动并非是当前网络经济时代的产物，在社会学领域中，互动是指人类特有的一种有意识的过程，如可以将互动细分成交换、竞争、合作、冲突和强制。互动一般都具有双向沟通和共同利益的特征。

二、驱动客户互动的因素

在客户互动的转变过程中，有些驱动因素无时无刻不在推动客户互动向前发展与演进。这些驱动因素包括客户角色的转变、营销观念的转变，当然也离不开在互动演进中扮演重要角色的技术因素；此外，还包括社会学与传播学理论知识的发展。这里着重对以下几种驱动因素进行探讨。

（一）市场营销环境的变化

在当今以竞争为主导的市场营销环境里，行业环境和技术环境的变化格外引人注目。例如，从大众化消费到个性化消费，每个消费者都变得更加独一无二。此外，网络技术和互动媒体方式的发展也同样引起了市场营销环境的巨大变化。

（二）营销观念的变化

在交易营销观念下，由于传统的消费品市场规模较大，生产者与客户建立长期的互动关系几乎是不可能的。但随着交易营销观念被关系营销观念所取代，企业与客户之间的互动变得越来越频繁。

（三）企业核心价值观认知的转变

传统上，许多企业都以利润最大化为其核心价值观，是以企业为中心的，强调的是企业独立地创造价值。但网络经济的发展正促使企业的核心价值观向客户价值最大化转移，开始真正以客户为中心，强调的是与客户共同创造价值。

（四）与信息技术相结合的营销方式的转变

由于信息技术的发展，企业能够做到一对一的营销，从而彻底改变了以前面向大众市场、追求市场份额的营销方式，客户份额和客户终身价值得到了前所未有的关注。

（五）信息技术推动的管理方式转变

企业管理软件的引入，如 ERP 和 CRM 等软件的引入，使得企业管理的方式发生了翻天覆地的变化，使许多先进的管理理念迅速转化为管理实践。

显然，以上这些都是客户互动演进的驱动因素，正是它们的合力，使得客户互动不断地向前发展，使理论与实践不断产生融合。

三、客户互动管理

随着客户角色的转变和竞争的加剧，企业必须与客户进行有效的互动。对于客户管理而言，客户与企业的互动并不只是简单的信息交换，它可以让企业与客户之间建立一定的联系，并由此实现有效的客户互动。一般而言，客户只愿意与具备最优秀客户互动能力的企业进行接触，所以成功的客户互动管理可以使企业获得更大的客户份额和更多的营业收入。因此，不管是为了在合适的场所或情景与客户互动，还是为员工与客户之间的互动提供必要的信息，企业都有必要对客户互动加以管理。

虽然存在众多的影响客户互动的因素，但不管通过何种互动渠道，无论是面对面的交流、电话、电子邮件或网站，还是其他渠道，参与互动的人、技术和流程都是客户互动中的三大关键因素。只有对这三项因素进行综合管理，才能为客户创造出令人满意的、感觉受到重视的客户互动。

（一）员工有效性

企业的人力资源实践对客户互动的效果有重要的影响。具体而言，不论员工是否被授权实时地解决客户问题，人力资源实践直接影响员工对客户互动技术和流程的了解程度。

有效员工的衡量标准中一个重要因素就是给企业客户服务代表（Customer Service Representative，CSR）授权，这有助于员工在工作中掌握客户互动的自由度。没有被转给专家或者高级管理人员的客户互动所占的比率越高，说明企业对 CSR 的授权水平就越高。CSR 的辞职会导致企业增加重新雇用和培训员工的成本。此外，非接触时间也是实现员工有效性的一个需要考虑的要素，它是指一个 CSR 在不与客户进行互动时，在文件处理和培训上所花费的时间。

（二）流程有效性

企业的内部流程对客户互动质量也有着强烈的影响，流程的设计与实施应有利于有效地利用互动过程中的每个要素。例如，如果流程设计具有感应客户态度、需求、认知变化的能力，那么企业就可以对这些改变做出反应，从而获得竞争优势。类似地，企业对变化做出反应的速度会反映流程的柔性。

有效流程的衡量标准基本上都涉及入站和出站接触。其中，入站接触与互动需求相关，而出站接触则关系到销售（包括电话销售）以及与客户挽留相关的流程。

（三）信息技术有效性

信息技术具有为企业带来竞争优势的潜力。这些技术不仅有助于企业调整行为，使之适应客户需求，还可以显著改变企业的流程和人事制度。正确使用信息技术，可以让工作流程和人事制度更富有柔性、更加快捷、更加有效。

信息技术有效性的衡量标准包括以下因素：信息技术的复杂性，包括信息技术使用和学习的难度；信息技术是否以客户为中心，即能运用信息技术完全掌握的客户接触在整个客户接触中所占的百分比，这一比率越高，说明技术设计越能满足客户的需求。此外，企业在信息技术上投资越多，信息系统的复杂性就会越大；信息系统的复杂性越大，客户与企业接触时遇到的阻碍就会越大，从而降低了客户与企业互动的驱动力。因此，管理者必须在是否进行大量投资之前做出权衡。

（四）员工、信息技术、流程与互动效果的关联

企业之所以要对员工、信息技术、流程等进行有效的管理和改进，其最终目的就是通过这种管理和改进来提升效率，并促使它们相互之间产生积极的作用，最终对客户互动效果产生积极的影响。

四、客户流失

客户流失并不是对客户关系的否定，而是对实施它的迫切性和必要性的再次证明。因此，在客户分析中，也包括对客户流失的状况进行监测、分析客户流失的原因等内容，这样企业就有可能发现经营管理中亟须改进的环节，有时甚至可以把流失的客户重新吸引回来，并建立起更为牢固的客户关系。

（一）客户流失原因分析

客户需求不能得到切实、有效的满足往往是导致企业客户流失的关键因素，一般表现在以下几个方面：

（1）产品质量不稳定。产品质量不稳定，使客户利益受损，导致客户流失。

（2）缺乏创新。企业缺乏创新，客户“移情别恋”。任何产品都有生命周期，随着市场的成熟及产品价格透明度的增加，产品带给客户的利益空间往往越来越小。若企业不能

及时、有效地进行创新，客户自然就会另寻他路，毕竟利益才是维系客户与企业关系的最有效的杠杆之一。

（3）服务意识淡薄。企业内部服务意识淡薄表现在员工傲慢、客户提出的问题不能得到及时解决、咨询无人理睬、投诉没人处理、服务人员效率低下等，这些也是直接导致客户流失的重要原因。

（4）员工跳槽带走客户。很多企业由于在客户关系管理方面不够细腻、规范，客户与企业之间业务员的桥梁作用被发挥得淋漓尽致，而企业自身对客户的影响相对乏力，一旦业务员跳槽，老客户也随之而去。

（5）客户遭遇新的诱惑。市场竞争日益激烈，为能够迅速在市场上获得有利地位，竞争对手往往会不惜代价以优厚条件来吸引那些资源丰厚的客户。

（6）短期行为的干扰。企业的短期行为会导致老客户的流失。

（二）控制客户流失的对策

企业要控制客户流失，可采取以下对策：

（1）实施全面质量管理。全面质量管理是创造价值和客户满意的关键。客户追求的是高质量的产品和服务。如果企业不能给客户提供优质的产品和服务，那么终端客户就不会对上游供应商感到满意，更不会建立较高的客户忠诚度。这样客户也就不可能会为企业创造丰富的效益，并与企业建立牢固的关系。因此，企业应实施全面质量管理，促使产品质量、服务质量、客户满意度和企业盈利形成良性的密切关系。

（2）区分导致客户流失的原因，并找出那些可以改进的地方。客户流失分为可控流失和不可控流失。如果客户流失的原因是企业的服务差、产品次，那么企业可以通过改进服务质量和产品质量来避免客户流失；如果客户流失的原因是离开了该地或者改行、破产，那么企业就无能为力了。

（3）关注不同群体的客户流失率并进行成本分析。企业应编制不同客户群体的流失率分布图，同时，对流失的客户进行成本分析，包括流失客户的利润成本分析和潜在成本分析。

（4）计算降低流失率所需要的费用。只要这些费用低于所损失的利润，企业就应该编制该项预算。

（5）增进与客户的沟通。企业通过互动、对话的形式来对客户进行了解，倾听客户的意见，提高客户的满意度和忠诚度。

此外，企业还可将员工的激励机制与客户保持率联系起来。如果员工招揽到客户就可得到奖金，虽然这也可起到控制客户流失的作用，但如果将奖金与客户保持率联系起来，员工在吸引新客户时，就还会考虑客户的忠诚度。

单元二 客户满意

企业实施CRM的目的不仅是要拓展企业经营的触角和改变企业的经营模式，还应当强化企业与客户之间的互动关系，最终目的是提升企业的利润。因此，企业如何满足客户的要求，进而留住客户，提升客户的满意度，已经是目前企业经营中重要的新课题，更是衡量企业竞争力的重要指标。那么，什么是客户满意度？如何提升企业的客户满意度呢？下面我们对这些问题加以阐述。

一、客户满意度的概念

对于个体来说，“满意”是一个不确定的概念，因为满意的标准因人而异。同样的产品和服务可能有人满意，有人不满意。也就是说，从个体的角度出发，是否满意呈现出随意性，没有规律可言。但如果将大量个体集结为一个整体来观察，只要个体（也就是统计学所指的样本）数量足够多，就能体现出规律性来。因此，依据统计学原理对客户进行调查，就能得到正确反映客户大群体满意状况的有用信息。

客户的满意状况是由客户的期望和客户的感知（包括对质量的感知和价格的感知）这两个因素决定的。客户期望越低，就越容易满足；客户实际感知越差，就越难满足。可见，客户是否满足与期望成反比关系，与感知成正比关系。

据此，我们可以用一个简单的函数式来描述客户满意状况的评价指标——客户满意度，即：

$$C=b/a$$

式中：

C——客户满意度；

b——客户的感知值；

a——客户的期望值。

对客户满意状况的测量实际是看客户满意度的大小。C 等于1或接近1，表示客户的感受为“比较满意”，也可认为“一般”；C 小于1，表示客户的感受为“不满意”；C 等于0，则表明客户的期望完全没有实现。在一般情况下，客户满意度多在0～1，但在某些特殊情况下，客户满意度也可大于1，这意味着客户获得了超过期望的满足感受。

峰终定律

客户满意可被定义为：“客户对某一事项已满足其需求和期望的程度的意见”。其中，某一事项是指在彼此需求和期望及有关各方对此沟通的基础上的特定时间的特定事件。如果企业充分考虑了客户的峰终定律，就可以用比较小的成本提高客户的满意度。可见，所谓客户满意是指客户的感觉状况水平，这种水平是客户对企业的产品和服务所预期的绩效与客户的期望进行比较的结果。

客户满意与否，取决于客户接受产品或服务的感知同客户在接受之前的期望相比较后的体验。通常情况下，客户的这种比较会出现三种感受，如图 3-1 所示。

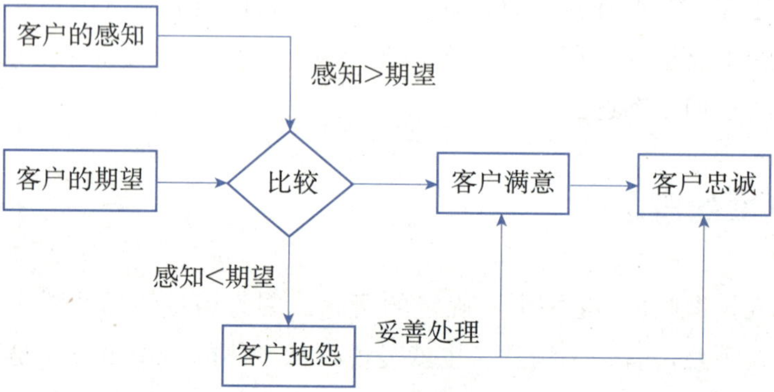

图 3-1　客户满意期望与客户感知比较后的感受

（1）当感知接近期望时，一般会出现两种状态：一种是客户因实际情况与心理期望基本相符而表示“比较满意”；另一种是客户会因对整个消费决策过程没有留下特别印象而表示“一般满意”。所以，处于这种感受状态的客户既有可能重复同样的消费经历，也有可能选择该企业的竞争对手的产品或服务。

（2）当感知高于期望时，客户就会体验到喜悦和满足，感觉是满意的，其满意程度可以由事后感知与事前期望之间的差异函数来测量。显然，感知超过期望的越多，客户的满意程度就越高，而当感知远远超过期望时，满意就演变成忠诚。值得强调的是，客户满意并不等同于客户忠诚。客户满意其实是进行某种消费后的心理状态，而客户忠诚则是一种消费行为，代表了企业的盈利能力。

（3）当感知低于期望时，客户就会感到失望和不满意，甚至会产生抱怨或投诉，但如果对客户的抱怨采取积极措施妥善解决，就有可能使客户的不满意转化为满意，甚至令其成为忠诚客户。

二、客户不满意的原因

据相关调查，很多企业每年要流失 10%～30%的客户，但这些企业并不完全了解失去的是哪些客户、什么时候失去的、为什么会失去，以及这样的客户流失会给它们的销售收入和利润带来多少损失。

显然，不满意是客户流失的根本原因，但是什么造成了客户的不满？近年来，人们在这一领域开展了大量的研究工作，并得出“服务差距”的理论。令一个客户产生不满意的总体感觉来自期望和实际体验之间的差距，而不满意的根本原因包括以下几个方面：

（一）促销差距

这个问题的起因常常可以追溯到企业的营销信息上。当一家企业急切地宣传其产品或服务的好处以赢得客户时，很容易造成客户心中的过高期望，而这些期望是难以实现的。一个很普遍的例子就是销售人员为了争取订单随口保证一个交货日期，而没有事先确认这个日期是否可行。

（二）理解差距

企业经理不能准确理解客户的需求和优先顺序。如果他们不能真正知道什么对客户重要，那么无论如何重视质量和服务，他们做到“在客户最关心的方面竭尽全力”的可能性就微乎其微。许多企业一直存在这个问题，它们试图测评客户满意度，却没有在调查问卷中设计一个用来搞清什么是对客户最重要的事情的选项。

（三）程序差距

假设一家企业已经完全理解了什么对客户最重要，但没有将客户期望转化成适当的操作程序和系统，那么依然不能使客户满意。例如，一家旅馆也许已经完全意识到结算的时间超过 5 分钟，客户就会恼怒，但如果经理不能在早上 8 点到 9 点之间的高峰期安排足够的人手，那么许多客户等待的时间就会更长，然后他们就会不满意地离去。

（四）行为差距

有时一些企业已经采用了清晰的程序来满足客户的需求和优先顺序，但因为员工训练不足或纪律性不强，导致员工不能严格遵循这些程序，所以这些企业仍不能获得持续的高水准的客户满意度。

（五）感受差距

一些企业可能并不存在上述差距，但客户调查显示出不满意的程度很严重。这是因为客户对组织表现水平的感受可能与现实相差甚远。一个客户在过去某段时间受到怠慢的服务，会形成企业服务不周的印象，而这种印象要经过相当长的一段时间并在多次体验到企业优质的服务后才能改变。尽管这些感受不准确，但客户正是基于这些不准确的感受做出他们的消费决定的。

如图 3－2 所示，五种差距中的任何一种都会导致整体的服务质量差距（Service Quality Gap），从而引起客户的不满。没有任何企业故意提供劣质的服务，企业认为它们所提供的服务和客户感到他们所接受的服务之间往往有一定差距，服务差距往往源于此。企业只有定期地进行客户满意度测评，才能找出并消除这些差距。

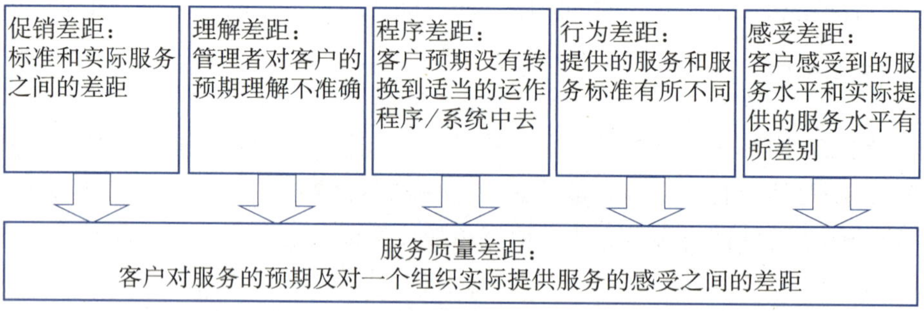

图 3－2　服务差距

单元三　客户投诉

一、客户投诉的心理状态分析

客户投诉时心里是怎么想的，他们希望通过投诉获得什么？通常来说，客户投诉时的心理状态主要有以下六种。

（一）发泄心理

客户因遭遇不满而投诉，基本需求是将不满传递给企业，将自己的怨气、抱怨发泄出来。这样，客户不快的心情会得到释放和缓解，恢复心理上的平衡。

耐心的倾听是帮助客户发泄的最好方式，投诉处理人员切忌打断客户，导致客户的情绪宣泄中断，使其淤积怨气。此外，客户发泄的目的在于取得心理的平衡，恢复心理状态，在帮助客户宣泄情绪的同时投诉处理人员还要尽可能营造愉悦的氛围，引导客户恢复良好的情绪。作为投诉处理人员，即便有着过硬的业务能力和极强的责任心，如果整天愁眉苦脸或紧张兮兮，其给客户的感觉必然会大打折扣。但是，营造愉悦氛围时，投诉处理人员也要把握尺度和注意客户的个性特征，如果让客户感到轻佻、不受重视，那宁可做一个严肃的倾听者。

（二）尊重心理

客户投诉的目的是希望获得关注、企业对他所遭遇的问题予以重视，以达到心理上的被尊重，尤其是对于感情细腻、情感丰富的客户更是如此。投诉处理人员能否对客户本人给予认真接待，及时表示歉意、及时采取有效的措施、及时回复等都被客户作为是否受尊重的表现。

如果客户确有不当，企业投诉处理人员应采用适当的办法让客户不要感到尴尬，这也是满足客户尊重心理的需要。

（三）补救心理

客户投诉的目的在于补救，因为客户觉得自己的权益受到了损害。值得注意的是，客户期望的补救不仅指财产上的补救，还包括精神上的补救。投诉处理人员通过倾听、道歉等方式给予客户精神上的抚慰是必要的。

（四）认同心理

客户在投诉过程中一般都努力向企业证实他的投诉是正确的、有道理的，希望获得企业的认同。投诉处理人员在了解客户的投诉问题时，对客户的感受、情绪要表示充分的理解和同情，但是要注意不要急于认同客户的处理方案。例如，客户很生气时，投诉处理人员可回应说："您别气坏了身体，坐下来慢慢说，我们商量一下怎么解决这个问题。"这个回应就是对客户情绪和对客户期望解决问题的认同，但是投诉处理人员并没有轻易地抛出处理方案，而是给出一个协商解决的信号。

客户期望认同的心理得到回应，有助于拉近彼此的距离，为协商处理营造良好的沟通氛围。

（五）表现心理

投诉处理人员应该注意到客户既是在投诉和批评，又是在建议和教导，这就是客户表现心理的作用结果。一方面，客户坚持自己的观点，或者转向与最初投诉观点不一致的问题上，他们通过这种方式只是表示自己并没有过错。另一方面，在投诉的过程中，客户一般不愿意被他人进行负面评价，他们时时注意维护自己的尊严和形象。

根据客户的表现心理，投诉处理人员在处理投诉时要注意夸奖客户，引导客户做一个通情达理的、理智的人。另外，投诉处理人员还应考虑性别差异，有针对性地接待前来投诉的客户，如男性客户由女性投诉处理人员来接待，因为在异性的面前，人们更倾向于表现自己积极的一面。

（六）报复心理

在投诉时，客户一般对于投诉的所失、所得具有粗略却理性的经济预期。如果不涉及经济利益，仅仅为了发泄不满情绪、恢复心理平衡，客户一般会选择抱怨、批评等对企业杀伤力并不大的方式。当客户对投诉的预期与企业给出的解决方案的相差过大，或者客户在宣泄情绪的过程中受阻或受到新的“伤害”，某些客户会演变成报复心理。存有报复心理的客户会不计个人得失，不考虑行为后果。

自我意识过强、情绪易波动的客户更容易产生报复心理。对于这类客户，投诉处理人员要特别注意做好工作。投诉处理人员应通过各种方式及时地让双方的沟通恢复理性。对于少数有报复心理的客户，投诉处理人员要注意收集和保留相关的证据，当客户做出有损企业声誉的事情时，投诉处理人员应适当提醒一下客户这些证据的存在，对客户而言也是一种极好的冷静剂。

二、客户投诉的处理要求

客户投诉是每一个企业都可能遇到的问题，它是客户对企业管理和服务不满的表达方式。客户投诉是企业有价值的信息来源，能够为企业创造提高产品和服务质量的机会。因此，如何利用处理客户投诉的时机而赢得客户的信任，将客户的不满转化为客户满意，提升客户的忠诚度，已成为企业营销实践的重要内容之一。

现代市场竞争的实质就是一场争夺客户资源的竞争，但由于种种原因，企业提供的产品或服务会不可避免地低于客户期望，造成客户不满意，因此客户投诉是不可避免的。向企业投诉的客户，一方面要寻求公平的解决方案；另一方面说明他们并没有对企业绝望，希望再给企业一次机会。

相关研究发现，对于50%～70%的投诉客户而言，如果投诉得到解决，他们还会再次购买企业的产品或服务，如果投诉得到快速解决，这一比重会上升到92%。因此，客户投诉为企业提供了恢复客户满意的直接的补救机会，企业应鼓励不满客户投诉并妥善处理，从而阻止客户流失。

投诉处理人员在处理客户投诉时应做到以下几个方面：

（一）态度积极

当有客户投诉时，企业和投诉处理人员应抱着积极的态度进行处理。如果一家企业对投诉采取消极态度，就会打击客户的积极性，从而失去客户对企业的信任。

例如，海尔集团前些年推出过一款叫“小小神童”的洗衣机。该款洗衣机刚推向市场时，由于设计存在一些问题，返修率相当高。海尔集团是怎么处理的呢？海尔集团调集了大量的员工，然后向客户承诺“接到投诉电话后24小时之内提供上门维修服务”。很多客户的洗衣机经过海尔维修人员连续三四次甚至更多次上门维修，问题得以解决。最终这件事的结果是很多客户反映道：“任何新的产品都会存在这样那样的问题，但对海尔的服务我们是满意的。”因为他们看到了一家企业对客户的尊重和重视。

（二）尊重客户

企业要懂得尊重客户，进行换位思考，站在客户的立场上看问题。为此，企业要经常提高全体员工的素质和业务能力，促使全体员工树立全心全意为客户服务的思想和“客户永远是正确的”的观念。面对愤怒的客户时，投诉处理人员要始终牢记自己代表的是企业的整体形象，因而一定要克制自己，避免感情用事，要注意倾听，让客户发泄不满，并从中发现客户的真正需求。

（三）及时处理

处理投诉时，投诉处理人员切记不要拖延时间、推卸责任，各部门应通力合作，迅速做出反应，向客户正式、清楚地说明事件的缘由，并力争在最短时间内全面解决问题，给客户一个圆满的结果。否则，拖延或推卸责任会进一步激怒投诉者，使事情进一步复杂化。

（四）专业、规范

企业不仅要提供产品，更要提供专业的服务（包括专业的指导）。企业应建立专门的制度并安排专人来处理客户投诉问题；应规定明确的处理程序和时间标准，以及标准的用语规范，保持服务的专业、统一、规范。

三、客户投诉的处理步骤

（一）了解客户投诉的原因

客户为什么要投诉呢？简单地说，客户是基于不满才投诉的。不满的直接原因在于客户的期望值和服务的实际感知之间的差异，也就是预期的服务和实际感知的服务之间的差距。我们暂且不对差异本身进行价值判断，它既可能是合理的、为社会所接受的，也可能是不应该出现的，企业要对此承担责任，消费者要调整期望值。企业服务与客户期望之间之所以出现了差异，绝大多数是企业方面的原因。

1. 产品存在缺陷

产品缺陷是指产品存在危及人身、他人财产安全的不合理的危险。产品质量缺陷具体可分为：设计缺陷、制造缺陷、指示缺陷等，从而导致假冒伪劣产品、标识不当的产品、质量瑕疵产品的存在。如果某企业的产品有缺陷，不仅消费者会向企业投诉、要求索赔，国家相关的质量监督管理部门还会处罚企业，企业可能会承担刑事责任。

2. 服务质量不佳

国内一些优秀的品牌企业已意识到服务的重要性，这些企业在做好产品的同时确立了服务制胜战略，以周到、优质的服务作为自己的竞争优势。服务既包括有形产品，又包括无形产品。常见的服务问题有以下几种：

（1）应对不得体。这包括态度、言语和销售方式等方面。

1）态度方面。如销售人员不顾客户的反应，一味地推销；对顾客以貌取人、差别对待；只顾自己聊天，不理客户；紧跟客户，像在监视客户；客户不买时，马上板起脸。

2）言语方面。如销售人员既不打招呼，也不答话，说话过于随便。

3）销售方式方面。如销售人员不耐烦地将展示中的商品拿给客户看；强制客户消费；对有关商品的知识一无所知，无法回答客户的咨询。

（2）给客户付款造成不便。如销售人员算错了钱，让客户多付了钱；没有零钱找给客户；不收客户的大额钞票；金额较大时拒收小额钞票。

（3）运输服务不到位。如送货人员送大件商品时送错了地方，送货时导致商品污损，送货周期太长让客户等太久。

（4）售后服务维修质量不达标。如售后服务人员没有严格按照操作流程作业，或者夸大故障现象，增加维修成本等。

（5）客户服务人员工作的失误。如客户服务人员工作能力有限，造成服务质量大打折扣，极大地损害了消费者的利益。

3. 广告宣传误导

企业有了好的产品，还需要运用各种手段进行广泛的宣传，以赢得客户的关注和认可。但是企业夸大宣传、包装过度，或者不兑现广告承诺，就会误导消费者，甚至欺诈消费者。宣传误导具体表现在以下几个方面：

（1）广告承诺不予兑现；

（2）效果无限夸大，广告内容虚假；

（3）只讲好处、优势、优惠，不讲限制条件。

4. 企业管理不善

美国管理协会研究客户投诉的原因后得出结论：8%的客户投诉是由于产品本身的质量或价格问题，40%的客户投诉是由于服务和沟通问题。引起客户投诉的原因首先体现在客户对企业的接触点、客户所消费的产品或服务或者与消费行为的有关的信息上。不过这些都是表面的原因，探究背后的原因，是企业管理不善。其具体表现为：

（1）企业运行机制问题。企业的运行机制不完善，致使企业工作人员只是对上级负责和考核结果负责，而不是对市场和客户负责。

（2）职能部门各行其是、业务流程混乱。

（3）人力资源危机。

5. 投诉管理缺失

投诉管理缺失包括：企业缺乏完善的投诉管理机制、办法、流程，一线接待人员的工作能力和基本素质较差，部门之间沟通、协作不畅；已有投诉不能通过正常的机制进行反馈，企业难以有针对性地形成闭环管理，造成大量的重复投诉，耗费资源；企业不能有效应对公关、传媒危机，造成投诉面扩大和升级。

（二）正确看待客户投诉

对于企业来说，投诉的客户本身存在与企业继续合作的概率，代表着一种极高的潜在价值。

（1）投诉是一种调整客户关系的机会。向企业进行投诉的客户能够使企业了解其与客户的关系出现问题的原因，由此，企业就可以找到解决办法来改善这种关系。

（2）投诉有助于企业扩大对客户了解的范围。在倾听客户投诉的过程中，企业能够了解更多客户的需求，从而采取措施增加客户的价值。

（三）态度诚恳，耐心倾听客户投诉

投诉处理人员首先要听清楚客户在说什么。投诉对于客户来说是一个发泄不满和宣泄情绪的过程。投诉处理人员必须学会倾听，并且在倾听的过程中要有必要的回应，如“噢”“嗯”等表明自己在用心倾听，切忌随便打断客户讲话或者主观臆测客户的想法，投诉处理人员应态度认真，尊重客户，让客户自己完整地说清楚。客户发泄完不满之后，他的情绪就基本平复了，投诉处理人员应把握时机解决问题。有时，客户仅仅是想找一个人耐心地听取自己的抱怨。

耐心倾听传递出的理解和尊重将会营造一种理性的氛围，促使客户理性地解决问题。在倾听时，投诉处理人员要注意了解客户的真正意图，了解他所认为的真正问题是什么、他这次投诉真正要达到的目的是什么。投诉处理人员切忌主观地认为客户是遇到了什么问题，也不要从其语言表面进行判断。

（四）把握客户的真正意图

投诉处理人员只有把握客户投诉的真正意图，才能对症下药，最终化解矛盾。但是，客户在反映问题的时候常常不愿意明白地表达自己内心的真实想法。这种表现有时是因为客户碍于面子，有时是过于激动的情绪而导致的。因此，投诉处理人员在处理客户投诉时，要善于抓住客户表达中的“弦外之音、言外之意”，掌握客户的真实意图。以下三种技巧可以帮助投诉处理人员有效地处理投诉。

1. 注意客户反复重复的话

客户或许出于某种原因试图掩饰自己的真实想法，但又会在谈话中不自觉地表露出来。这种表露常常表现为反复重复某些话语。值得注意的是，客户的真实想法有时并非其反复重复话语的表面含义，而是相关甚至相反的含义。

2. 注意客户的建议和反馈

留意客户投诉的一些细节有助于投诉处理人员把握客户的真实想法。客户的期望常会在他们建议和反馈的语句中不自觉地表现出来。

3. 注意客户的反应

客户的反应是指投诉处理人员或客服人员与客户交谈时，对方脸上产生的表情变化或者态度、说话方式的变化。在表情上，如果客户的眼神凌厉、眉头紧锁、额头出汗、嘴唇颤抖、脸部肌肉僵硬，这些表现都说明客户在提出投诉时情绪已变得很激动。在语言上，他们通常会不由自主地提高音量、语义不清、说话速度加快，而且有时会反复重复他们的不满。这说明客户处在极度兴奋之中。在身体语言上，如果客户的身体不自觉地晃动，两手紧紧抓住衣角或其他的物品，则表明客户的心中不安及精神紧张。有时客户的两手会做出挥舞等激烈的动作，这是客户急于发泄情绪、希望引起对方高度重视的不自觉的身体表现。

（五）做好记录，归纳客户投诉的基本信息

客户投诉的基本信息包括投诉事实、投诉要求、投诉人的姓名和联络方式。投诉处理人员记录投诉人的姓名和联络方式是非常必要的。记录能够使客户感受到企业对他的重视，有助于投诉处理人员安抚客户的情绪。同时，投诉处理人员能够通过记录、询问将客户的注意力引向客观的描述和解决问题本身，起到移情的作用。

处理客户投诉的要点是明确客户不满的来龙去脉，并仔细地记录客户投诉的基本情况，以便找出责任人或总结经验教训。记录、归纳客户投诉的基本信息是一项基本的工作。企业相关人员通常需要借助这些信息进行思考、确定处理的方法。如果这些记录不够真实和详细，可能会给企业相关人员的判断带来困难，甚至产生误导作用。

投诉处理人员可依据投诉处理卡逐项填写并记录投诉信息。投诉处理人员不可忽略以下要点：

（1）发生了什么事情；

（2）事情是何时发生的；

（3）有关的商品是什么、价格多少、设计如何；

（4）当时的业务人员是谁；

（5）客户真正不满的原因何在；

（6）客户希望以何种方式解决问题；

（7）客户是否通情达理；

（8）这位客户是否为企业的老主顾。

（六）回应客户，对投诉内容表示理解

投诉处理人员首先应向客户表明自己的身份。回应客户投诉的一个重要内容是向客户

确认投诉事实和要求，目的在于确保正确地理解客户的意思。投诉处理人员在回应客户时，要注意让客户感觉到他的想法得到了你的认同。如果投诉处理人员能够成功将客户转移到其感兴趣的其他话题上，双方将从敌对关系转变为交换信息、交流情感的平等关系。投诉处理人员只有拉近与客户的心理距离，才能高效地处理投诉。客户的情绪稳定后，投诉处理人员要及时抓住机会重新回到当前的纠纷话题。

但是要注意，对于不善言辞或者没有兴趣谈其他问题而一心就想解决投诉的客户来说，投诉处理人员不要轻易转移话题，否则客户可能会觉得你是在回避问题。

（七）及时答复或协商处理

投诉处理人员首先应向客户适当表示歉意。即使错不在企业也要致歉，因为道歉是平息客户不满情绪的有力武器。同时投诉处理人员应感谢客户的投诉，因为客户是企业的朋友，他们在提醒企业解决其忽略的问题。对于客户所投诉的问题，投诉处理人员能够立即答复的，应马上给予答复，并征求客户的意见。如果需要进一步了解情况，投诉处理人员应向客户说明，并与客户协商答复的时间。

（八）上报处理情况

给客户圆满答复以后，投诉处理并未完成，这是许多企业容易忽视的地方。投诉处理人员一定要上报投诉处理情况。投诉处理人员应根据企业的情况，以适当的方式和频度上报一定周期内的投诉处理情况。企业只有重视小的细节，才能及时避免重大的危机。同时，日常的投诉也是企业寻求改进的契机，甚至是企业的商机所在。

四、客户投诉的处理原则

一家汽车修理厂的一项服务宗旨是“先修理人，后修理车”。什么叫“先修理人，后修理车”呢？客户的车坏了，他的心情会非常不好，接待人员应该先关注这个人的心情，然后再关注汽车的维修。可是很多接待人员都忽略了这个道理，往往只修理车，而不顾人的感受。正确处理客户投诉的首要原则就是“先处理情感，再处理事件”。再进一步细化，客户投诉的处理原则包括以下几个方面。

（一）客户永远都正确

投诉处理人员只有有了“客户永远都正确”的观念，才会有平和的心态处理客户的抱怨，这包括三个方面的含义：第一，投诉处理人员应该认识到，有抱怨和不满的客户是对企业仍有期望的客户；第二，投诉处理人员对于客户抱怨行为应该给予肯定、鼓励和感谢；第三，投诉处理人员应尽可能地满足客户的要求。

（二）不与客户争辩

就算是客户的失误，投诉处理人员也不要与客户争辩。如果是因为存在沟通障碍而产生误解，投诉处理人员也绝不能与客户争辩。客户在抱怨时往往有情绪，投诉处理人员与客户争辩只会使事情变得更加复杂，使客户更加情绪化，导致事情恶化，结果是赢得了争辩，却失去了客户。

（三）耐心倾听客户的抱怨

投诉处理人员只有认真地倾听客户的抱怨，才能发现实质原因，进而想方设法平息抱怨。投诉处理人员应耐心倾听客户的抱怨，同时要做好笔记、认真记录，这是解决客户抱怨的基本工作。

（四）站在客户立场

漠视客户的痛苦是处理客户投诉的大忌。投诉处理人员应站在客户的立场思考问题，诚心诚意地表示理解和同情，承认过失。因此，对于所有的客户投诉，无论其合理性是否已经被证实，投诉处理人员都不要急着分清责任，而是先表示道歉，这是很重要的。

（五）迅速采取行动

蝴蝶效应

既然客户已经对企业产生抱怨，投诉处理人员就要快速反应，及时处理客户所提的意见，最好将问题迅速解决或至少表示有解决的诚意，避免客户投诉的“蝴蝶效应”的产生。一个客户会将他的不满告诉身边的 5 个人，而这 5 个人又会把这件事情告诉身边的 10 个人……如果企业忽视服务细节，不注重客户服务，很可能给一个精心打造的品牌带来负面影响。

拖延时间只会使客户的抱怨变得越来越强烈，使客户感到自己没有受到足够的重视，使不满意程度急剧上升。例如，当客户抱怨产品质量不好时，企业通过调查研究，发现主要原因在于客户的使用不当，这时客服人员应及时通知客户维修产品，告诉客户正确的使用方法，而不能简单地认为与企业无关，不加理睬，长此以往，企业也会失去客户。如果经过调查，企业发现产品确实存在问题，应该给予客户赔偿，并尽快告诉客户处理的结果。

（六）留档分析

对于每一起客户投诉及其处理结果，投诉处理人员都要做出详细的记录，包括投诉内容、投诉原因、处理方式、处理过程、处理结果、客户满意程度等。投诉处理人员通过分析记录、吸取教训、总结经验，能够为以后更好地处理客户投诉提供参考。

五、一般客户投诉的处理

（一）一般客户投诉的处理技巧

再规范、优秀的企业，也不能百分之百地保证自己的商品或服务没有任何差错。绝大多数的投诉都是比较好处理的，我们称之为一般投诉。但投诉处理人员不可以随意对待一般投诉，否则一般投诉就会升级为重大投诉。处理一般投诉是有一定技巧的，主要表现在以下几个方面。

1. 态度诚恳

当进行投诉时，大多数客户的态度会不友善，有些甚至怒气冲天。无论客户态度如何，投诉处理人员都应该热情周到、以礼相待，将客户请进办公室、贵宾座并为客户倒茶等。这不仅体现了企业处理投诉的态度，而且可以舒缓客户的愤怒情绪，弱化双方的对立态度。

2. 耐心倾听

投诉处理人员首先要以谦卑的态度认真倾听，并将相关情况翔实记录在《客户投诉登记表》中。投诉处理人员在应对客户时应和颜悦色，无论客户说的对与错、多或少，哪怕言辞激烈难听，都不要责难、诘问。在客户言谈间投诉处理人员更不要插话，客户表达完后，内心的不满就会有所缓解，这样就便于下一步解决具体问题。投诉处理人员在倾听时，注意千万不能与客户争吵，更不能打断客户的口述，而要尊重客户。

3. 认真道歉

听完客户的倾诉后，投诉处理人员要真诚地向客户道歉。例如："对您使用本产品（服务）带来的不便，我代表公司向您表示歉意。""大热天让您从大老远跑来实在不好意思。"道歉要恰当、合适，而不是无原则地道歉，投诉处理人员应在保持企业尊严的基础上道歉。道歉的目的一是承担责任，二是消除客户的"火气"。

4. 科学分析

投诉处理人员可根据客户的口述分析客户投诉属于哪一方面，如质量问题、服务问题、使用问题、价格问题等。投诉处理人员要从客户口述中分析客户投诉的要求，同时分析客户的要求是否合理，以及具体问题属于哪个部门，解决投诉前投诉处理人员是否有必要与相关部门沟通或者向相关领导请示。

5. 积极解决

积极解决即投诉处理人员根据客户的投诉内容和投诉分析，依据本企业相关制度，根据《中华人民共和国消费者权益保护法》（以下简称《消费者权益保护法》）等相关法律规定，决定采用经济赔偿、以旧换新、产品赔偿、更换配件、上门维修或者培训客户、指导使用等方式。投诉处理人员应将解决方案告知客户，如果客户同意，投诉处理人员可将处理意见登记在《客户投诉登记表》上并让客户签名确认。如果客户不同意，投诉处理人员应确认争议点，与客户协商解决，不卑不亢，以“息事宁人，保护名誉”为最高原则，尽量满足客户要求。如果投诉处理人员确实无法解决客户投诉，应立即提交至上层领导解决，以期圆满解决客户投诉。如果客户要求确实有悖常理，企业可以通过法律途径来解决客户投诉。如果投诉处理人员无法立即解决客户投诉，需要说明原因和确切解决的时间，及时、主动地约见客户。对于一些盲目投诉（本来不应该投诉）的客户，投诉处理人员要详细解释、操作示范、专家答疑或请上级接待。投诉处理人员要动之以情、晓之以理，使其口服心服，同时展示企业的良好形象。

（二）接待投诉客户的技巧

投诉处理人员只有了解、掌握并灵活运用多种应对的技巧，才能在处理客户投诉时得心应手。常用的接待技巧包括以下几种。

1. 平抑怒气法

通常而言，客户会带着怒气投诉或抱怨，这是很正常的现象，此时，投诉处理人员首先应当态度谦让地接受客户的投诉或抱怨，引导客户讲出原因，然后针对问题解释和解决。这种方法适用于所有抱怨和投诉处理，是运用得最多的一种方法。这种方法有三个要点需要把握：

其一是倾听，投诉处理人员应认真倾听客户的投诉或抱怨，清楚客户的不满所在；其二是表态，即表明对此事的态度，使客户感到投诉处理人员诚心诚意地对待他们的投诉或抱怨；其三是承诺，能够马上解决的就当时解决，不能马上解决的，投诉处理人员应给客户一个明确的承诺，直到客户感到满意为止。

2. 委婉否认法

委婉否认法，即当客户提出自己的投诉后，投诉处理人员先肯定对方的投诉，然后陈述自己的观点。运用这种方法时，投诉处理人员在澄清客户的错误想法、鼓励客户进一步提出自己的想法等方面常能有出人意料的显著效果。委婉否认法特别适用于应对主观自负且自以为是的客户。这种方法的表达句型是“是的，但是……”。这种句型暗示着极强的否定性，因此，投诉处理人员应用时可将其改为较委婉的“是……而……”的句型，或者尽量避免出现“但是”。此外，投诉处理人员还可以使用“除非……”的句型。

3. 转化法

这种方法适用于因误解所导致的投诉，因此运用这种方法时投诉处理人员应当首先让客户明白问题所在。当客户明白是因为误解导致争议时，问题也就解决了。采用转化法的投诉处理人员必须经验丰富，精通服务技巧，因为这样的投诉处理人员才能察言观色、当机立断，适时巧妙地将客户的误解转化。这种方法若运用恰当，客户会理解；若运用不当，则会弄巧成拙，使客户更生气，反而会增加阻力。同此，投诉处理人员在运用此法时应当心平气和，即使客户投诉明显缺乏事实依据也不能当面揭穿，而应旁敲侧击、启发和暗示。

4. 承认错误法

如果产品或服务质量不能令客户满意，投诉处理人员应当承认错误，并争取客户谅解，而不能推卸责任或者寻找借口，任何推诿都会使矛盾激化。承认错误是第一步，接着投诉处理人员应当在明确承诺的基础上迅速解决问题，不能拖延时间，在事发的第一时间解决问题，成本会最低，客户会认可；时间过长，则会另生事端。

5. 转移法

转移法是指投诉处理人员对客户的投诉不予理睬而将话题转移。有时客户会无事生非，此时投诉处理人员最好不予理睬，而应当迅速转移话题，使客户感到你是不想与他加深矛盾而采取了一种回避态度。

（三）一般客户投诉的回复技巧

对于一般客户投诉，投诉处理人员有以下三种回复技巧。

1. 立即答复

对于那些信息充分、可以确定无疑地做出判断，并且有足够权限采取行动的投诉，投诉处理人员应立即回复客户，越快越好。

2. 延期答复

对于那些投诉信息还需要进一步调查或验证才能做出的判断，或者没有足够权限采取行动的投诉，投诉处理人员应告诉客户延期答复的时限，并告知客户将以何种媒介通知他们进展的情况。

3. 转移答复

投诉处理人员互相推诿会令客户感到沮丧。针对这种情况，投诉处理人员应尽量减少此种情况的发生，对于不在职权范围内处理的投诉，需要提交至规定的专业人员或专业机构进行答复。即使更换了接待人员，投诉处理人员也无须向客户重新解释，客户一般都会接纳一次“善意”的转移。投诉处理人员要确保自己将投诉提交至适当的人员或机构处理，并向这些人员或机构扼要叙述全部的相关情况，转交相关材料，然后才能让客户与这些人员或机构进行沟通。

（四）一般客户投诉的重要处理点

（1）投诉处理人员要注意避免在公开场所处理客户投诉。受理投诉时应坚持谁受理谁负责原则，实行首诉负责制，如因权力限制可以向领导请求授权批准，严禁推诿扯皮，办事处、分公司等分支机构尤其应注意。当然，当地如有售后服务等专门处理客户投诉的部门，投诉处理人员应直接将客户投诉交由专职部门来处理。对于恶意投诉的客户，投诉处理人员要义正词严，令其立即放弃恶意投诉。如果恶意投诉情节恶劣，或对企业造成不良影响或造成损失，企业应直接拿起法律武器，通过法律渠道来解决。

（2）投诉处理人员对待客户投诉时，切忌躲、拖、哄、吓，因为“躲”躲不住，“拖”拖不掉，“哄”哄不好，“吓”吓不跑。只有认真负责、及时处理，才能让客户满意，真正解决客户投诉问题。

（3）投诉处理人员是征求客户对改进生产方法和服务品质意见的最佳人选。明智的公司总是运用来自客户的信息来提高产品或服务质量。投诉处理人员可以请求客户提出意见，从而提升产品或服务的质量。企业可采用以下方法使客户方便地说出自己的真实想法：

1）使用投诉问卷或免费电话。

2）随机寻找一些客户，询问他们的想法。

3）以客户的身份向客户了解情况。

4）倾听。投诉处理人员在倾听时，不要带着对抗的态度，要向客户征求建议，询问在客户眼中你做得怎么样、与其他公司相比差距在哪里、客户的期望是什么。

客户投诉从一定意义上说并不是坏事，有投诉就说明有差距或不足，以此为方向，企业可以改进产品、提高技术、加强管理、完善服务，提高自身的竞争力。因此，投诉处理人员应以谦卑、负责、宽容、求进的态度，欢迎客户的一切善意投诉。

六、重大客户投诉的处理

（一）重大客户投诉的识别

与一般客户投诉相比，重大客户投诉比较难处理，投诉处理人员需要具有更多的耐心和技巧。对于重大客户投诉，投诉处理人员首先要进行识别。投诉处理人员可凭借自身经验或者依据规律正确地识别客户投诉的属性，从投诉者的身份、投诉激烈程度和投诉要求等方面来确定客户投诉是否属于重大投诉。

1. 投诉者的身份

凡具有贵宾（Very Important Person，VIP）身份的投诉者提出的投诉，企业均应视为重大投诉。消费量大的客户属于VIP，消费量相对较小但影响力大的客户也属于VIP。后一种VIP主要包括以下三种类型的客户。

（1）社会名流。他们很看重社会声誉，一般不会轻易投诉。如果他们进行投诉，很可能是比较严重的问题，这类客户的社会影响力可能给企业带来较大的负面影响。

（2）政府官员。因为他们特殊的身份和社会地位，即使他们作为一个普通消费者进行投诉也必须引起企业特别的注意。在处理过程中，如果处理不当可能会给企业带来较大损失。

(3) 传媒记者。记者的特殊身份，尤其是其对媒体的影响力，是企业不可低估的对象，许多投诉经过媒体的报道可能变得更为复杂。很多消费者乐意通过媒体进行投诉。

2. 投诉激烈程度和投诉要求

有时候，有的客户来势汹汹，其实客户的本意只是想提个建议；看似漫天要价的投诉，其实客户只是为了解决当下的问题。客户之所以表现出来势汹汹或者漫天要价，其目的只是让企业重视自己所提出的问题。针对来势汹汹或漫天要价的投诉，投诉处理人员进行正确识别的窍门在于回应客户的环节，即直截了当地明确客户需要解决的问题，不涉及客户提到的其他问题，投诉处理人员应向客户确认其要求是否被正确地理解，试探客户的真实意图，真假重大投诉即可见分晓。

(二) 重大客户投诉的处理原则

以下原则对于一般客户投诉也是适用的。

1. 善待和尊重投诉者

一般来说，投诉是一件大家都不希望发生的事情。且不说投诉涉及的商品或服务因为不尽如人意而令人烦恼，投诉本身也不是一桩愉快的事情，客户需要费时费力地打电话，甚至要到商家店面，增加了消费成本。因而，善待投诉者、尊重投诉者是妥善处理投诉的第一原则。投诉处理人员在处理重大投诉时，心理上容易产生对投诉客户的对立情绪，因此，投诉处理人员要时刻提醒自己，一定要善待投诉者。

2. 以法律为基础，以合理为标准，以满意为目标

投诉处理，既是一个倾听和安抚的交流过程，又是一个此消彼长、牵涉利益的谈判过程。企业和投诉者应寻求客观的依据以达成处理方案，这样有助于双方达成共识。处理投诉最好的依据就是法律，客户投诉的处理是以法律为基础、以满意为目标，在参考法律的基础上双方协商，达到满意是最佳结果。面对投诉，企业是否有过错、是否应当承担责任和承担责任的范围，都应当以法律的规定为依据。企业在处理投诉时主要涉及的法律有《消费者权益保护法》《中华人民共和国产品质量法》《中华人民共和国民法典》（以下简称《民法典》）等。

3. 避免使一般投诉升级为重大投诉

相当一部分的重大投诉是由一般投诉升级来的。那么，投诉为什么会升级呢？在讨论如何处理各类重大投诉之前，我们先来研究这个问题，目的在于尽可能地避免一般投诉升级为重大投诉；同时，了解了一般投诉的升级过程，企业可以有针对性地进行处理。一般投诉升级的原因主要有以下几个：(1) 投诉无门，遭遇“踢皮球”；(2) 每次投诉时都要

重复一遍投诉问题，不胜其烦；（3）跑了好几趟，仍然没有解决问题；（4）一人一个说法，矛盾百出，令人疑窦丛生；（5）不受尊重，不当回事，丧失信心；（6）效率太低，丧失耐心。以上几种情况大部分是由于投诉处理人员处理不当造成的，这些现象有可能极大地激怒客户，使问题更加复杂化，从而使一般投诉升级为重大投诉。

（三）重大客户投诉的处理技巧

1. 情绪激动的客户

在客户情绪激动的情况下，投诉处理人员很难与其进行理性的面谈，同时客户也可能会做出一些不理智的行为。面对这种情况，投诉处理人员化解情绪激动的客户的技巧有以下几个。

（1）音量控制。投诉处理人员要避免客户因投诉而引发冲突，投诉处理人员应注意细节。例如，投诉处理人员的讲话音量过小，客户会听不到；声音太大，又会被认为态度不好。投诉处理人员的讲话音量应确保能清晰传递到客户耳中，同时要语气亲切、平和。

（2）性别差异化。研究表明，差异化的性别服务效果最好。对于男性客户，以女性客服人员接待为佳；对于女性客户，则尽可能由男性客服人员接待。在异性面前，人们更倾向于展示个性中积极的一面，更容易消除心理戒备，以礼相待，融洽配合。

（3）及时换人。如果客户与某一名员工发生口角，应当及时换人。对商家而言，及时更换当事员工，并不意味着承认当事员工做得不对；而对客户而言，当争端发生时，客户已经无意识地将争端问题从投诉本身延及到了和他打交道的特定员工身上。因此，企业及时更换人员，会使客户有一种心理上的获胜感，使其情绪得以舒缓，从而有利于投诉及时解决。

（4）及时转换情境。有的时候，客户会在投诉现场大吵大闹，引来众人围观，此时商家不仅没法做生意，而且影响了自身的声誉。这类客户一般比较自我，对他人的控制欲强、表演欲强，有着不达目的不罢休的执着个性。这类客户在商家大吵大闹，是知道商家不希望发生这种情况，而故意制造这种状况，以胁迫商家为息事宁人而接受他的要求。吵闹喧哗就是他的筹码。这个时候，商家除了更换接待人员，更重要的是及时、巧妙地转换情境，变被动为主动。

2. “醉翁之意不在酒”的客户

客户投诉的目的绝大多数是解决商品或服务的具体问题，如退货、修理、更换、重做或赔偿。但有些投诉者却另有诉求：拉广告、拉赞助、推销商品、推荐供应商甚至为了解决亲属的就业等问题。在这类投诉的处理过程中，尤其是投诉者的意图未明朗前，投诉者往往给投诉处理人员造成很大困扰和压力，因此投诉处理人员有必要尽早地识别出这一类型的投诉，以便能有针对性地予以回应。

（1）“醉翁之意不在酒”投诉者的特点。

1）夸大其词。借投诉另有所图的投诉者往往夸大了投诉问题和该问题对企业的影响。一般来说，相当一部分的投诉者都会夸大所投诉的问题，以期获得重视和及时处理。而另有所图的投诉者与一般投诉者的区别在于：不仅夸大问题，而且特别强调问题对企业的影响。例如，投诉者会说：“你们这个问题如果曝光，企业的声誉会受多大的影响”“某某部门会来查处，企业就会停业整顿，企业会有多少经济损失”等。投诉者夸大问题的目的在于为其随后的要求做铺垫。

2）要求企业负责人出面商谈。一般的投诉者有时会对投诉处理人员说：“我不和你谈，请你的领导来！”但这些投诉者所说的领导是泛指的，指比投诉处理人员级别高、有话语权的领导。而另有所图的投诉者往往直指企业负责人。此外，一般的投诉者要求负责人出面时，往往比较急躁，因为他不满意当前的投诉处理情况，请领导出面是他在无奈之中想到的、也许能尽快使投诉问题得到处理的一个手段。而另有所图的投诉者在要求企业负责人出面时往往气定神闲，因为他早有盘算。

3）迟迟不提投诉要求。“醉翁之意不在酒”的投诉者往往在摆出投诉事实以后，夸大投诉问题对企业的影响，而不提投诉要求。如果投诉处理人员征求他的意见，他们往往会提出让企业的负责人来谈判。

（2）处理技巧。投诉处理人员在处理这类投诉时有以下技巧。

1）最初接到投诉时不要被吓倒。企业经营过程中出现问题是正常的，如果企业能有针对性地及时解决，就不会对企业构成致命的威胁。问题既然已经出现了，企业就必须依法承担相应的责任。如果投诉处理人员一接到投诉就被唬晕了，那正好让投诉者觉得有可乘之机。

2）一定要让投诉者先提出解决方案。投诉者提出解决方案以后，投诉处理人员视情况可以请投诉者提出书面的要求，理由要合理，如拿给领导批示。如果投诉者不同意提出书面要求，投诉处理人员应将投诉者的要求记录下来，请他签字认可。很多时候，投诉者如果不愿意提出书面要求，也是不会签字的。

3）从程序上争取主动。投诉处理人员获知投诉者的真实意图以后，下一步就要争取程序上的主动。投诉问题与其他问题要分开处理，先处理投诉问题，接着可以按企业正常的规定处理投诉赔偿等其他问题，处理结果一定要让投诉者签字认可。

4）设置程序障碍，处理投诉者提出的非分要求。如果投诉者提出了超出一般索赔的要求（如招工、推荐广告等），投诉处理人员要按照企业规定答复投诉者。例如，对于招工，要按企业的录用要求进行考试、面试；若推荐广告，要按企业的宣传计划进行甄选。对于投诉者对企业的监督和支持，投诉处理人员要表示感谢；对于投诉者推荐的广告、商品的甄选情况，投诉处理人员要对本次不能合作表示遗憾，希望日后有适当的机会再合作等。

5）视情况与投诉者的上级沟通。在运用以上四个技巧无法解决问题的情况下，投诉处理人员可以设法找到“醉翁之意不在酒”投诉者的上级进行沟通，向其表明投诉情况和企业提出的解决办法，如实反映问题，请求对方领导协助解决问题。

3. 超出正常索赔要求的客户

投诉者开天价进行索赔，这种情况在投诉处理中并不少有，相关报道也不时地出现在新闻媒体中。这里涉及一个赔偿标准的问题，企业应依据相关的法律规定确定赔偿标准。

（1）赔偿标准。

向消费者赔偿是企业因为提供的商品或服务有瑕疵，而依法承担的一种民事法律责任。在处理具体赔偿投诉时，企业要注意把握以下要点。

1）企业赔偿以消费者的实际损失为限度。消费者的实际损失必须是因为瑕疵商品或服务直接引起的，也就是法律术语所说，损失与瑕疵商品或服务具有“直接的因果关系”。有消费者投诉，因使用某种商品，造成家庭不和，最后夫妻离异，要求企业赔偿他因为夫妻离异造成的损失，商品与夫妻离异之间显然不具有“直接的因果关系”。

消费者的实际损失必须是客观现实，而不是想象的。例如，消费者消费了有质量隐患的商品，实际损失主要是消费商品的价款，而不是因将来可能发生的质量事故而遭受的损失。消费者的实际损失除了直接消费商品或服务的价款、税费，还包括为消费、索赔所支付的合理费用，如交通费用等，但不包括律师费。消费者的实际损失应有相关的证据，口说无凭。如果消费者不能提供发生费用的证据，原则上企业可以不纳入实际损失进行赔偿。企业赔偿额要与企业的过错相适应。例如，在一次投诉中，企业确定消费者的实际损失为 1 万元，而造成这一损失是因为企业和消费者互有过错，如果确定责任划分为企业占 70%、消费者占 30%，则企业应支付的赔偿额为 7 000 元。

企业可根据《消费者权益保护法》及各地的消费者权益保护条例，在与客户谈赔偿问题时，可以以这些规定为基础，制定适当的赔偿方案。

2）客户提出间接损失处理。某些消费者在投诉时，会要求赔偿间接损失。例如，因某个商品出现问题，在某项商业活动中造成项目失败，要求赔偿项目损失费；因某商品或服务瑕疵，影响投诉者正常生活、工作，造成业务损失，要求赔偿业务损失费。

如前所述，企业对消费者的赔偿责任仅限于直接损失，间接损失不在法律保护之列。直接损失赔偿包括直接财产损失赔偿、人身伤亡赔偿和精神损害赔偿。后两项在下面专题讨论，这里我们先讲直接财产损失。直接财产损失赔偿主要涉及以下三个方面。

第一，瑕疵商品或服务本身的价款。如果商家不作退货处理，赔偿额还应扣除商品或服务本身的价格。

第二，瑕疵商品或服务直接造成的其他财产损失或人身损害。如电热壶爆炸，炸坏了茶几，则一并赔偿茶几的损失。

第三，因瑕疵商品或服务支付的必要费用，如修理费、交通费等，但不包括律师费。按我国有关法律规定，律师费由消费者自行承担。

3）双倍赔偿。如果企业在提供商品或服务时有欺诈行为，按照《消费者权益保护法》

规定，进行双倍赔偿。

4）从企业违约的角度要求赔偿。根据法律有关规定，赔偿涉及两个方面，一是侵权，二是违约。这两个方面只能选择其一，不能并行或叠加。下面是从违约的角度介绍企业应承担的几种违约责任。

第一，按照合同约定承担赔偿责任。如果企业在与消费者的合同中有特别约定，如约定“无效退款”等，则企业应当按照合同的约定承担赔偿责任。

第二，按照《民法典》的规定承担预期利益损失。《民法典》第五百八十四条规定：“当事人一方不履行合同义务或者履行合同义务不符合约定，造成对方损失的，损失赔偿额应当相当于因违约所造成的损失，包括合同履行后可以获得的利益；但是，不得超过违约一方订立合同时预见到或者应当预见到的因违约可能造成的损失。”在消费领域，企业方应当预见到的因违约可能给消费者造成的损失，实际上也就是商品或服务本身价款以及必要的其他费用，正是上面所说的直接损失的范围。

第三，扣除因消费者未及时采取措施造成的扩大损失部分。如果因企业违约造成消费者损失的，消费者有义务避免损失的扩大；否则无权就扩大损失的部分要求赔偿。

（2）精神损害赔偿。

一旦利益受损，很多消费者会要求精神损害赔偿，目前我国法律是支持精神损害赔偿要求的，但有严格的范围。

1）未造成严重后果的精神损害赔偿要求，法院一般不予支持。2021 年 1 月 1 日施行的《最高人民法院关于确定民事侵权精神损害赔偿责任若干问题的解释》（2020 修正）第一条规定：“因人身权益或者具有人身意义的特定物受到侵害，自然人或者其近亲属向人民法院提起诉讼请求精神损害赔偿的，人民法院应当依法予以受理。”第四条规定：“法人或者非法人组织以名誉权、荣誉权、名称权遭受侵害为由，向人民法院起诉请求精神损害赔偿的，人民法院不予支持。”

2）获赔精神损害赔偿适用于特定的手段和情节。除了残疾赔偿金、死亡赔偿金以外，在消费领域，人民法院支持精神损害赔偿的情况主要是消费者遭受殴打、搜身、限制人身自由等。例如，2003 年 2 月 1 日实施的《云南省消费者权益保护条例》虽规定了最低一万元的精神损害赔偿额，但同样给出了限制，仅适用于“经营者以侮辱、诽谤、搜查、限制人身自由等手段”侵害消费者人身权利的情况，并且对情节有要求。

3）精神损害赔偿数额受六个因素影响。《最高人民法院关于确定民事侵权精神损害赔偿责任若干问题的解释》规定，精神损害的赔偿数额根据以下因素确定：

侵权人的过错程度，但是法律另有规定的除外；侵权行为的目的、方式、场合等具体情节；侵权行为所造成的后果；侵权人的获利情况；侵权人承担责任的经济能力；受理诉讼法院所在地的平均生活水平。

（3）敲诈勒索问题。

作为企业，对于客户的索赔要求，一般首先认定是正当、合理的，但是当某些客户提出不切实际的索赔条件，谈判态度过于强硬时，企业要自问：是不是遇到敲诈勒索的客户了？

《中华人民共和国刑法》第二百七十四条规定："敲诈勒索公私财物，数额较大或者多次敲诈勒索的，处三年以下有期徒刑、拘役或者管制，并处或者单处罚金；数额巨大或者有其他严重情节的，处三年以上十年以下有期徒刑，并处罚金；数额特别巨大或者有其他特别严重情节的，处十年以上有期徒刑，并处罚金。"敲诈勒索罪是指以非法占有为目的，对被害人使用恐吓、威胁或要挟的方法，非法占用被害人公私财物的行为。

总之，赔偿投诉是比较复杂的问题，也是专业性比较强的问题。企业相关人员要成功处理赔偿投诉，不仅需要高超的化解投诉技巧，还需要掌握必要的法律知识。

七、企业向消费者道歉的技巧

企业在经营过程中不可避免地会有向消费者道歉的情况发生，这是企业本着客户至上的精神而为。党的二十大报告明确提出："全党要坚持全心全意为人民服务的根本宗旨，树牢群众观点，贯彻群众路线，尊重人民首创精神，坚持一切为了人民、一切依靠人民，从群众中来、到群众中去……始终同人民同呼吸、共命运、心连心。"事实上，来自企业的一句"对不起"会有助于投诉的解决。但是有时客户对道歉有要求，如登报道歉、上门道歉，这就需要投诉处理人员把握道歉技巧、灵活运用道歉手段。

（一）依法赔礼道歉的范畴

侵犯消费者的人身权利（而不是财产权利），需要承担"赔礼道歉"的法律责任。在消费投诉中，涉及的人身权问题绝大多数是名誉权问题。需要注意的是，法律所说的侵犯名誉权与日常生活中人们的一般理解有所不同。根据法律有关规定，以书面、口头等形式宣扬他人的隐私，或捏造事实公然丑化他人人格，以及用侮辱、诽谤等方式损害他人名誉，造成一定影响的，应当认定为侵害公民名誉权的行为。

《消费者权益保护法》第二十七条规定："经营者不得对消费者进行侮辱、诽谤，不得搜查消费者的身体及其携带的物品，不得侵犯消费者的人身自由。"如果经营者违反了这一规定，侵害消费者的人格尊严或者侵犯消费者人身自由的，应当停止侵害，恢复名誉，消除影响，赔礼道歉，并赔偿损失。

（二）赔礼道歉的形式、技巧

赔礼道歉属于民事责任中的一种承担方式，是对侵犯人身权利的补救措施，因此，赔礼道歉的形式应当以能够达到对人身权利的补救目的，企业以某种形式侵犯了消费者的人身权利，就应以同样方式进行补救。例如，企业通过公开发行的报刊侵犯了消费者的人身权利，那么就要在同样的报刊、同样的版面向消费者公开道歉。但是，当消费者提出登报公开道歉的要求时，只要企业并非在报刊发行所及范围内侵犯消费者的人身权利，企业完全可以通过适当的方式予以拒绝。赔礼道歉的形式主要有以下几种。

1. 登报公开道歉

一般来说，企业除了发布传媒广告侵犯了他人的肖像权、姓名权，以及在同样范围内刊登致歉公告以外，不宜在媒体上公开书面道歉。这主要出于两方面的考虑：一方面是企业形象很可能受到影响；另一方面是出于法律后果的考虑，致歉公告一旦刊登出来，所有涉及的客户都可以拿着致歉公告向企业索赔。如果涉及客户众多，企业必须通过媒体通知客户并表示歉意的话，可以通过以下方式使公开认错软性化。

（1）不以企业名义，而使用报道口吻，记者采访某企业负责人，企业负责人向客户表示歉意等。

（2）将焦点集中在问题的解决上，如问题是如何出现的、如何善后、今后如何避免等，顺带向客户表示歉意。

2. 上门道歉

对于意见很大、难以沟通的客户，以及客户地位尊贵，上门道歉是一种比较好的投诉处理方式。上门道歉的人员中应有一定级别的员工，如主管以上人员。相关人员上门道歉时，除了带齐与投诉有关的资料以外，还应准备一些企业的公务礼品。由于上门道歉的成本比较高，企业应对上门道歉进行合理的控制，不要动辄就上门道歉，否则会降低上门道歉的质量。

3. 口头道歉

商品或服务有瑕疵或令客户误会，收到客户的投诉后，企业应向客户口头表示歉意。这种道歉传递了企业客户至上的态度，对于客户而言，企业道歉使他们感到了受重视、受尊重，道歉拉近了双方的距离，双方进一步的交流会顺畅很多。企业进行口头道歉时，态度要真诚，如果流于形式，就起不到道歉的作用。

4. 书面道歉

企业给出的书面道歉从形式上、内容上都要规范。从形式上，企业的书面道歉应当以企业的名义，或者企业下属业务单位（如店面）的名义出具。从内容上，企业的书面道歉应客观表述所涉及的相关事实，不要拉扯到责任问题，致歉的表态也不要涉及法律责任。为了确保书面道歉的形式、内容的规范，企业应当建立相关的流程，致歉函要经过法律人员的审核通过。

八、群体性投诉的处理

群体性投诉对企业的影响就像一场强台风登陆，事发突然、破坏力强，即使最后成功平息，企业往往也会投入巨大的精力。遭遇群体性投诉，企业应对时要注意以下几个方面。

（一）危机预警

一线投诉处理人员在接到比较频繁的同一类型投诉时，就要拉响群体性投诉的警报，为应对群体性投诉赢得宝贵的时间。企业应紧急制定应对方案，包括调查商品或服务涉及的客户数量、预测可能出现的投诉量、客户可能提出的投诉要求、企业回应客户的投诉处理方案、企业回应客户的方式（一对一、传媒公开或兼而有之）等。

（二）取得政府、媒体和消费者协会的支持

企业确定应对方案后，要立即取得政府和媒体的支持。企业应准备好报告书和相关资料，派出专人与企业的主管部门和监管部门沟通。企业可召开新闻发布会，视情况确定是否请记者发稿，企业也可准备统一的新闻通稿。消费者协会是依法成立的对商品和服务进行社会监督的保护消费者合法权益的社会团体。企业应主动与政府、媒体、消费者协会沟通，讲清情况，可以使其工作更主动，取得其理解和同情，还可以从其那里获得一些有益的建议。

（三）监控事态发展

企业要安排专人对事态进展进行监控并由专人报告进展，包括每日的投诉情况、投诉个案的发展情况、媒体和公众的舆论动态。企业可根据监控获得的信息适当调整应对方案。

（四）各个击破

对已出现的投诉，企业要各个击破。如果投诉数量众多，企业可以按照投诉的类型、地域等因素分成组群，分别处理。企业在对投诉进行各个击破时，要有整体的、统一的处理方案，以免投诉者互相比较。如果确实需要有差别，如客户因装修问题而产生的投诉，会因为投诉者的装修标准造成补偿金不同，那么企业应与投诉者签订严格保密协议，并特别约定如果投诉者违反协议应当支付的违约金额。

（五）攻心为上，奖励配合

在统一的投诉处理方案的基础上，企业可以根据情况制定奖励条款。例如，对于在某段时间内接受投诉处理方案的人，企业可给予最高额的奖励；随后一段时间内，奖励略低。在企业给出最高奖励的阶段，观望的客户还在多数，而在随后的略低奖励阶段，客户看到企业确实不会加码、降低了奖励幅度，就会对企业的处理方案产生认同，绝大多数客户会在这个阶段配合解决投诉。

（六）避免群体性事件

遇到群体性投诉时，企业要注意避免投诉者闹事。如果投诉者现场聚集、集会、游

行，那么群体性投诉就会演变成群体性事件，企业要在第一时间通知警方，由公安机关负责治安维护，企业协助疏散。

九、重大投诉中的有关问题

（一）法律顾问在投诉处理中的角色

有的投诉中，客户会不满地说："你们都是法盲，让法律顾问和我谈！"于是，投诉处理人员请法律顾问出面。但实践证明，法律顾问出面并不一定有利于投诉的处理。由法律顾问与客户谈投诉处理问题，客户往往会陡生戒心、处处防备，而且会有意无意地往打官司的方向想，谈判气氛会越来越紧张。其中的缘由在于法律顾问的身份对于客户起着很强的暗示作用。

其实很多时候，客户提出要法律顾问来谈，是表达他与投诉处理人员在法律问题上的分歧，以及他希望能有法律专业人士发表一下对问题的看法。因此，当客户提出希望与法律顾问谈的时候，投诉处理人员应妥善安排，请法律顾问解答某个问题，并将解答反馈给客户，或者请法律顾问就某个法律问题向客户进行解释，随后，还是应由投诉处理人员与客户继续谈论投诉的处理。如果某个投诉涉及较多的法律专业问题，那么也可以由法律顾问处理，这时法律顾问担任的是投诉处理人员的角色。

（二）企业高层什么时候出面

企业高层亲自处理投诉，对于投诉的及时处理，以及了解具体的业务情况，都有积极的作用。但是，从资源的合理分配以及从投诉处理的规律考虑，企业应对由企业高层亲自出面处理的投诉加以适当的控制。对于一般投诉，企业高层不宜亲自出面处理，也没有必要。当然，高层检查和体验业务另当别论。

对于社会地位较高的投诉者，出于对等原则以及为企业营造良好的社会关系的目的，企业高层可以适当出面，如致电、拜会等。对于其他投诉者的投诉，如果投诉者要求见企业高层，可先由秘书出面处理。对确实需要安排高层与客户会面的情况，高层应着重谈宏观原则，不宜深入投诉细节；同时高层可当着客户的面指定跟进人员，后续事务由该员工负责处理。这些安排的目的是给企业高层留下回旋余地，避免投诉僵局的出现。直接负责处理投诉的人员应注意及时向高层汇报处理情况，必要时，企业高层再亲自参与投诉的处理。

（三）与消费者协会合作

消费者协会是一个民间团体，没有行政权力。消费者协会的职能是代表消费者利益，对企业实施监督。但对企业来说，消费者协会是一个合作的好伙伴。

消费者协会每天会受理大量的投诉，其会帮助消费者向企业要一个说法。同时，消费者协会需要企业的配合，以便给消费者一个交代。消费者协会如同一个中间机构，连接着企业与消费者。一方面，消费者寻求消费者协会的帮助，企业可能会感到一定的压力；另一方面，企业通过消费者协会与消费者协商，其实也增加了企业的谈判力量，并且消费者协会有充分的投诉解决经验，能够给企业提出有益的解决建议。因此，消费者协会是企业需要维护、珍惜的合作伙伴。

对于消费者协会转给企业的投诉，企业要优先处理。对于投诉，企业若有不同的看法，可与消费者协会进行全面的沟通，以获得消费者协会的认同。

单元四 客户忠诚与客户价值

自从人们普遍认识到留住一个老客户比争取一个新客户成本更低且获利更多时，客户保留就成为大多数企业的重要目标。原则上来说这很简单，企业只要保留现有的客户就可以了。但是如何去做呢？许多企业已经将客户忠诚的理念作为其战略的着眼点。

“忠诚”这个词由来已久，可追溯到封建时代，那时对统治者的忠诚是一个人成功甚至是生存的必要条件。《辞海》（第七版）对“顾客忠诚”的定义是：顾客长期、反复购买和使用企业的产品与服务而形成的对企业与品牌的信任、承诺、情感维系和情感信赖。

粉丝经济

那么，客户为什么要对企业忠诚呢？企业有什么样的办法让客户忠诚呢？

企业提供的总产品（总价值包）只有达到或者超过客户的要求才能使客户满意。在一个竞争性市场中，一家企业为了保留客户，它所提供的总价值包必须比其竞争者所提供的能更好地满足客户的要求。忠诚的客户就如同粉丝，会持续不断地购买企业的产品，并且为企业做宣传，以实现“粉丝经济”。

一、有关忠诚的基本概念

（一）忠诚的类型

忠诚有很多类型，企业保持和客户交易的原因也有很多。如表 3－1 所示，大多数类型的“忠诚”都和忠诚的真实意义相差甚远，效忠、奉献或者职责的含义很少。垄断性忠诚是一个极端的例子，但这的确说明了实际情况。在这种情况下，客户只有极少的选择权甚至没有选择权，他们的“忠诚”不是自愿的，而是充满不满。客户满意度调查显示，选择权极小或者没有选择权的客户总是感到不满意。企业的其他竞争者这时将处于一个很有利的位置，理论上说，如果可能，这些客户也会选择其他的企业。然而，在有些情况下，更换企业的高昂成本、困难或者其他因素致使客户迫不得已不会更换企业。研究显示，这些客户在更改企业之前的满意度要远低于正常值。但是这种勉强的、没有更换企业的客户不能说是“忠诚的”，也毫无效忠、职责或者奉献可言。

表 3-1　忠诚的类型

忠诚的类型	举例	忠诚度
垄断性忠诚	市郊往返上下班者	低
更换成本高的忠诚	财务软件、大型软件	小
刺激性忠诚	商务飞行者（机票折扣）	低到中
习惯性忠诚	加油站、小卖部	低
许诺性忠诚	足球俱乐部	高

在上述忠诚类型中，习惯性忠诚是重复性交易中最普遍的形式。当时间成为大多数客户的稀缺资源时，不需太多思考就能快速完成消费的例行公事也成为他们生活方式的一部分。对于每周一次的食品采购，出于方便和快捷的需要许多消费者会在同一超市中完成。如果一个新开的超市、加油站更加方便或者价格更低，原来的供应商就会发现只有很少的“忠诚客户”会留下。

（二）忠诚的级别

不同类型的客户会有不同的忠诚度。客户忠诚度可以用不同的方式来表示，如梯形图、金字塔。客户忠诚度金字塔如图 3-3 所示。

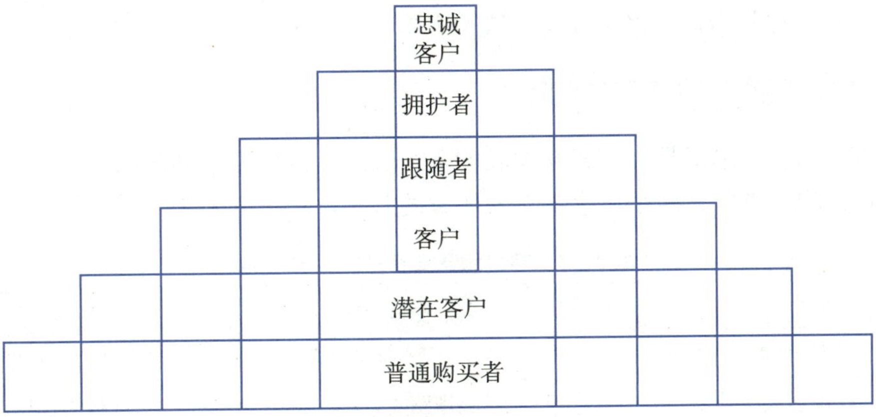

图 3-3　客户忠诚度金字塔

图 3-3 采用了金字塔的方式，这种方式形象地将客户分成各种不同的级别。不同级别的定义如下：

(1) 普通购买者：包括市场上所有种类产品或服务的消费者。这类消费者可能没有察觉到企业所提供的产品或者没有消费产品的倾向。

(2) 潜在客户：对企业的产品或服务感兴趣但是还没有产生购买行为。

(3) 客户：对企业的产品或服务没有确切喜好感觉的一次性消费者。

(4) 跟随者：即使企业的产品或服务发生变化，这些客户也会一如既往地使用。

(5) 拥护者：通过将企业的产品或服务推荐给别人来主动支持企业的客户。

(6) 忠诚客户：对企业十分满意和信任，长期、重复性购买同一企业的产品或服务的客户。

我们可以看到忠诚不仅是指一次或者多次消费行为，它还表示客户对供应商的一种积极水平的许诺。客户许诺的程度可以用来在客户满意度调查中对客户群进行划分，并确定最容易流失的客户群。不同忠诚级别的客户通常有不同的需求和优先要求，他们也显然会对一个企业的表现有不同的感受。因此，企业应该对不同忠诚级别的客户群采取不同的策略。

二、客户满意与客户忠诚的关系

（一）客户满意与客户忠诚的含义

客户满意是指客户通过对产品或服务的可感知效果与他所期望效果进行比较后，所形成的愉悦或失望的感觉状态。如果可感知效果低于期望，客户就会不满意；如果可感知效果与期望值相匹配，客户就会满意；如果可感知效果超过期望，客户就会高度满意。

客户忠诚是指客户对某种品牌或公司的信赖、维护和希望再次消费的一种心理倾向和重复消费行为。客户忠诚分两个层面：一是心理层面的忠诚，表现为心理上对某种品牌的关注、认可、欣赏和追随；二是行为层面的忠诚，表现为重复和持续消费。在初期，客户对企业的忠诚是以企业提供的客户价值为基础的，随后这种忠诚就转化为客户对品牌和企业在情感上的一种共鸣，这也是客户忠诚的本质含义。

（二）客户满意与客户忠诚的差异

客户满意与客户忠诚是一对相互关联的概念，两个概念经常同时出现。但从客户满意和客户忠诚的定义来看，两个概念却有着明显的差异，总结见表 3-2。

表 3-2 客户满意与客户忠诚的差异

项目	客户满意	客户忠诚
比较的对象	过去期望与现实感知效果	现实期望与预期利益
表现形式	心理感受	行为选择

续表

项目	客户满意	客户忠诚
可观察程度	内隐的	外显的
竞争对手的影响程度	影响小	影响大

客户满意主要是一种心理状态，尽管不满意之后的牢骚和高度满意之后的愉悦都能够从外部观察到，但与客户忠诚行为所表现出的重复消费相比，其可见性就相差很多。

（三）企业竞争对客户满意与客户忠诚的影响

长期以来，人们普遍认为，客户满意与客户忠诚之间的关系是简单的、近似线性的关系，即客户忠诚的可能性随着其满意程度的提高而增加。在一般的客户满意程度的调查中，企业从1～5的尺度（依次表示非常不满、不满、一般、满意和非常满意）来衡量客户满意程度。许多企业的管理人员认为，只要客户对企业的产品或服务表示满意（评分为4分），企业与客户之间的关系就已经很稳固；要让客户完全满意，企业必须大量投资，付出很大努力，但收效甚微，所以企业没有必要追求100%的客户满意。然而，施乐公司向这种观点提出了挑战，该公司发现，非常满意（评分5分）的客户在调查之后18个月内的再次消费率是满意客户的6倍。

学者琼斯和赛塞的研究结果表明，客户满意与客户忠诚之间的关系受行业竞争状况的影响。不同竞争状况下客户满意与客户忠诚之间的关系有所不同，如图3-4所示。虚线左上方表示低度竞争区，虚线右下方表示高度竞争区，曲线1和曲线2分别表示高度竞争的行业和低度竞争的行业中客户满意度与客户忠诚可能性的关系。

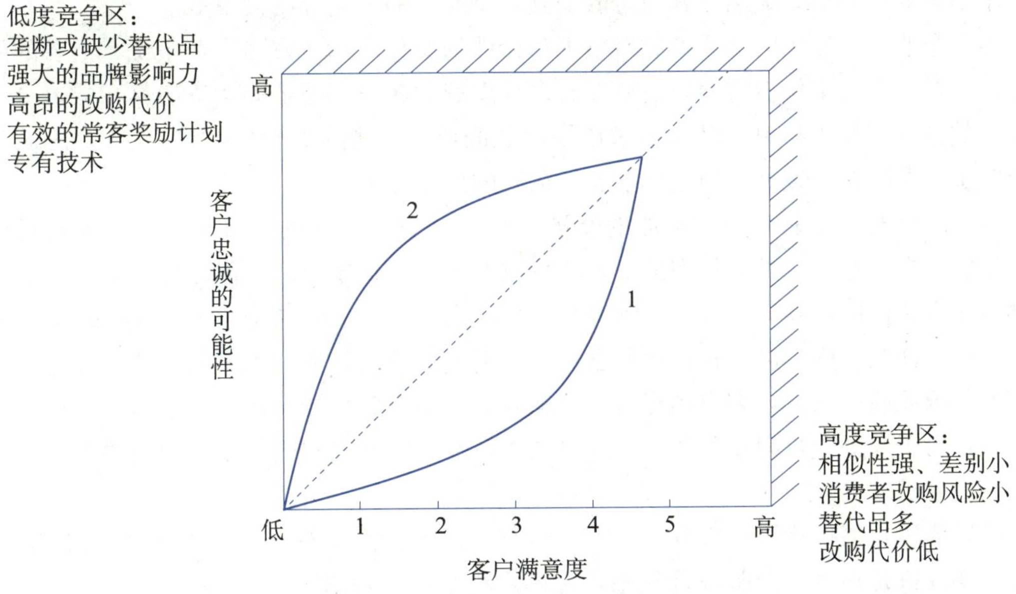

图3-4 客户满意与客户忠诚的关系

如曲线 1 所示，在高度竞争行业中，非常满意的客户远比满意的客户忠诚。在曲线右端（客户满意度评分为 5），只要客户满意度稍微下降一点，客户忠诚的可能性就会急剧下降。因此，要培育客户忠诚度，企业必须尽力使客户非常满意。

在低度竞争行业中，曲线 2 描述的情况与人们传统的认识十分吻合，即客户满意度对客户忠诚度的影响较小。其实，这是一种假象，即限制竞争的障碍消除以后，曲线 2 很快就会变成与曲线 1 一样。因为在低度竞争情况下，不满的客户很难跳槽，他们不得不继续消费该企业的产品或服务，一旦有更好的选择，他们将很快跳槽。因此，处于低度竞争情况下的企业应居安思危，努力提高客户满意度，否则一旦竞争加剧，客户大量流失，企业就会陷入困境。客户再次消费意向经常被用来衡量客户的忠诚度。在市场竞争激烈、客户改变容易的情况下，它很难显示客户内心的真正态度。这时客户的再次消费意向主要是由外界因素决定的，一旦外界因素的影响减弱，客户不忠诚的态度就会通过客户大量流失表现出来，在图中表现为曲线 2 很快向曲线 1 变化。这表明，无论竞争激烈与否，客户忠诚度与客户满意度的关系都是十分密切的，只有客户非常满意，他们才会有较高的忠诚度。

客户满意与否是对曾经有过的消费经历的判断，是期望值与实际感知的比较，大于则满意，小于则不满意，相同表示没有不满意。而客户忠诚则是现实期望与预期期望的相比较。客户满意与客户忠诚都受到竞争对手的影响，但是其程度却相差很大。如本来客户对一次消费体验感觉很满意，但是在得知他人使用其他商家的产品后获得了更多的贴心服务，该客户就会想为什么自己没有从企业获得这种高价值服务，从而导致客户满意度的改变。客户是否表现出忠诚行为发生在重复消费的时候。在买方市场条件下，客户为了获取更多的客户价值，在消费决策时会对不同供应商提供的产品、服务、价格等进行比较，也就是说，对不同的供应商进行比较是进行消费决策的必要环节。而在客户满意中，这种比较却不是必要的环节。显然，客户忠诚受到竞争对手的影响程度大得多。

当今企业市场竞争的性质已经发生了革命性的变化。对于许多企业来说，重要的问题不是统计意义上的市场占有率，而是拥有多少忠诚的客户，即企业竞争的目标从追求市场份额的数量（市场占有率）转向追求市场份额的质量（忠诚客户的数量）。客户忠诚的数量决定了企业生存与发展，也是企业长治久安的根本保证。

客户忠诚对于企业生存和发展的经济学意义是非常重要的。获得新客户需要付出成本，特别是在供过于求的市场态势下，这种成本将会越来越昂贵。但新客户对于企业的贡献却是非常微薄的，在有些行业，新客户在短期内甚至是无法向企业提供利润的。

通过前面几节内容的分析，我们已经掌握了客户满意与客户忠诚的关系，并建立了相关模型。因此我们认为，客户满意与客户忠诚的关系主要有以下几点：

（1）由于受到随机因素的影响，客户满意与客户忠诚之间的关系是相关关系，但不是强相关关系。

（2）为客户提供优质的服务，并不意味着一定要为客户提供额外的或者附加的服务，其所需要的只是在每一个服务过程中，给客户小小的“惊喜”，而不是对服务流程做多大的变动。而这小小的“惊喜”，对于提高客户对服务质量的感知、提高客户的忠诚度具有极其重要的意义。

(3) 对于服务提供者来说，一次优质的服务并不能说明什么，重要的是在每次服务中，都要让客户感到愉悦。企业必须与客户建立起长期的互动关系，这是客户高保持率的根本之所在。

(4) 我们需要注意的是，提高客户满意度、忠诚度并不是指提高所有客户的满意度、忠诚度。正确的做法是：企业在对客户进行细分的基础上，采取有针对性的策略，最大限度地使具有价值的客户满意，而不是取悦于所有的客户。

持久的客户满意度意味着企业持久、快速的发展，而保持客户忠诚，从而提高企业的绩效，则是企业追求的目标。因此，正确处理好客户满意与客户忠诚之间的关系是企业立于不败之地的关键。

三、客户让渡价值和终身价值

（一）客户让渡价值

客户让渡价值是指整体客户价值与整体客户成本之间的差额部分（见图 3－5）。其中，整体客户价值是指客户消费产品或服务所获得或期望获得的利益总和，包括产品价值、服务价值、人员价值和形象价值四个方面。产品价值是指产品的质量和功能；服务价值反映了企业从售前、售中到售后的整个过程所提供的服务的水平；人员价值是员工与客户互动过程中所体现出来的知识水平和责任感；形象价值与企业品牌和公众形象有着直接的联系。整体客户价值是上述四个价值要素的综合体现。整体客户成本是指客户为消费该项产品或服务消耗的货币、时间、精力和体力等成本的总和。

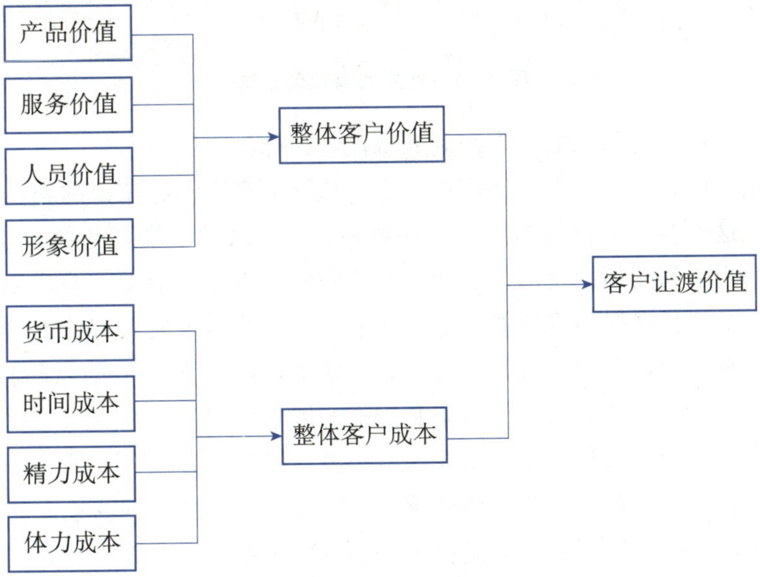

图 3－5　客户让渡价值

企业只有实现了客户让渡价值，才能保证客户真正的满意，也才能提高客户的忠诚度。因此，客户让渡价值也成为建立、维持和增进高质量的客户关系的基础。由于客户将消费他们认为能提供最高客户让渡价值的商品，因此，只有那些能够针对具体客户群提供比竞争对手更令客户满意的商品、实现客户让渡价值更大增值的企业，才能长期保持住客户。正是由于每一个客户在其消费商品的过程中总是力争得到最大的客户让渡价值，客户满意和客户忠诚因素变得非常重要，企业对于建立、维持和增进互相信任、交流便捷、利益共享的客户关系才充满了积极性。

（二）客户终身价值

1. 客户终身价值的定义

客户终身价值（Customer Lifetime Value，CLV）是指企业在与某客户保持客户关系的过程中从该客户处所获得的全部利润现值。对于现有客户来说，其终身价值可分成两部分：一是当前利润，即到目前为止客户为企业创造的利润总现值；二是未来利润，即客户在将来可能为企业带来的利润总现值。

2. 客户终身价值矩阵

依据客户的当前利润和未来利润可以给出如图 3－6 所示的客户终身价值矩阵。

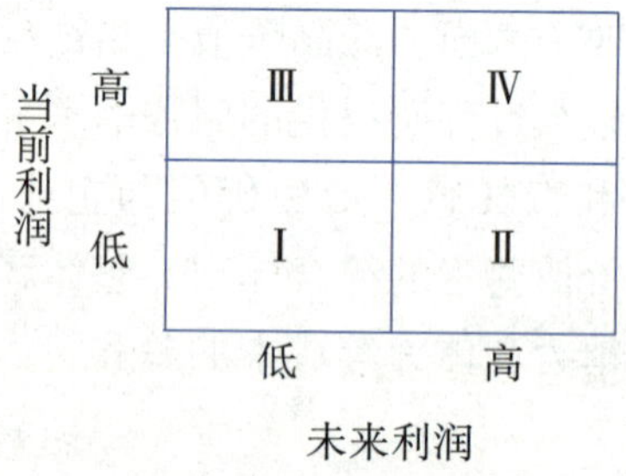

图 3－6　客户终身价值矩阵

（1）Ⅰ类客户：当前利润低、未来利润也低，被称为“铅质客户”。

Ⅰ类客户是最没有吸引力的一类客户。企业从该类客户中可获得的当前价值和未来增值潜力都很低，这类客户是企业的负担，一般不宜投入较多的资源维持这类客户。当然，如果这类客户的当前利润不高是由于企业过高的服务成本和营销成本造成的，那么可以通过寻求降低成本的途径来提高客户的价值，使无利可图的客户成为有价值的客户。在企业能力有富余时，只要边际客户收益大于边际客户成本，企业就可以采取维持策略。

（2）Ⅱ类客户：当前利润低，但未来利润高，被称为“铁质客户”。

Ⅱ类客户有很高的未来利润，但企业当前尚没有成功地获取他们的大部分价值。这类客户属于有潜力的客户，若是企业能够继续与这类客户保持稳定的联系，在未来这些客户将有能力为企业创造可观的利润，他们将来极有可能转化为Ⅲ类或Ⅳ类客户。对于这类客户，企业应当投入适当的资源，促进客户关系从低阶段向高阶段发展，从而不断获得客户的增量消费、交叉消费和新客户推荐。

（3）Ⅲ类客户：当前利润很高、未来利润较低，是企业的“黄金客户”。

Ⅲ类客户有很高的当前价值，但增值潜力不大。从客户生命周期来看，这类客户可能是已进入成熟期的高度忠诚客户，他们为企业提供了非常稳定的利润。因此，企业应投入足够的资源，千方百计地保持与这类客户的关系，决不能让他们转向竞争对手。当然，要与这类客户保持长期稳定的关系，企业必须持续不断地向他们提供超期望价值，让他们始终坚信本企业是他们最好的供应商。

（4）Ⅳ类客户：当前利润很高、未来预期利润也很高，是企业的“白金客户”。

Ⅳ类客户既有很高的当前利润，又有巨大的增值潜力，是企业最有价值的一类客户。这类客户与企业的关系一般已进入稳定期，他们不仅已将其当前业务的很大份额给予了本企业，而且其自身的业务总量还在不断扩大。这类客户是企业利润的基石，如果企业失去这类客户，后果将不堪设想。因此，企业应将主要资源投入到保持和发展与这些客户的关系上，针对每个客户设计和实施一对一的客户策略，持续不断地向他们提供超期望价值，长期保持双赢关系。

这四类客户在数量上形成一个正金字塔，Ⅳ类、Ⅲ类客户数量少，位于塔尖；Ⅱ类、Ⅰ类客户数量多，位于塔基。而四类客户实现的利润和企业的资源投放则正好相反，形成两个倒金字塔。这三个金字塔被称为“客户金字塔”（见图 3－7）。

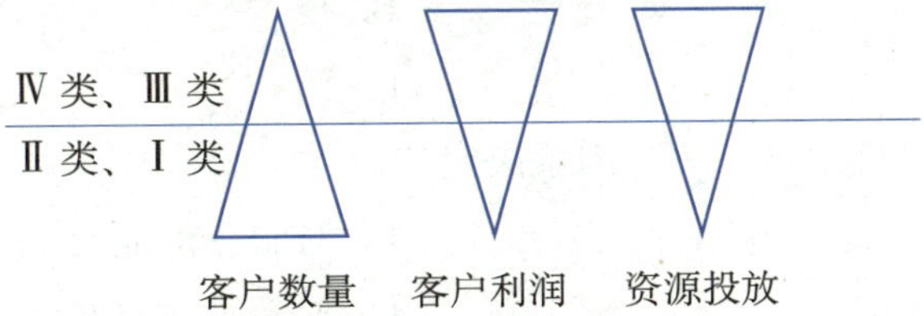

图 3－7　客户金字塔

模块小结

本模块要让学生明确通过与客户互动让客户满意，以及有效应对客户投诉来实现客户忠诚的目的。教学重点是客户互动的关键要素和处理客户投诉的原则、方法，教学难点是识别投诉客户类型，并应用客户投诉处理技巧化解问题，提高客户满意度和忠诚度。

课后练习

一、单项选择题

1.（　　）是为了在市场上为客户提供能够为其带来优异价值的产品和服务，企业需要充分利用信息的潜在内涵和各种互动技巧，努力在客户的购买流程中发展与客户的合作关系。

A. 客户服务　B. 市场细分　C. 客户细分　D. 客户互动

2. 据相关调查，很多企业每年要流失（　　）的客户。

A. 10%～20%　B. 10%～30%　C. 20%～30%　D. 20%～50%

3. 下面哪一项不属于客户投诉处理的原则？（　　）

A. 客户永远都正确　B. 不与客户争辩

C. 站在客户立场上将心比心　D. 注意客户的反应

4.（　　）是指客户对某种品牌或公司的信赖、维护和希望再次消费的一种心理倾向和重复消费行为。

A. 客户满意　B. 客户忠诚　C. 客户满足　D. 品牌忠诚

5.（　　）是指整体客户价值与整体客户成本之间的差额部分。

A. “铅质客户”　B. “铁质客户”

C. 客户让渡价值　D. 客户终身价值

二、多项选择题

1.（　　）是客户互动中的三大关键因素。

A. 互动的人　B. 技术

C. 产品和服务　D. 流程

2. 客户的满意状况是由（　　）因素决定的。

A. 客户的期望　B. 对服务的满意

C. 客户的感知　D. 对企业的认可

3. 处理重大客户投诉的原则包括（　　）。

A. 善待和尊重投诉者　B. 以法律为基础

C. 以合理为标准　D. 以满意为目标

4. 客户忠诚分两个层面，分别是（　　）。

A. 再次购买　B. 心理层面的忠诚

C. 行为层面的忠诚　D. 口碑相传

5. 对于现有客户来说，其终身价值可分成哪两部分？（　　）

A. 当前利润　B. 客户让渡价值

C. 未来利润　D. 客户终身价值

三、判断题

1. 客户流失是对客户关系的否定，是对实施客户关系的迫切性和必要性的再次证明。（　　）

2. 使一个客户产生不满意的总体感觉来自期望和客户的感知之间的差距。（　　）

3. 美国管理协会研究客户投诉的原因得出：40%的客户投诉是由于产品本身的质量或价格问题，8%的客户投诉是由于服务和沟通问题。(　　)

4. 凡具有 VIP 身份的投诉者提出的投诉，均应视为重大投诉。(　　)

5. 当前利润很高、未来预期利润也很高的客户是企业的“黄金客户”。(　　)

四、案例思考

重温开篇“导引案例”，小组讨论分析并回答以下问题：

1. 海底捞秉承的理念是什么？
2. 海底捞颇具中华优秀传统文化特色的招牌表演是什么？
3. 针对女大学生未消费而在海底捞包间留宿事件，你怎么评价这个企业？
4. 面对投诉事件，海底捞管理人员向大家传递的思想是什么？
5. 从海底捞成功秘诀中选择四个方面说一说具体做法（参考案例中表述的内容）。

教学方法建议

情境教学法

一、情境教学法的定义

情境教学法是指将教材中讲述的内容和场景贯穿于课堂。通过教师的引导，让学生置身于每个项目预设的情境（客户互动、客户投诉等）当中，调动学生的想象力、思维力和感受力，再经过教师巧妙预设问题，使学生得到预期教育效果的教学手段。

二、情境教学法的基本环节

1. 选择案例

首先，所选案例要同教学内容接近。建议案例：网络购物中的客户评价；传统银行的现状；中信银行——从厅堂服务开始转变；宜家“召回门”事件；等等。其次，案例要力求简洁，能在上课时间内完成；最后，案例应当是不完整的、缺少最终结果的，这可使学生根据自己对案例的理解提出自己的见解，锻炼他们分析问题、解决问题的能力，有利于学生之间的相互学习。

2. 课外准备

首先，根据教学班的情况将学生分为 3～4 个模拟演练小组。其次，各组要在组长的领导下对案例进行深入分析，并对本组活动的各个步骤进行安排。

3. 课堂演练和答疑

经过一段时间的准备之后，各小组就可以按照事先的安排进行正式的模拟演练了。每组演练结束后，其他小组和教师均可针对演练内容和提出的方案进行质疑，演练小组答疑，双方都充分发表自己的见解和观点。

4. 分析和总结

首先，各演练小组要对本组的演练进行介绍、分析和总结，以便相互了解。其次，教师要对案例进行深入分析，并对各演练小组的方案和演练内容进行总评，尤其要找出学生在演练过程中的闪光点和创新之处，及时予以鼓励和表扬。

教学过程操作建议

一、创设情景，揭示课题

1. 例如：事先指定两组学生（这两组不是平时的学习小组，重新指定同学）扮演客户服务方和客户投诉方，以简单产品质量投诉为宜，最好提前一周告知学生。例如，A 同学家里购买的空调，制冷效果不好，经过几次协商维修后效果依然不好，到公司投诉。另一组 B 同学接待处理投诉。

2. 上课时在教室里摆设现场接待室，其他同学围绕接待室就坐。

二、回忆旧知，感悟新知

回顾前面学习的处理投诉的知识和方法，提出新的解决问题的策略。

三、尝试成功，应用新知

学生展示投诉过程，教师提出需要解决的问题，所有学生给出解决问题的策略和措施。

四、实践应用，巩固新知

让每个学习小组的学生给出解决问题的答案，教师将问题细化，也可以稍做变通（不是举一反三），让学生解决。

五、师生总结，聚焦课堂

教师和学生共同总结，小组之间相互点评。

六、延伸课堂，举一反三

在大部分学生掌握基本知识和技能后，教师将问题拓展。例如，多个家庭来投诉，让学生提出解决方案。

模块四　智能客户服务

学习目标

素养目标：

1. 培养学生数字素养，发展新质生产力，树立智能客户服务生态意识；
2. 培养学生合规有序、健康发展的理念；
3. 培养学生智能时代的社会环境适应能力。

知识目标：

1. 掌握智能客服的基本含义；
2. 理解智能客户服务与客户服务中心的关系；
3. 了解 ERP、ASP 等系统与客户关系管理系统的关系；
4. 掌握客户关系管理智慧实施的具体步骤；
5. 掌握关系营销、数据库营销、精准营销的核心要义。

能力目标：

1. 能够应用客户关系管理智慧策略赋能智能客户服务；
2. 能够通过对人工智能等关键技术的理解提升客户关系管理水平。

导引案例

智能客服助力服务新体验

自 2020 年以来，全球的经济发展时代已经进入了后疫情时代，客服中心也因此迎来了新的机遇和挑战。企业的经营从过去的以产品为中心，转向以价值创造为中心。

由于随着消费者对产品和服务的需求不断增加，客户的基数必然是大于客服的基数的，因此企业仅仅依靠传统的人工服务不足以满足客户的全部需求，也无法提供更加低成本的产品或服务。智能客服在时代的背景下应运而生，并日渐成熟。

新的服务形态带来了新的体验和新的需求，智能客服与人工客服的融合点决定了客户体验程度偏差。起初，智能客服只在商品售出后，为客户提供一系列售后服务；现在的智能客服已不单单是一个简单的对话框，它已演变成了一个完整的服务生态系统。

一、智能客服的时代发展背景

回顾其发展的产业背景，客服行业大致可以分为：电话/短信客服、在线客服、移动客户端智能客服、智能AI客服等。随着人工智能科技的不断发展，数字化、智能化的不断加持，智能客服提供的服务也日趋宽泛和精准。其中银行业智能客服发展更加迅速，人机互动的形式也从最初的自助查询到现在的智能问答。这里面不仅包含大量的数据运算、知识图谱以及自然语义分析处理等复杂的技术，还有的人工智能具有自我迭代的功能，形成了一整套多角度人机协同模式的服务生态系统。

目前，智能客服只能处理一些简单业务的问题，或是对于客户意图进行理解和预测。例如，客服在知识库中寻找匹配度最高的信息进行反馈，按照客户的问题内容搜索对应的知识进行回复。对于复杂、特殊的问题仍需要借助人工客服，而且因搜索语义的偏差无法达成较高的客户满意度，无法给客户带来最佳的体验。基于此，智能客服目前仍然面临着很大挑战。

智能客服与人工客服各有各的优势，因此智能客服不能仅仅看作一个单独的客服体系，而是需要与人工服务相互契合、相互融合，从而形成一个彼此相融相生的服务生态体系。

二、智能客服为企业带来的价值

随着越来越多的客服中心设立了专业的数据处理、AI技术等人才队伍，通过大数据的应用为客户贴标签、画画像，进行精准的分析和挖掘，通过自助服务的多样化展示给客户不同的服务入口，产品和配置选择日益丰富。企业运营也随着微信公众号、线上直播、云工作室等多种渠道得到了更好的推广与应用。在智能服务技术不断创新的同时，它的价值渐渐演变成了两个分支：一是数字化、智能化的体现，是为客户提供服务的；二是用于赋能人工客服，为了让客服更好地为客户提供服务。

1. 以新技术提升服务体验——服务客户

在互联网5G时代，人工智能的响应程度和理解意图能力也会更快、更准确。客户服务的本质之一就是不断提升客户服务质量，提高用户体验，5G时代的客户服务将更加重视客户体验的提升，因此必须依靠人工智能来打造智慧客服。

未来的客户服务将更加多元化，原来的智能服务只是为客户提供更多的选择，对于同一项业务，客户既可以拨打人工客服电话解决，也可以通过多触点的自助服务渠道解决，由客户来选择方便、快捷的解决方式。新业态下的智能化服务能够带给客户更方便的体验。智慧化、智能化服务在一些特定的环境下，甚至可以带来人工无法比拟的优质服务。例如，以往消费者想购买一辆车，会到多家4S店试车、询价，并通过互联网搜索平台，记录和比对自己想要的车型，通过商家和网友提供的数据，筛选出性价比高的、适合自己的车型。如今，消费者可通过各类平台输入自己的需求、用车习惯、车辆特征和所需功能，平台在短短几秒钟内就可以为消费者匹配出最适合、性价比最高的车型，这样既节省了消费者的时间，也避免了与销售人员沟通不畅带来的低质低效的服务体验。

2. 多渠道的服务整合——赋能客服

快速响应与优质服务是客服始终不能忘记的初心。智能客服分流＋真人VIP服务形成了新型的服务模式。当客户被转入人工客服系统，电话被接听的那一刻起，他需要的则是一位综合能力达标的专属客服代表带来的区别于他人的个性化服务。那么，如何体现人工客服优于智能客服的价值呢？最大的区别就是人工客服用“心”去体会客户的需求，甚至先于客户了解他的需求。

语言的神奇之处在于人类可以用多种方式表达自己，这给智能客服带来了很大的限制，它们有时无法理解语言中的细微差别。这时候，人工客服利用其同理心和共情力，理解和体会到客户的底层需求，再将这种理解通过语义转换系统转化为交互日记，帮助智能客服通过学习来变得更有“人情味”。具有学习和迭代能力的智能客服也能为人工客服提供更多的客户分析与话术脚本的设计，帮助人工客服更加以客户的实际需求为中心来提供服务。

为了给客户提供更优质的服务体验和给企业带来更高的运营效率，工作更加智能化、信息化，智能质检、智能知识库、智能业务系统结合起来打造的智能工作流有助于提升员工工作效率。届时更需要一个AI服务大脑来执掌全渠道的服务，并维持统一、高效、可随时升级的服务体系和能力。多渠道的智能服务整合可以为客户提供更加简便、舒适的智能体验。

3. 深化数据应用、深耕客户经营——赋能企业

互联网5.0时代的到来将企业的客户运营逐渐转型为智慧运营。与以往简单满足客户需求的方式不同，智慧运营可以分场景、分渠道、分层级，通过业务数据化、业务智能化，以数据驱动使运营更智慧、更友好、更谨慎，在合规文化建设、风控能力建设，以及客户信息保护和生产数据治理上更加先进和全面，确保了企业合规、有序、健康的发展。

这种由智能科技带来的创新机制也为企业员工提供了更多的发展型新岗位，扩大了客服人员的业务范畴，为行业内部贡献了更多的专业人才，促使客服中心更加智慧化、服务生态更加开放、技术响应更加敏捷。

所以，智能化服务并非单指AI客服，也并非单指智能化赋能下的人工客服，而是数字与人工相结合的服务产物，服务也从一种能力转化为企业的DNA，融入客户交互的每一个触点中。客服＋AI将引领服务的全新时代，并重新定义客服的价值，最终以更高效、优质的服务助力企业的运营发展。

资料来源：李萌．智能客服助力服务新体验[J]．客户世界，2022(3)．

讨论并分析：

1. 为什么智能客服在互联网时代的背景下应运而生，并日渐成熟？

2. 智能客服为企业带来的价值体现在哪几个方面？

3. 企业的客户运营逐渐转型为智慧运营，以数据驱动使运营更智慧、更友好、更谨慎，其在哪些方面更加先进和全面？确保了企业怎样的发展？

任务分组：

<table>
<tr><td>班级</td><td colspan="2"></td><td>组号</td><td></td><td>指导教师</td><td></td></tr>
<tr><td>组长</td><td colspan="2"></td><td>学号</td><td></td><td>任务</td><td></td></tr>
<tr><td rowspan="4">组员</td><td>姓名</td><td>学号</td><td>任务</td><td>姓名</td><td>学号</td><td>任务</td></tr>
<tr><td></td><td></td><td></td><td></td><td></td><td></td></tr>
<tr><td></td><td></td><td></td><td></td><td></td><td></td></tr>
<tr><td></td><td></td><td></td><td></td><td></td><td></td></tr>
</table>

单元一 智能客户服务与呼叫中心

一、智能客户服务概述

（一）智能客服的概念

智能客服是智能客户服务的简称。智能客服系统是在大规模知识处理的基础上发展起来的一项面向行业应用的技术，适用于大规模知识处理、自然语言理解、知识管理、自动问答系统、推理等技术行业。智能客服不仅为企业提供了细粒度知识管理技术，为企业与海量用户之间的沟通建立了一种基于自然语言的快捷、有效的技术手段，还能够为企业提供精细化管理所需的统计分析信息。智能客服是创新和应用客户知识，帮助企业提高优化客户关系的决策能力和整体运营能力的概念、方法、过程以及软件的集合。新一代智能技术正与客服系统及互联网融合，利用 AI 技术提供智能化的客户服务，通过自动化处理、实时数据分析和个性化交互，提升客服中心的效率和用户体验。

我国的客服行业经历了三个发展阶段，即传统电话客服阶段、PC 端网页在线客服阶段及智能客服阶段。当前，随着人工智能技术的应用日益成熟，越来越多的商家使用智能客服取代人工客服，我国智能客服行业市场规模不断扩大，行业发展前景广阔。

（二）智能客服产业链

智能客服产业链的上游为基础设施与智能技术，包括人工智能芯片、AI 大模型、机器学习、智能语音、云服务、大数据、电信运营等；中游为智能客服产品，包括在线客服、语音客服、数字人客服、智能质检、辅助机器人等；下游应用于金融、电商、物流、消费、政务、泛娱乐、教育、交通、医疗、工业等领域。

其中，上游中提到的大数据是对数量巨大、来源分散、格式多样的数据进行采集、存储和关联分析，从中发现新知识、创造新价值、提升新能力的新一代信息技术和服务业态。大数据产业是智能客服发展的基础。

（三）智能客服市场规模

随着人工智能、物联网、大数据的发展，我国智能客服行业迎来发展机遇。中商产业研究院发布的《2023 年中国智能客服市场前景及投资机会研究报告》显示，2022 年中国智能客服行业市场规模达到 66.8 亿元，2019—2022 年的年均复合增长率为 52.66%。

我国智能客服仍然面临入口隐蔽、操作复杂，以及答非所问、循环重复等一系列问题，行业壁垒较高，多数企业处于研发阶段，行业竞争格局较为分散。根据《互联网周刊》发布的“2023 智能客服企业排行”，目前腾讯、环信、网易、科大讯飞等企业凭借技术优势，取得领先地位。

（四）智能客服应用领域

当前，越来越多的商家为降低企业成本、提高企业效率而开始使用智能客服服务，智能客服已经被广泛应用于各行各业中。2023 年中国智能客服应用市场前三名分别是零售电商、金融和旅游业，市场份额分别占比 28.97%、21.97%、15.96%。

（五）智能客服的特征

智能客服已经成为许多企业提供客户服务的重要方式，它不仅可以降低成本，提高效率，还可以改善客户体验，提升品牌价值。随着人工智能技术的不断发展，智能客服系统的功能和性能也将不断提升，为企业和客户带来更多的好处。

1. 自动化

智能客服系统可以自动处理大量的客户请求，无须人工干预。这不仅降低了人力成本，而且使客服团队能够专注于处理更加复杂或特定的问题。

2. 可用性

智能客服系统可以全天候 24 小时提供服务，不受时间或地点的限制。这意味着客户在任何时候都能够得到及时的帮助和支持。

3. 个性化

借助机器学习和数据分析技术，智能客服系统可以根据客户的历史交互和偏好，提供个性化的建议和解决方案。这有助于企业提高客户满意度，并加强客户与品牌之间的关系。

4. 快速响应

智能客服系统通过聊天机器人、虚拟助手或自助服务门户能够在几秒钟内响应客户的请求。这降低了客户等待时间，提高了服务效率。

5. 多渠道支持

智能客服系统可以集成到多种不同的通信渠道中，包括网站、应用、社交媒体平台和电话。这使得客户可以通过他们喜欢的方式与企业进行交互，提高了便利性和可访问性。

6. 持续改进

通过分析客户的反馈和交互数据，智能客服系统可以不断优化自己的性能和准确性，这有助于提高系统的智能程度，并使其能够更好地适应客户的需求和变化。

二、呼叫中心概述

（一）呼叫中心的定义和发展现状

1. 呼叫中心的定义

呼叫中心，又称客户服务中心，是一个组织或部门，在一个相对集中的场所，由一批服务人员组成，专门负责处理客户的查询、问题、投诉和支持请求。人工客服代表通过电话、电子邮件、在线聊天等渠道与客户进行交流。呼叫中心主要依赖于人工支持，即由客服代表通过人际交往来解决客户问题。这些客服代表经过培训，能够提供个性化的服务，处理各种情况。目前的市场竞争已经更多地集中在争取客户或客户群上，这意味着企业需要更多地考虑如何使用更丰富的服务手段，以满足客户随时随地请求服务的需要。正是在这种背景下，呼叫中心已经成为现代商战中企业得以生存的关键因素。如今，如果没有呼叫中心，任何商业服务机构在客户服务方面都不可能有竞争力。许多企业意识到高配置的呼叫中心是它们在竞争中取胜的利器。一个好的呼叫中心有助于企业增加对客户的洞察力、提升竞争力、拓宽销售机会、提高雇员生产力。

呼叫中心是商业领域意识到现代通信技术的优势后，利用集中服务而产生的最初应用之一。呼叫中心通过集成的媒体手段（电话、传真、电子邮件、互联网、语音等），利用集成的语音和数据，使信息能够以各种用户选择的方式进行传送。

呼叫中心的核心技术源自计算机电话集成（Computer Telephony Integration，CTI），它是电脑与通信相结合的产物，是一种增值服务。随着 IT 产业新技术的不断发展，呼叫中心的内涵也不断地延伸和发展。给呼叫中心一个准确的定义似乎很困难，因为每个 CTI 应用系统都可以简称为呼叫中心。我们可以从两个角度给出其定义：

从管理的角度看，呼叫中心是一个促进企业营销、市场开拓并为客户提供友好的交互式服务的管理与服务系统。它作为企业面向客户的前台，面对的是客户，强调的是服务，注重的是管理，是企业理顺与客户之间的关系并加强客户资源管理和企业经营管理的渠道。它可以提高客户满意度、完善客户服务，为企业创造更多的利润。

从技术的角度看，呼叫中心是围绕客户采用 CTI 技术建立起来的客户关照中心，对外提供语音、数据、传真、视频、互联网、移动等多种接入手段，对内通过计算机和电话网络联系客户数据库和各部门的资源。

2. 呼叫中心的发展现状

随着 CRM 应用范围的不断扩展，呼叫中心已经成为一个庞大的成熟产业。呼叫中心不仅涵盖各种硬件设备提供商、软件开发商、系统集成商，还有众多的外包服务商、信息咨询服务商、专门的呼叫中心管理培训学院，每年举办的呼叫中心展会，以及数不清的呼叫中心期刊、网站等，从而形成一个庞大的、在整个社会服务体系中占有相当大比例的产业。社会公众对呼叫中心的依赖程度也很高，全社会广泛从中受益。

我国的呼叫中心服务市场起步较晚。中国电信引领了我国呼叫中心的发展潮流。中国电信利用自身的行业优势，建立了多个呼叫中心，通过方便、快捷的服务，使呼叫中心的概念深入民心，实现了呼叫中心功能的实用化，从而使我国呼叫中心服务市场在理论、概念及大规模实际应用上都得到了质的飞跃。

随着中国经济的发展，外资企业大量进入，商业电话的利用率继续提高，采用呼叫中心建立的企业通信网络正逐渐普及，呼叫中心的应用将涉及各行各业。

（二）呼叫中心的起源、发展历程和发展方向

1. 呼叫中心的起源

最初，民航业为了能更方便地向乘客提供咨询服务和有效地处理乘客投诉，应用了呼叫中心。呼叫中心在提高客服工作效率的同时，也提高了服务质量。因此，那些需要更多人性化服务的行业，如旅馆和饭店业的房间预订中心、商品目录销售商等，纷纷仿效。美

国银行业在 20 世纪 70 年代初开始建设呼叫中心。那时的呼叫中心还没有形成产业，企业基本上是各自为战，依据自身的情况而采用不同的技术、设备和服务标准。到 20 世纪 90 年代初，只有很少的企业有能力在技术、设备上大规模投资，建设可以处理大话务量的呼叫中心。

从 20 世纪 90 年代初期开始，随着 CTI 技术的引入，呼叫中心的服务质量和工作效率有了很大的提高，反过来也使客户服务中心系统获得了更广泛的应用。与此同时，客户关系管理也越来越受到企业的关注，从而促进呼叫中心真正进入了规模化发展阶段，尤其是“800”号码被广泛认同和采用，更加速了这一产业的繁荣。

2. 呼叫中心的发展历程

（1）第一代呼叫中心。

第一代呼叫中心是人工热线电话系统，以简单的电话查询为代表，如 114 电话查询。其特点是硬件设备为普通电话机或小交换机（排队机），结构简单、造价低、功能简单、自动化程度低，一般仅用于受理用户投诉、咨询，同时也适合小企业或业务量小、用户要求不高的企业使用。第一代呼叫中心的缺点是：基本靠人工操作，对话务员的要求相当高，而且话务员的劳动强度大、服务功能也较差。目前，没有正式设立呼叫中心的企业一般采用这种方式。

（2）第二代呼叫中心。

第二代呼叫中心是交互式自动语音应答系统，客户可通过电话进行查询和交易，“800”是这一时期的代表。第二代呼叫中心的特点包括：广泛采用计算机技术，如通过局域网技术实现数据库数据共享；利用语音自动应答技术减轻话务员的劳动强度、减少出错率；采用自动呼叫分配器均衡座席话务量，降低呼损率，提高客户的满意度等。第二代呼叫中心的缺点是：它不仅需要采用专用的硬件平台与应用软件，而且需要投入大量资金用于集成和支持客户个性化需求，灵活性差、升级不方便、风险较大、造价也较高。

（3）第三代呼叫中心。

第三代呼叫中心是兼有自动语音和人工服务功能的客户服务系统。第三代呼叫中心开始采用 CTI 技术，从而实现了语音和数据同步。第三代呼叫中心的经营理念通过技术得以转变，其转化为一个主动的客户关照中心。现代客户服务除了具备传统“800”电话的咨询投诉处理功能外，更需要对客户进行跟踪，准确把握客户消费心理，提供个性化服务。第三代呼叫中心还需要与后台数据库结合，通过每一次的客户服务积累信息，一方面为企业提供决策服务，企业通过对这些数据的分析，得出市场消费需求的变化，从而对市场变化迅速作出反应，使决策更为科学、合理；另一方面可以实现数据库直销，企业利用客户数据，通过邮寄促销信息、产品目录等方式实现数据库直销，直接获得营业额增长。伴随着计算机技术与现代通信技术的发展，它已成为计算机通信集成技术的典型应用。现代呼叫中心既是计算机通信技术发展的产物，也是客户服务发展的产物，是目前实现现代客户关系管理、提供客户服务的主要工具。企业可以利用呼叫中心主动呼叫用户、主动关心用户，将产品和服务送上门。

（4）第四代呼叫中心。

第四代呼叫中心是客户互动中心，是与互联网相融合的呼叫中心，它不仅将 IP 电话、CRM 无缝结合起来，而且将语音、传真、电子邮件完美结合起来，具备数据挖掘、实时监控等功能。第四代呼叫中心的特点包括：

1）接入和呼出方式多样化。第四代呼叫中心支持电话（包括 VIP 电话）、计算机、传真机、手机短信息、无线应用协议（Wireless Application Protocol，WAP）、寻呼机、电子邮件等通信方式。

2）可多种沟通方式格式互换。第四代呼叫中心可实现文本到语音、语音到文本、电子邮件到语音、电子邮件到短消息、电子邮件到传真、传真到电子邮件、语音到电子邮件等的自由转换。

3）语音自动识别技术。第四代呼叫中心可自动识别语音，并能实现文本与语音自动双向转换，从而最终实现人与系统的自动交流。

4）基于 Web 的呼叫中心。第四代呼叫中心可支持 Web Call、独立电话、文本交谈、非实时任务请求等功能。

可见，第四代呼叫中心技术可以实现对客户数据的跟踪管理，通过这些数据企业可以掌握客户的消费习惯、消费心理，提供个性化服务，让客户更满意。第四代呼叫中心通过客户来电辨认客户身份，调用后台数据库，迅速对客户有关信息进行反应，使服务更为高效。客服可及时录入客户信息，保持客户服务的延续性，为以后的服务提供参考，并且可以为企业的决策提供数据分析的基础。电话、Web、IP 电话等客户接入方式，既促进了客户的主动访问，又减少了企业的通信支出，节省了客户维护成本。因此，现代客户服务中心已经不再是成本中心，而更趋于利润中心，引起从事网上销售的企业的关注。目前，在网络购物热潮中，真正获利的还是有呼叫中心在背后支持的企业。

3. 呼叫中心的发展方向

如今的科技成果日新月异，各种新技术如 IP、WAP、自动语言识别（Automatic Speech Recognition，ASR）、数据仓库（Data Warehouse，DW）与传统呼叫中心相融合，将使呼叫中心具备更多的功能。

（1）第五代呼叫中心。

第五代呼叫中心将是无线互联网呼叫中心（Wireless Internet Call Center，WICC）。在呼叫中心加入无线应用协议（Wireless Application Protocol，WAP），可以使移动用户也能访问呼叫中心，实现无线办公、无线商务的最高境界。

（2）第六代呼叫中心。

第六代呼叫中心是多媒体呼叫中心，业务代表在与客户的交互过程中能够呈现视图，相当于有关的业务代表与客户面对面进行交流。如此，目前的许多商业模式及生活方式将会极大地改变，我们可以在家进行办公、购物等活动。

（3）第七代呼叫中心。

第七代呼叫中心是智能化的现代呼叫中心，融合了自动语音识别（ASR）、文本转语音（TTS）、数据仓库（DW）等新技术，创造出新概念、新功能。语音技术与交互语音应答技术（Interactive Voice Response，IVR）的结合能够将数据变为语音，将会极大地拓宽呼叫中心的应用领域。

在网络聚合的时代，语音数字化、终端逐渐智能化、多媒体信息统一化，各个系统之间的界限逐渐模糊。呼叫中心在光缆和无线电中传送的是综合的数据流——流媒体，在业务系统或应用系统完成对数据流的处理。技术的融合成为潮流，呼叫中心也将顺应这一潮流，最终实现统一网络、统一服务、统一平台的目标，形成一个多功能的电子商务平台。

三、呼叫中心的运用

（一）呼叫中心在企业客户关系管理中的运用

客户关系管理已经成为瞩目的焦点，企业逐渐认识到良好的客户关系已成为电子商务时代的制胜关键，而呼叫中心的设置，发挥着与客户互动的功能，扮演着强化 CRM 的火车头的作用。简而言之，呼叫中心是企业对客户的统一接触点，能让客户感受到企业的价值。它有助于企业搜集市场情报、积累客户资料，不仅可以维护客户忠诚度，扩大销售，还有助于企业实施 CRM 过程中的流程再造。

1. 呼叫中心是企业对客户的统一的联系窗口

呼叫中心是企业面向客户的前台，能够向客户提供一个明确、统一的对话窗口，解决客户不知从何处寻求帮助的困扰。这样既有效地避免了干扰内部作业，又提高了员工的工作效率。

2. 呼叫中心是让客户感受价值的中心

在竞争激烈的电子商务时代，企业应更专注于创造客户的附加价值。通过呼叫中心，企业能够在产品之外向客户提供更多的附加价值，如个性化咨询服务、24 小时不间断电话服务，这些附加价值有助于协助客户在最需要的时候解决问题，提升客户满意度。

3. 呼叫中心是企业搜集市场情报和客户资料的情报中心

有了呼叫中心，企业与市场更接近，企业可以及时地感受市场的变化：

（1）呼叫中心会搜集客户的抱怨与建议，并定期地整理，将这些抱怨与建议集中后提供给后台的单位，作为改善产品及服务品质的重要依据。

（2）呼叫中心会搜集客户的基本资料、偏好与关心的议题，建立客户资料数据库，为企业分析市场消费倾向提供依据。

(3) 企业的营销活动可以先借助于呼叫中心、网站的参观人潮、客户来信等渠道来获取市场动向，以便调整后台活动单位的活动规模。

4. 呼叫中心使“成本中心”转变为“利润中心”

客户的忠诚度往往和售后服务具有关系，而呼叫中心能够快速处理客户的抱怨、解决困扰客户的问题，并让客户感受贴心服务。另外，呼叫中心还可以通过向特定的客户推荐特定的产品，满足客户的特定需要，从而增加销售额。忠诚的客户一般会更多地消费，或愿意消费价格高昂的产品，而相对的交易成本会较低。再者，忠诚的客户在无形中充当了企业的宣传大使，他们会向其亲朋好友推荐企业的产品或服务，所有这些，都将有助于呼叫中心由成本中心转变成利润中心。

总之，如今的呼叫中心已成为企业 CRM 系统的重要组成部分和关键环节，不仅可以为企业创造良好的社会效益，而且可以为企业带来巨大的经济效益。呼叫中心与 CRM 的结合，对企业来说，提高了服务人员的生产效率，降低了服务成本，实现了客户资源的有效管理，并且提高了已有客户的满意度和忠诚度，可以使企业快速地适应竞争时代。企业利用呼叫中心服务于客户，具有操作简单、方便快捷的优点，企业保持了现有市场渠道，提升了市场数据分析能力，挖掘了新的市场资源，使呼叫中心成功转变为利润中心。

(二) 现代智能化呼叫中心所具备的功能

呼叫中心可以扩大客户的选择范围，并且能按照客户的喜好，提供相应的技术选择方案。客户可以通过电话、传真、电子邮件或者互联网以及视频等手段与呼叫中心联系。呼叫处理软件可保证在恰当的时间将呼叫转至合适的地点或人员。例如，呼叫中心可以使用几种语言和方言来提供服务。现有技术不仅能够使呼叫中心确定业务代表在应答主叫电话之前，主叫将要等待的时间，而且能够帮助呼叫中心在呼叫高峰到来之前预测所需的人力，并将呼叫路由送至具有专业技能（如语言、技术专长等）的业务代表，由他们特别关照某位具体的客户。当客户请求呼叫中心服务时，CTI 软件会立即将主叫姓名、访问呼叫中心的历史记录以及主叫信息显示出来，从而使业务代表能够更迅速地为客户提供服务。呼叫中心不仅可以提高参与企业的形象，帮助企业提高产品的质量和服务，避免了在产品客户服务方面的大量投入，而且为广大用户提供了方便。现代智能化呼叫中心应具备以下几个功能：

(1) 能够提供每周 7 天、每天 24 小时的不间断服务，提供多媒体联络方式。

(2) 能够根据客户的各种信息，安排最适合的业务代表。

(3) 呼叫中心具有良好的社会效益和经济效益，它不是支出中心而是收入中心。

(4) 呼叫中心是客户关系管理的基础，是企业接触客户的主要渠道。

(5) 呼叫中心对外面向用户，对内与整个企业相联系，可以将从用户那里所获得的各种信息、数据全部储存在庞大的数据仓库中，供企业领导者作分析和决策之用。

（6）呼叫中心采用现代化的技术、优质的管理系统，企业随时可以观察到呼叫中心运行情况和业务代表工作情况，为用户提供优质服务。

（三）呼叫中心的运用领域

呼叫中心拥有巨大功能，它将信息通信技术与数据库技术完美地结合在一起，使商业运作达到快捷、高效和经济的效果，可以广泛用于电信、银行、保险、证券、旅游、交通等许多行业。

它可以为银行提供多种与客户保持联系的便捷渠道，实现网上银行、电话银行、移动银行等多种银行业务在统一平台上的完全融合；除了提供像电话银行机器语音应答的服务方式以外，它还具备随时转到人工座席的功能，而且能够根据客户级别的高低进行分级处理；它可以提供每周 7 天、每天 24 小时的不间断服务，提高服务质量和客户满意度；它可以帮助银行了解客户的需求，进行市场调查，推销新的业务和服务；它可以对呼叫中心产生的客户信息进行分析，对不同的类别的客户区别对待，为市场策略提供决策支持；它可以进一步降低运营成本，树立银行品牌形象。这充分说明了呼叫中心能够极大地提高银行的竞争能力。

证券企业利用呼叫中心可以进行电话委托交易，并根据客户特征做出相应推荐；可以为客户提供多样化、人性化的服务；也能从客户那里得到反馈来的信息，以便调整服务内容和策略。

此外，呼叫中心还被应用于航空及铁路运输业、邮政业等。

四、智能客服与客户服务中心的关系

随着企业人力成本的不断提升，许多企业管理者将不直接产生可见经济效益的客户服务部门归为企业的成本中心。客服人员的工作重复性强、工作强度大、工作成就感低，导致企业面临客服人员离职率高、招聘难度大、培训成本高、团队稳定性差等多个痛点。越来越多的企业都希望通过相关技术改变企业的客服中心。其中以云计算、大数据、人工智能技术为主的智能客服应运而生。智能客服解决了传统客服人员无法实现的客户服务问题；另外，7×24 小时在线服务大幅地提升了企业的客户服务水平。我们可以简单描述二者的关系，即智能客服＝人工智能＋客户服务中心。

客户服务中心和智能客服通常是相互补充的。智能客服可以处理常见问题和标准化的任务，从而解放人工客服代表的时间，使其更专注于处理复杂的问题和提供更加个性化的服务。客户服务中心可以整合智能客服技术，提供多渠道支持，包括通过在线聊天、自助服务门户、电话和社交媒体等渠道提供服务，以满足客户的多样化需求。

在实际应用中，很多企业会将客户服务中心与智能客服相结合，形成整体的客户服务策略。这种综合性的方法能够更好地满足客户的需求，提高服务效率，同时确保在处理复杂问题时有足够的人工干预和专业支持。

单元二 客户关系管理与其他管理系统的关系

一、CRM 与 BPR

BPR 是 Business Process Reengineering（业务流程重组）的英文首字母缩写。它的着眼点是流程，关注企业的业务和支持这些业务的流程。BPR 并不仅仅关注那些为客户创造价值的流程，它的思路是重新设计流程来支持和贯彻企业的商业战略。经过多年的实践，BPR 的从业者认识到将重点放在与客户相关的流程上会有更多的投资收益。总体来讲，BPR 的主要关注点是流程，其次是成本和客户。

BPR 的作用在于：帮助企业识别那些可以改善客户互动质量的业务领域，创造一个变革的框架，对流程进行改造，使得日常的手工工作自动化，使员工能够将精力放在为企业创造更多价值的工作上，从而为客户创造价值。

作为一项技术，BPR 能够在改善与客户互动相关的业务流程方面发挥作用，使得这些流程更加有效。它帮助企业更好地理解客户，因为技术允许企业跟踪每一次客户互动，从而使企业对客户及其喜好了解得更多。这可以帮助企业向客户提供定制的、个性化的服务。

CRM 的首要关注点是客户和客户的期望。通过更好地获得、管理、维护有利可图的客户，企业可实现流程和成本的优化。总体来讲，CRM 主要的关注点是客户，其次是成本和流程。

通过这两个工具提出的方法会有交叉，但关注点有很大的不同。如果仅关注业务，可能会因为对前台的客户期望关注不够而使得竞争力下降；如果仅关注客户，可能会产生后台运作效率低和后台过于臃肿的问题。

在 CRM 和 BPR 这两个领域中，信息技术扮演重要的角色。在 BPR 发展之初，信息技术被看作 BPR 的使能器之一。随着信息技术的发展，ERP 软件商和系统集成商将 ERP 软件包作为 BPR 的解决方案，向客户兜售。在 CRM 的发展历程中，从一开始，软件商就将软件技术作为 CRM 的解决方案，而 CRM 战略研究人员则极力将软件作为实现 CRM 战略的使能器之一。

作为一种思维方式，BPR 力求打破组织边界，将多层次的纵向传递模式转化成一种少层次的扁平组织结构。现代信息技术则促进了 BPR 平面流程式模式的形成，BPR 的实践发展到今天，信息技术已经是 BPR 不可分割的组成部分。合理运用信息技术成为 BPR 的难点和要点所在。

同时，人们也越来越认识到信息技术和互联网已经或必将带来企业组织架构、工作流程的重组以及整个社会管理思想的变革。信息系统及其包含的管理理念的实施和应用将不可避免地改变企业原来的管理方式。

经过实践和时间的检验，在大型的信息系统的建设或实施的过程中，BPR 或与之类似的过程成为不可缺少的项目阶段，为企业业务流程和管理制度的变革提供了具体的思路和方法。

作为管理信息系统和人机系统，CRM 系统的实施符合信息系统建设的一般规律。在实施 CRM 系统的过程中，一方面，企业要进行 CRM 软件系统的建设，构建一个信息技术系统；另一方面，企业要改善管理，建立与 CRM 系统相符合的人机系统。

在 CRM 的实施过程中，BPR 的价值在于：企业通过 BPR 工作建立一套在网络环境下、信息充分共享环境下的营销管理体系和制度。很多企业在应用 CRM 的过程中，要通过 BPR 工作对企业原有的营销体系进行重新设计，建立一套崭新的 B2B 扁平化营销体系，这将会涉及企业原有部门、分公司或办事处的岗位、职能的重新定位，另外还可能涉及销售体系与物流体系的分离、第三方物流的引入与结算体系设计、供应链库存控制策略的调整以及企业营销组织架构的重新设计等。CRM 应用能否取得成效，在很大程度上取决于 BPR 阶段或与之类似的工作阶段，这是 CRM 成功应用的难点之所在。

就 CRM 的软件实施来讲，CRM 的实施路径（特别是中小软件）要比 ERP 简单些，而且 CRM 的实施需要大量的客户化工作。鉴于此，科学管理的支撑更为重要，因为企业只有在管理方法、业务流程、岗位设置等方面思路清楚后，才能开展客户化工作。在系统实施之前或实施之中进行的 BPR 工作的重要作用就在于管理方法、业务流程、岗位设置、管理制度等。对于运用 CRM 的企业或提供 CRM 方面的咨询服务的机构来说，BPR 方面的经验、ERP 方面的经验、BPR 与 ERP 相结合方面的经验将为 BPR 与 CRM 的结合带来很多的帮助。

总之，在实施过程中，企业应正确认识 CRM 与 BPR 相互影响、相互制约的关系。一方面，企业应以 BPR 作为流程改造的工具，设计并构造新营销模型。在开展 BPR 工作时，企业应利用 CRM 系统来简化流程，设计的流程要考虑到软件系统实现的可能性。另一方面，企业在实施 CRM 系统时，应灵活选择各种路径或者通过客户化的方法来满足 BPR 设计方案的要求。

二、CRM 与 ERP

大多数 ERP 软件都是在 20 世纪 80 年代晚期作为大型机系统开发出的，它们适合 20 世纪 90 年代中期的客户端/服务器模式，但现在面临着很大的挑战，因为其架构不适合在线的要求，所以传统的 ERP 厂商正在挣扎或曾经在挣扎，目前这种情况已经有所改善。

有些 ERP 不再是传统的 ERP，而是更类似于后台处理系统（如订单管理和财务系统），如图 4-1 所示。

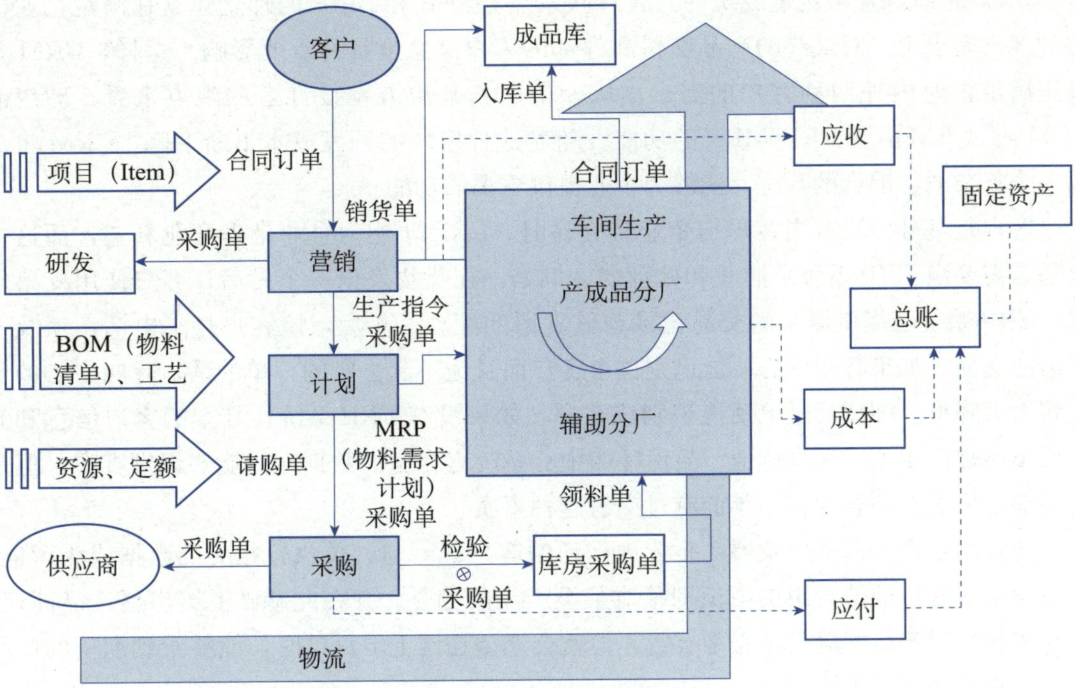

图 4-1　ERP 系统架构

通过 ERP 的建设和管理，很多企业实现了制造、库存、财务、销售、采购等环节的流程优化和自动化。但有些方面的管理活动是 ERP 有所涉及但功能薄弱之处，如销售队伍、销售机会的管理，如何组织和评价市场活动，如何处理客户服务请求等。

在以产品和质量为中心的时代，销售、营销和服务领域的流程优化和信息化没得到重视。这些领域应用了各种各样的部门级系统，如联系人管理、销售自动化、数据挖掘工具、热线电话等。这种部门级的系统，使得企业既很难对客户有全面的认识，也难以在统一信息的基础上面对客户。在当今的竞争态势下，客户的重要性日益凸显，企业越来越有必要对面向客户的各项信息和活动进行集成，组建以客户为中心的系统，实现对客户活动的全面管理。

如果做不到这样，企业就无法实现产品或服务交付的承诺，这在当今激烈竞争的环境中是非常不利的。如果企业向客户提供更加灵活、复杂的价格政策，情况就会更加复杂。这将给前后台的集成增加更多的工作。

就 ERP 本身的发展来讲，其也将面临自身的变革。ERP 的实施有一个前提，即企业以最佳实践作为标杆，定义企业内部的业务流程，并将其应用到整个企业当中，以期获得理想的准确性、速度和效率。在流程稳定、客户和业务伙伴可以预测的情况下，ERP 的思路是可行的。但是，在当今和未来的环境下，竞争的态势是不稳定和难以预测的，企业对于业务伙伴、客户的获取难度增加。ERP 充分地利用人性化的新技术，突破了企业内部的管理，致力于提升企业与合作伙伴和客户进行灵活协作的能力。

CRM 系统经常被定位成统一的客户联系点。ERP 和 MRP 的理念建立在满足企业内部的客户需求上，对最终的产品交付和外部的客户满意度具有重要影响。这样，CRM 要真正满足企业内外两种客户的需求。从一个商务解决方案设计者的观点来看，理想的 CRM 或 eCRM 需要 ERP/MRP 的功能。随着这种模块的开发成本不断下降，CRM 将成为一个复杂的、混合的系统，能够为企业提供更多的功能。

客户是基础。只有当客户与企业有交易时，ERP 才能为企业带来商业利益，而这个交易是需要由 ERP 系统来捕获和处理的。例如，在货物发出一个月后，客户使用支票付款，ERP 系统会提供原来的交易记录与该支票匹配。一年后，该客户打来电话，谈及一年前的交易。如果呼叫中心不能识别这个客户而且记不起去年的订单的话，呼叫中心的价值将大大降低。即使通过电话能识别该客户，如果没有 ERP 系统，基本的客户信息和业务历史还是产生不了多少价值。虽然呼叫中心系统有自己的数据库，能够识别客户，但是它不能记住客户与企业在一年前有过交易这种事实。

随着网上电子商务的发展，企业内外部的客户查看与订单执行相关的数据成为可能。企业能够从客户的消费历史中识别其对某类产品的偏爱，并在此基础上给出新产品建议。如果某客户对产品配置已经心中有数，他就会期望在网上下订单时，能够看到期望的产品配置、物流情况和价格信息。

从以上分析我们可以看出，ERP 与 CRM 软件将必然地继续相互渗透。CRM 使 ERP 系统中的关键信息得以发挥最大作用，企业能够从客户身上获得更多的利润，ERP 能使 CRM 变得更加有效。

三、CRM 与电子商务

CRM 的核心思想在于了解客户所想、满足客户所想，从而提高企业经营绩效。这种企业经营策略得到了诸多经济组织的认可，有着深刻的历史背景。这个背景是：很多产业的生产和服务的方式正经历着从大规模生产到大规模定制的转变。企业在运作流程的每个环节都要设身处地地为客户着想。为了适应这样的转变，企业要开展许多工作，其中电子商务建设是不可缺少的工作之一。

企业的电子商务平台应该是跨越企业产品线、业务模块（如生产、销售和服务）、管理层次（总部和各分支机构、业务运作和商业智能）、各种媒介（如专用网、互联网、电话、传真、电子邮件、直接接触）的立体化的管理系统，是企业的数字神经系统，应具有职责明确、流程清晰、高效运作、反应灵敏、控制得力等特点。

企业电子商务平台应包括产品设计和生产系统、分销系统、呼叫中心、服务自动化系统、销售自动化系统、市场自动化系统、物流平台、企业网站等。因此，CRM 或与之名称不同但功能类似的系统是电子商务平台的重要组成部分。也就是说，CRM 系统是电子商务平台的子集。

对于软件商而言，为了使最多的企业消费自己的 CRM 产品和服务，应该对企业网站（狭义的电子商务）这个工具给予极大的重视。也就是说，CRM 应该提供网上商店、网上服务、网上营销和网上支付等方面的功能。这主要是因为，国内大部分企业电子商务建设所处的阶段决定了 CRM 的应用与业务流程的处理密切相关。如果企业对于 CRM 的应用与网站没有很好的集成、良好的互动，企业就没有最大限度地利用互联网这个有力的工具与客户进行交流、建立关系，企业应用 CRM 的效果会大打折扣。

总体来说，CRM 与电子商务的关系在于：电子商务是充分地利用信息技术特别是互联网来提高企业业务运作和管理活动的效率，增加效益，而 CRM 则是专注于与客户密切相关的业务领域，主要是呼叫中心、服务自动化系统、销售自动化系统、市场自动化系统、企业网站等，通过在这些领域内提高内部运作效率和方便客户来提高企业竞争力。

四、CRM 与 ASP

（一）ASP 的定义

ASP 是英文 Application Service Provider 的缩写，中文译为应用服务提供商，是指配置、租赁和管理应用解决方案，为商业、个人提供服务的专业化服务公司。通俗地说，ASP 是一种业务租赁模式，企业客户可以直接租用 ASP 的计算机及软件系统进行自己的业务管理。客户只要有网络浏览器，就可以向 ASP 租用所需要的软件，而不必在本地的机器上安装该软件，从而节省一大笔用于 IT 产品技术消费和运行的资金。

ASP

（二）ASP 的特征

一般来说，ASP 具有以下五个特征：

（1）ASP 以应用为业务核心，即 ASP 为客户提供对应用的访问和管理。

（2）ASP 为客户提供租赁形式的应用服务。企业不必为其应用需求而在设备、软件、人员等方面进行大规模投资，而只是外包给 ASP 企业。

（3）ASP 进行集中管理，即 ASP 一般在一个中心位置进行集中管理，客户通过互联网远程访问所需的应用。

（4）ASP 对多个客户服务，即 ASP 提供了一套标准化应用包，为多个不同的客户提供专业化的应用服务，借此降低客户的应用成本。

（5）ASP 根据合同为客户提供相应服务。从客户的角度来看，ASP 是一家根据客户协议内容提供相关服务，并确保应用系统服务可以正常运行的服务型机构。

（三）ASP 发展现状

早在 2000 年上半年，国内有多家 IT 厂商进军 ASP，用友、金蝶、长城、中软、世纪互联、润迅、瑞星等厂商纷纷对原有业务部门进行重组，或者成立新的业务部门，积极拓展这一新兴市场。

国内第一家大规模、高标准的 ASP 企业是世纪互联，它主要提供数据中心业务。世纪互联的数据中心，共存放着 600 台左右的服务器，其中的 30%为世纪互联所有，以出租形式为网站服务，其余的 70%是网站自身拥有的，托管给世纪互联。世纪互联数据中心提供的服务，除了应用系统托管、专线接入外，还包括网站规划、设计制作、应用开发集成和网站内容管理、改版维护等。

在美国市场，ASP 是近年来最热门的话题之一，几乎每天都有关于一些软件公司或系统集成商加入 ASP 领域的消息。大多数软件商是通过与纯 ASP 商组成策略联盟或者以设立专门提供 ASP 产品的部门的方式进入这一领域的。例如，Oracle 公司成立了 Oracle Business Online，SAP 公司成立了 mySAP. com 来直接操作 ASP 业务等。

SQL

微软公司也宣布了其 Office2000 和 Windows 通过 ASP 商租用的价格计划。美国 CRN 杂志调查并公布了美国微软向 ASP 供应商提供的产品价格体系。Windows Advanced Server 按每个处理器月收费 569 美元，SQL Server 按每个处理器月收费 999 美元，Exchange 的 Knowledge Worker Pro 版按每个用户月收费 6 美元 99 美分等。微软公司的内部资料显示，该公司计划至少对 10 种产品采用按用户数计量的许可合同制度。另外，微软公司还将在多种产品中采用基于微处理器数目的计量制许可合同。

（四）ASP 的优缺点

1. ASP 的优点

（1）实现规模效益。与传统的客户拥有硬件软件所有权、使用权以及传统的应用服务商提供一对一的服务模式不同，ASP 拥有应用系统所有权，客户拥有使用权，应用系统被集中放在 ASP 的数据中心中，集中管理、分散使用，以一对多的租赁形式为众多客户提供有品质保证的应用技术服务，实现了规模效益。

（2）有助于客户作出费用预算并节约费用。由于省去了消费软件和硬件等的前期费用，用户可以租用较高级的应用软件。ASP 是根据软件的类型、客制化程度、用户数量、服务期限来对客户收费的，对客户来说这笔费用是可以预见的。

（3）方便客户应用软件的升级。

（4）减少客户内 IT 专业人才缺乏带来的影响。ASP 的客户利用浏览器进入相关的应用软件，简单易用，无须专业技术支持。

(5) 有助于客户快速实现各种应用服务。ASP拥有整合各方面资源的能力，可在短期内为客户提供所需的解决方案。

(6) 专业性服务。有的ASP提供垂直型的应用服务，即针对某一特定行业提供应用服务。

(7) 强大的可扩展性。ASP具有强大的扩展性，可以实现与多种网络、硬件设备的连接：通过专用的通信线路远程接入企业；通过远程拨号服务器为远程拨号客户提供服务；通过WAP为移动电话互联网客户提供服务。

2. ASP的缺点

(1) 缺乏安全性和可靠性，企业将经营数据放在开放的平台上，需要避免这些数据被破坏。

(2) 由于ASP提供的是一对多的服务，因此客户的一些特殊需求很难得到满足。

(3) 在实现ERP等高端的ASP应用时，客户需要提供核心的经营资料，需要ASP有很高的信用度。

(4) 缺乏可以共同遵循的行业标准，如产品和服务标准、收费标准等，不利于行业的健康发展。

(五) ASP在CRM中的应用

ASP为企业提供的应用系统，不仅包括功能型的分析应用软件、财务软件、人力资源管理软件，更主要的是为企业提供垂直应用的软件系统。ASP可以向客户提供多种应用服务，从基本的信息服务到复杂的、全面的ERP系统和CRM系统的管理和咨询服务。与此同时，ASP还能提供套装应用服务、高效高质的基础设施（主机、网络带宽、数据中心）、无安装过程的应用以及不断提高和完善的应用支持服务等。根据美国《信息周刊》（*Information Week*）的调查，大多数ASP的企业客户都需要数据库和数据仓库、电子商务、CRM和ERP等应用系统，每个企业平均租用5个应用程序。

ASP的优势在于：由于规模效应，ASP可以以较低的价格向企业提供优质服务。目前，大型企业级ERP或CRM软件的消费实施成本与从ASP租用的成本相比相差极大。企业实施一个CRM或ERP系统不仅会耗资数百万元、历时数年，而且要大量培训IT员工，而企业通过ASP方式租赁只需半年时间，且无须额外人力资本的招聘与培训。这种良好的发展前景，为CRM在企业的实施增加了一种新的途径。

如今，客户关系管理已经成为众多ASP手中的王牌之一。ASP可为企业提供营销、电子化销售、电子化服务、电子化渠道和电子化培训系列解决方案，为企业在商机管理、服务支持和客户群维系等应用领域发挥作用，从而改善企业和最终客户之间的关系，为企业创造客观的市场价值。ASP还采用先进的数据仓库和数据挖掘技术，将从客户服务中心广泛搜集的大量的动态市场信息进行整合和分析，为企业提供有针对性的市场信息等。

一些企业将客户业务外包。企业外包客户业务的主要原因是企业自己的员工往往不能及时处理客户打来的电话，或难以在短时间内应付大量涌入企业的客户。企业外包业务有长期和短期之分。长期的外包是指企业将自己的电话中心等业务交给一些外包商处理，外包商长期“驻扎”在企业内部，形成稳定的合作关系。短期的外包关系是指当企业在某一特定的时期进行新产品的推广或促销时，将一些有针对性的客户业务，如电话客户调查或商品推介等交由外包商，当项目完成之后，外包关系也就随之解除。ASP 的出现，使得企业实施 CRM 系统时进行长期客户关系服务托管的可能性增加，一种新的、一对一的 CRM 的 ASP 战略正逐步取代企业客户业务的外包。这种 CRM 的 ASP 战略已成为许多 ASP 和外包企业的推广重点。这些 ASP 和外包企业为企业提供快速、可靠和性价比高的 CRM 工具，CRM 与 ASP 模型的结合可以进一步降低成本。

从总体上来讲，ASP 提供了一种基于分工细化的新商业模式。目前 CRM 已经成为 ASP 主要的拓展方向。与传统的企业内部运作的应用软件和服务相比，ASP 更加安全、可靠，并有更大的伸缩性。作为一种集众多社会资源与知识为一体的专业形式，ASP 在改变传统的服务模式方面将发挥积极的作用。其中涉及企业核心业务的优化、组织再造、信息共享、资源优化和客户关系统一管理等难点，是 ASP 需要持续努力解决的。

单元三 客户关系管理智慧实施

一、客户关系管理智慧实施的步骤

在信息系统方面，国内的软件商、咨询公司已经有了大量的实践经验，CRM 的实施需要一套成熟定型的方法。从 IT 系统建立来讲，CRM 的实施符合信息系统的一般规律，可以分为五个阶段，如图 4－2 所示。

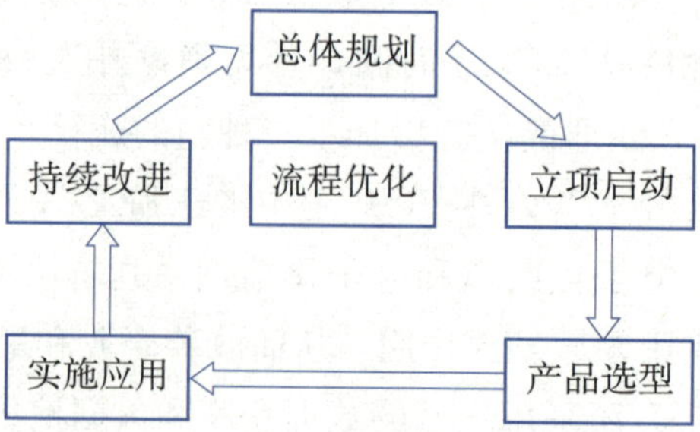

图 4－2 客户关系管理实施流程

（一）总体规划

在这个阶段，企业需要进行详细的需求分析，确定 CRM 项目的实施范围，确定对 CRM 系统的要求。对很多项目来讲，局部的系统，如销售自动化，可能是初期阶段关注的重点。但如果企业在初期就考虑到所有合适的系统应用，这对最终建设和交付的系统的先进性将非常有利。很多的投资者在向成长型企业投资时，会自然地期望有合适的系统来为企业提供会计核算的功能，并且期望企业具有完备的客户关系管理系统。

1. CRM 需求调查

在这一阶段，企业要通盘考虑整体需要，而不能单单考虑局部的应用，如销售自动化，因为这可能导致所选择的系统不符合未来的企业需要。企业不能仅将 CRM 作为 IT 工具，而应该明白它是集成的跨越整个企业的系统。这样，随着企业的发展，就有了一系列的管理标准和系统应用来维持客户关怀，保持客户满意度。

企业应在明确业务流程并积累了一定的客户信息后，再考虑 CRM 系统。例如，一家咨询服务公司提供培训服务，它是一家咨询集团的分公司，具有较大的发展潜力。该公司将 50%的时间用于设计客户关怀、工作流、决策树、呼叫中心的脚本等业务流程。

大多数企业都有一种不经对当前流程的仔细评估就直接进入软件选型阶段的倾向。实际上，如果没有识别企业业务流程中存在的问题并制定改善方案，即使应用了 CRM 系统，其效果也会大打折扣。

在业务需求分析阶段，销售、营销和客户服务经理应举行一系列的会议，讨论 CRM 系统的要求和策略，最终达成对理想中的 CRM 系统的一致看法。这样做的目的是充分地识别每个部门对 CRM 的期望，并将各部门的需求整合起来，形成关于理想的 CRM 方案的总体看法。

为了了解企业当前存在的问题、确定对系统的需求、了解各部门对系统所持的期望，企业应以一种正式的方式在内部搜集信息。以下是一份进行 CRM 业务需求调查的提纲：

（1）你所在部门的主要职责是什么？

（2）你主要利用哪些方面的信息？

（3）你是怎样与客户进行互动的？

（4）为了帮助你更好地了解客户，你当前能获得哪些信息？

（5）在加强与客户的沟通方面，请提供一些建议。

（6）在你看来，我们怎样能减少行政性或官僚性的时间浪费，从而将更多的时间交给客户？

（7）你主要以何种方式与客户展开互动，如电话营销、信件、电子邮件等？

（8）你怎样对潜在客户进行跟踪，怎样进行数据的共享？你打算怎样逐步改善这些过程？

企业应尽可能地从系统的最终用户、销售人员、客户服务人员、营销人员、订单执行人员、客户管理人员中获取信息；引导那些每天与客户打交道、从事日常工作的系统用户介绍为了建立良好的客户关系所需的工具，他们最清楚为了改善客户关系，应该做出哪些改变。

通过 CRM 调查分析，企业可以发现哪些业务领域最需要自动化、哪些领域需要业务流程的改善，在选择 CRM 解决方案时应该考虑哪些技术特点。

2. CRM 需求分析

在考虑可扩展性和客户化前，企业首先要仔细思考一下怎样在业务需求和外加的功能之间寻求一个平衡点，这时就需要将那些系统中必须包含的高层次需求找出来。企业选购的软件应具有与这些需求对应的功能，企业不需要做过多的集成和客户化的工作。虽然软件可扩展性的问题近在眼前，但是绝大多数供应商都将其视作额外的服务。此外，在分析那些高层次需求和必备的功能时，企业不仅要关注历史数据的处理问题，还要关注大面积的集成问题。有些 CRM 供应商提供与部分 ERP 集成的标准接口，如果企业需要连接其他的一些 ERP 软件，则需要自己开发接口。

企业应用 CRM 系统的目标是支持和推动优化过的销售、营销和客户服务流程，这意味着企业软件的选择应该建立在现有的流程和业务要求的基础之上。复杂的软件包含一系列可以选择的模块来管理所有与客户的互动活动，基本上 CRM 软件要提供下列功能：

（1）联系人和客户管理；

（2）潜在客户管理；

（3）销售管理；

（4）电话营销和电话销售；

（5）客户服务；

（6）营销管理；

（7）商业智能；

（8）电子商务。

企业首先可以根据需求分析的结果和项目小组的建议选择软件，从而符合已经识别的需求；然后对照软件供应商提供的软件功能，确定其余哪些功能将有助于企业管理的改善和效益的提高。

如果企业对于 CRM 软件的需求是客户服务/呼叫中心，必须注意以下几点：

（1）可以处理呼入（语音、电子邮件等）；

（2）可以做出回答（减少响应时间）；

（3）可以联系到为呼叫安排合适资源的后台运作人员（呼叫指定）；

（4）对呼叫历史的管理；

（5）精确的本机或者远程维护；

（6）收费管理和业务信息；

（7）自服务应用程序的知识管理。

由于世界上没有两家企业是完全相同的，因此没有万能的 CRM 解决方案。企业选择的技术不仅是为企业量身定制的、开放的，而且能够与企业现有的计算机系统相集成。CRM 系统要符合以下基本要求：

（1）应用程序快速开发工具。CRM 应用程序允许用户方便地改变数据流和其他配置。这些应用程序根据用户的特定工作流程进行设计，减少了用户完成工作所需的键盘输入时间和鼠标移动时间。这些特色使得企业重新设计和改进客户关系的业务流程成为可能。

（2）支持多维数据库。CRM 系统应该支持多维数据库平台。随着便携电脑、移动通信工具的发展，越来越多的 CRM 系统用户要求提供现场销售应用软件，与企业范围的数据库相连，实现局域网、广域网、手持终端间的数据同步。

总体规划阶段的主要工作如表 4－1 所示。

表 4－1　总体规划阶段的主要工作

序号	本阶段主要工作	说明	示例
1	基于 KPI（关键绩效指标）的企业运营诊断	了解企业的现状如何，问题的重要性和迫切性集中体现在哪里，可以结合业务流程现状描述来进行。	大客户服务流程中将平均客户响应时间作为一个 KPI，企业现状是 4 天，而国内最佳水平是 2 天，国际最佳水平是 24 小时。
2	信息化应用现状评价	了解企业的 IT 现状如何，IT 对业务、流程的支撑程度如何，现有问题是否是由于缺乏有效的 IT 工具而造成的。	某企业已经联网，基本达到网络集成层面，而在应用集成的层面只有一些局部 MIS 系统在使用，信息集成的层面基本没有实现。
3	现状分析	找出关键问题所在，对问题改进的效果和可行性进行分析，选择那些改进效果明显且具有可操作性的问题，作为突破的重点。	某企业的大客户管理亟须改善，大客户感受不到满意的服务。
4	机会分析	不拘泥于对问题的修修补补，而是要前瞻性地分析问题，关注企业可以借助哪些有利机会开拓新的局面。	对客户经理制、项目经理制、产品经理制等进行可行性分析。
5	明确总体	描绘企业所期望的规划的目标愿景及其量化指标，CRM 是实现此愿景的手段，而不是为了 CRM 而 CRM。	某企业的规划目标为：建立以市场为中心的营销机制，开展前后台业务。其中，CRM 的目的是达到运作无缝连接，为大客户提供及时、满意的个性化服务。两年内，大客户收入增长 60%以上，大客户收入占全部收入比重达到 50%以上。

续表

序号	本阶段主要工作	说明	示例
6	明确总体规划的IT系统支撑框架	描述为实现上述目标的整体IT框架和建设规模，为了目标而IT，而不是为了IT而IT。	某企业明确：建设ERP、CRM和ELP（企业信息门户）系统，并有效集成，以支撑上述目标的实现。总体投资规模控制在3 000万元以内，CRM只是其中一种系统。
7	总体切换策略安排	即给出朝向目标实现的总体时间表，明确IT建设的总体时间规划。	某企业明确：1年内，完成ELP和ERP的实施；再用半年，完成CRM的实施；再用半年，进行集成磨合；两年以后，持续改进。

（二）立项启动

一旦CRM项目获得了企业上下的支持，企业就可以从各部门选择适当的人员组成CRM项目小组。项目小组是CRM系统实施的原动力，项目小组应就CRM的实施作出各种决策、给出建议，并就CRM的细节和带来的好处与企业员工进行沟通。一般来讲，项目小组应该包括高层领导（一般为副总）、IT部门人员、销售/营销和服务部门人员、财务部门人员。他们作为CRM系统实施的具体人员各自有不同的任务。

（1）高层领导。高层领导的作用是支持、领导和推动CRM的实现。高层领导可从以下一些方面对CRM解决方案进行评估：此系统能否提供决策所需的信息？此系统能否大幅地改善现有的流程？此系统能否很好地降低成本？同样的解决方案在其他企业是否获得了成功？此系统的投资收益率是否合理？

（2）IT部门。IT部门的主要工作是选择和安装CRM系统。他们应该对所选择的系统有充分的信心，并在系统实施的每个阶段提供技术上的支持。

（3）销售、营销和服务等部门。当用户对系统感到满意和顺手时，CRM的成功概率将大幅提高。这些部门的用户可从以下一些方面对CRM解决方案进行评估：是否容易学会？是否容易使用？能否节约时间和降低管理费用？能否简化潜在客户与企业的互动？能否促进企业和客户的沟通？能否提升销售绩效？

（4）财务部门。财务部门可从以下一些方面对CRM解决方案进行评估：能否提高生产效率？能否减少运营费用？以后的系统扩展所需多少费用？

除了前述的人员外，项目小组还要包含一个重要的组成部分，那就是外部的顾问人员。合格的CRM咨询顾问具有丰富的项目实施经验，能够在CRM实施之前和实施中为企业提供帮助。他们可以分析并确定企业真正的业务需求，改进对系统功能的设置。对顾问人员的选择、确定及何时和怎样引入顾问人员是项目成功与否的重要决定因素。

在项目小组成员中，最重要的是项目经理，项目经理在客户和项目小组之间起着桥梁的作用。企业应注意考察软件公司或咨询公司是否拥有具有此种经验的技术人员，在与其他系统集成时技术人员非常重要。此外，保持项目小组的稳定性也很重要。

立项启动阶段的主要工作如表 4-2 所示。

表 4-2 立项启动阶段的主要工作

序号	本阶段主要工作	说明	示例
1	理念宣导	针对全员、中高层、项目参与人员开展相应的培训宣导工作，全体人员就“目标是什么”“为什么追求这样的目标”“怎样追求这样的目标”等问题达成思想共识。	全员开展“知识竞赛”活动、中高层研讨会等。
2	制定 SOA	明确项目的范围（Scope）、目标（Objective）和办法（Approach），为项目的总体控制打下坚实基础。	某企业的 SOA 明确了整个工作中，对哪些业务进行改善；以哪些部门为主体实施哪些系统应用；朝向总体规划目标，各职能单位的分解目标是什么；制订怎样的总体项目计划。
3	建立项目组织	明确各级项目小组的职责、工作制度、激励方法，建立各级项目小组的名单和通信方法。	某企业建立项目领导小组、项目推动小组、项目实施小组三级组织，明确小组工作职责、例会制度、文档管理制度、激励措施等。
4	召开启动大会	宣布项目启动，公布给各级项目小组的授权，介绍总体项目计划。	某企业领导做总动员，举行授牌仪式等。

（三）产品选型

产品选型阶段的主要工作如表 4-3 所示。企业进行产品选型的基本原则是：根据管理需要来选择功能，而不是软件功能制约管理，但企业会碰到一些具体问题。

表 4-3 产品选型阶段的主要工作

序号	本阶段主要工作	说明	示例
1	基本条件筛选（资金、技术等）	市场上的软件产品是分布在各个层次的，有些是第一层面，即面向大型企业和跨地域企业；有些是较低层面的，只在中小企业市场发展客户。所以，企业首先要明确自己需要的产品是哪一层次的，然后在这个层次上选择。如果企业的厂商邀请名单数量众多、杂乱地分布在各个层次，这反映出企业对自身的需求尚不明确。	某企业是中型企业，没有跨国业务，项目投资规模适度，所以，选择了中型软件厂商 4 家，进行后续工作。
2	提出行业/企业特殊需求，选择进入下一轮比较的厂商	厂商会介绍产品的标准功能和界面，很多标准功能是各厂商所共有的。企业应提出特殊需求，比较各种产品针对这些特殊需求给出的解决方案，确定 2～3 家厂商进入下一轮比较。	某企业邀请社会上的 5 位专家作为评委投票，避免内部的关系影响。

续表

序号	本阶段主要工作	说明	示例
3	提出目标流程需求的详细列表，进行功能选择	邀请此轮厂商进行详细功能说明：哪些目标流程是可以实现的，如何实现？哪些是可以部分实现的，是否有二次开发工作？哪些是完全不能实现的？很难有现成的产品能够100%地完全实现所有要求，所以，一定程度的二次开发往往是必需的。	某企业提交给各厂商一份功能需求文件，要求厂商逐条说明如何满足。
4	制定除功能以外的选择标准	企业可以考虑以下标准：业务量负载、安全、维护成本、参考客户、供应商承诺、知识转移的能力等。	某企业去参观同行业的应用案例。
5	商业谈判，优选出产品及合作厂商，签订合同	企业不仅应考虑合同价格，而且应考察合同中的各项服务是否到位，企业可以采取一些方法来控制合同总额，如合并用户数等，将价格控制落实在具体细节上，选择哪些功能或服务，避免哪些功能或服务，避免一刀切压价。	某企业比较科学地测定了用户数量和权限种类，选择了最需要的培训服务。

1. 部分问题及回答

（1）Q：我所需要的部分功能是ERP，部分功能是CRM，是否要同时消费ERP、CRM？

A：现在市场上的ERP和CRM都有很多子系统、几十个模块。所以，消费完全版本未必是明智的做法。企业可以打破系统之间的界限，根据自己的需求进行模块化选购。随着中间商的逐步发展，化整为零、自搭积木、模块化应用将成为趋势。

（2）Q：企业将来很可能打算上马CRM的系统，现在的选择要注意什么？

A：将来的事情很难具体估计，但现在做到一点总归是有利的：企业应与产品种类多的主流生产商建立长期关系。

（3）Q：企业现在就已经上马了IT系统，再上马CRM或者ERP系统后，系统集成怎么解决？

A：有时，集成的代价（花费的精力、消费外部设备、顾问的费用）甚至超过各应用系统建立的代价。期望一个集成的系统能够解决企业的所有问题，几乎是不可能的，在不同的领域都会有不同的子系统能够发挥较好的功效。是不是集成难度很大，企业不敢应用这些子系统呢？企业可在两个子系统之间，使用人工来完成数据的传递，设置1～2个简单操作人员的岗位，用少量人工代替集成成本。

2. CRM功能概览

CRM软件功能可分类为：分析功能，主要注重分析数据；操作功能，致力于支持和优化日常工作流程，包括营销、销售、服务等前端业务和后勤、财务、人力资源管理等后端业务；交互功能，主要用于优化设计客户交互流程。

企业应着重考虑 CRM 系统软件的以下一些方面：

(1) 数据仓库：它包含一些工具，将企业的各种客户、销售或其他系统中的数据整合起来（主要是抽取转化和加载工具），以及数据仓库服务器工具，如 Oracle 或 SQL Server。

(2) 营销自动化：这主要是帮助企业对电子邮件进行个性化和自动化的工具。一些 SFA 软件内嵌了这些功能，企业应确认 SFA 提供的功能能否满足需要。很多厂商，如 E. piphany、Prime Response、Exchange Applications 和 Unica 都提供营销自动化系统。

(3) 数据挖掘：这个系列可以细分为客户报表传播工具、客户细分工具、客户对产品或服务的分析和预测工具等。MicroStrategy、SAS、Brio、Angoss 和 SPSS 提供这些工具。

(4) 个性化网页：网站管理用的内容管理软件，这类软件会提供网页个性化工具。厂商有 Broad Vision、Net Objects 和 Vignette 等。

(5) 服务和呼叫中心软件：与通过呼叫中心提供的服务的内容密切相关，这可能仅仅是 SFA 工具的延伸。但有时，呼叫中心需要另外的一系列功能，如对服务请求电子邮件的自动化分配、对服务请求的跟踪等，提供这方面功能的软件有 Bean、Broadbase、Kana、Clarify、E. piphany 和 You Centric 等。

3. 确定 CRM 的范围

企业应确认哪种类型的软件最适合现有的环境。为此，企业需要考虑以下问题：

(1) 如何看待和处理客户关系？例如：是否要给每个客户指派一个客户经理，客户经理每周与客户联系一次？

(2) 在一年中，有多少员工与一个特定的客户联系过？他们是否需要了解企业与客户的历史关系？

如果客户的数量较少，与他们联系的员工也较少，那么企业可以使用一些基本的 SFA 软件，如 Act！或 MS Outlook，就可以满足需求了。如果客户很多，与客户联系的员工来自销售、服务或其他部门，这个时候企业就需要使用中端到高端的 SFA 工具。中端的 SFA 工具有 GoldMine 和 SalesLogix，高端的系统有 Siebel 和 Clarify。

(3) 1～3 年后企业将会有多少客户？是什么样的数量级？如果任何时候客户的数量都很少（如少于 1 000），那么合适的 SFA 软件就可以提供绝大部分的 CRM 功能。如果客户的数量有 100 000 甚至更多，那么可能就要考虑更多功能的 CRM 软件。如果客户的数量处于中等水平，如 1 000 到 10 000，那么除了 SFA 软件外，企业可能不需要其他软件。

(4) 从利润的角度讲，一个特定的客户的价值是多少？丢掉一个客户的成本是多少？

(5) 企业经常性地通过哪些手段，如电子邮件、直接邮件、呼入呼出电话营销等，与大量客户或所有客户联系？主要是直接销售人员还是专门的客户经理在使用这些渠道？相关人员在通过这些渠道与客户沟通时，是否需要根据每个客户的特点对沟通的内容进行客户化？

如果客户关系价值非常大，营销、服务、销售等领域对待客户的良好方式将有助于保持和改善客户关系，而且企业的客户数量比较多，那么实施 CRM 而不仅仅是 SFA 是很有必要的。

4. CRM 选择软件

前面的工作提供了理想化的客户关系管理系统的蓝图，下一步就是制订行动计划，将客户关系管理从理想变为现实。企业在制订行动计划时，有很多要考虑的问题。

（1）在目前的环境下，企业自己开发软件不如消费现成的商业软件经济，企业应对管理软件实施进行评估，将交货期、短期许可费用、长期维护费用纳入权衡范围，这对作出正确的决策有着重大的影响。例如，一个公用事业部门在进行管理软件实施的可行性研究时，发现要求的功能接口太多，以至于没有任何一家公司的产品符合要求，最多只能做中间插件。在这种情况下，他们放弃了消费现成软件产品，而是向主要的软件提供商招标，让这些软件供应商来分析公司需求，然后提出解决方案。在这种情况下，企业应该聘请第三方咨询公司站在中立的立场上客观地评价这些解决方案。除了软件公司外，第三方咨询公司的参与将有助于系统顺利地实施。这些咨询公司拥有足够的技术人员和行业专家，这样客户就用不着为了系统实施而准备庞大的项目队伍，因为项目结束后的系统维护和推广将不需要这么多人。

（2）如何着手选择 CRM 解决方案。CRM 行业有很多专业的咨询人员和研究人员，他们的主要工作就是研究和评价各种 CRM 解决方案，他们可以提供对市面上主要的 CRM 解决方案的系统评价。

（3）怎样确定某一方案可能适合本企业。企业在对软件解决方案进行评价时，需要用户的参与，不断改进对 CRM 解决方案的要求。一个复杂的 CRM 解决方案有三个重要的要素：软件、技术和供应商。只有这三个要素紧密结合在一起，才会达成 CRM 的成功。单个要素的优势并不能弥补其他要素的弱势。

（4）如何缩小 CRM 解决方案的范围。企业应与软件供应商联系，询问自己关心的话题，要求软件供应商提供可行性报告，访问软件供应商的网站，并要求软件供应商进行演示。很多软件商在展示产品时，只展示软件所具有的功能，或者谈论管理理念。企业要特别小心那些不愿意进行产品演示的软件商，因为其所许诺的功能很可能代价昂贵，或用起来不方便，或在现有的技术条件下根本不可能实现。

（5）企业应在与软件供应商打交道时，注意它们的言行。企业应确认它们是否很自信、显得很内行，是否能够准确地回答问题，是否对他们的态度很满意。企业在这个阶段所发现的问题是以后将要碰到的问题。企业应确保项目小组和 IT 部门的人对所选择的解决方案有充分的信心。

（6）企业从软件、供应商和技术方面对解决方案进行审查后，还要考虑的一个重要因素是费用。就整个 CRM 项目的费用而言，软件费用一般占 1/3，咨询、实施、培训费用占 2/3。企业特别要当心系统升级和改变系统所需的费用。一些软件在改变系统时，需要软件商的技术人员和咨询顾问的充分参与才能完成，这会给企业带来额外的费用。实际上，如果咨询、实施和培训进展顺利，系统的变化可由用户自己来完成，而不需要额外的咨询顾问的费用支出。

在考虑系统的方案费用时，企业要力争回答以下一些问题：

1）系统需要客户化工作吗？该软件是否为黑箱作业？

2）客户化的工作量大吗？费用如何？

3）这个项目的咨询费用是多少？

4）在系统上线后，此系统的配置和维护是否困难？是否不断需要外部力量的协助？

5）为了使得本企业的员工能使用该系统，所需要的培训费用是多少？

6）系统上线后，需要的维护工作多吗？本企业的员工能否完成这项工作？

7）为了配合该系统的实施，还需要采购哪些软件和硬件？

8）系统实施的时间表是怎么样的？

回答了上面的问题后，基本上就可以了解该解决方案所需的费用了。下一步的工作是选择合适的软硬件和供应商。

（7）软件评估标准。有关 CRM 软件的评估标准包括以下几个方面：

1）特色和功能：软硬件的支持平台，如是否支持 Web。

2）开发工具：可集成性（与后台的 ERP 系统、电话或接触中心的集成能力，集成的方法）。

3）客户资源：供应商是否曾经有过与本公司类似项目的经验。

4）软件价格。

5）客户化与软件升级：客户化软件是否能够无缝地从一个版本升级到另外一个版本。

6）可扩展性：当客户增多、单位时间访问次数增加、数据库中数据量增大时，如何保证系统性能不受损害。

5. 选择 CRM 供应商

CRM 供应商的选择和 CRM 软件的选择同等重要。现在，CRM 是一个热门的话题，很多软件商都在利用这个理念，借 CRM 的东风抢占市场。各大供应商的产品和服务质量良莠不齐。企业在选择供应商时，供应商的已有经历是重要的评价因素。总体来讲，那些有多年的经验和诸多成功的案例、在未来的相当长时期内能生存下来的公司是更加值得信赖的。另外，企业应能顺畅地与供应商沟通，供应商对于企业的要求和需求能够快速地回应，提供良好的售后、售中和售前服务。

良好的供应商应具备以下能力：

（1）识别企业的业务流程需求。

（2）成立项目小组。

（3）设计、配置系统。

（4）提供实施和技术支持。

（5）培训系统用户、经理人员和系统维护人员。

（6）提供持续的技术支持服务。

有两个关键问题需要 CRM 软件供应商回答：

（1）贵公司在本行业曾经参与过多少个项目的实施工作？

（2）您能不能提供这些客户的详细信息以便我们验证？

解决方案供应商的选择决定了 CRM 项目的咨询、实施、安装和培训的有效性。如果它们不能为系统的持续改进和运行提供有力可靠的支持，那么最好的软件和最新的技术也只是一种财力的浪费。

6. 确定软件合同和咨询合同

软件公司将对软件问题负责，而咨询公司将在项目结束后签署支持和维护的协议。企业应该仔细地阅读合同，很多合同具备清楚的或样板式的条款说明所有权和支持条件。

如果合同表明客户拥有软件、编码等的所有权，那么企业就可以要求咨询公司提供代码和文档。如果从合同上来看比较模糊，企业应该与咨询公司讨论后续的支持，确定获得最后版本的代码和文档的可能性。

在某一具体的行业服务中，供应商的合作伙伴经常会有在套装软件的基础上所做的客户化方案，从这些方案中，这些合作伙伴可能会获利颇丰。这些方案可能会单独销售，也可能与主要的软件捆绑销售。这需要在合同中说明。

有时，软件合同和咨询合同中有看上去容易混淆的条款。例如，软件合同声明：软件公司拥有软件的所有权，包括利用软件公司的工具对软件所做的修改；咨询合同声明：所有的成果都是在为客户服务的过程中产生的，为客户方所有。这表明，如果对软件所做的客户化不是利用软件公司提供的工具（如 VB Extensions、Crystal Reports 等）进行的，那么这些成果归客户所有；如果对软件所做的客户化利用的是软件公司所拥有的开发工具，那么客户将不拥有这方面的知识产权。

无论对软件所做的提升使用的是通用工具还是软件公司具有知识产权的工具，都可以从咨询顾问那里得到客户化的代码和文档。这些是企业保护自己的证据，实际上，企业与顾问方所签订的合同或许已经包含所产生的技术文档。如果没有的话，企业应该尽快要求顾问方在后续的项目中提供文档，这可能会花更多的费用，但从长远来看，是值得的。

如果企业与顾问方签订的合同包含书面的禁止出售的条款，那么企业应禁止将这些软件出售给任何人。但是，这不能阻止它们利用在为 A 客户服务时产生的智力资产为 A 客户的竞争对手服务。这也就是软件公司坚持拥有软件的所有权及用软件公司的工具对软件所做的改进的所有权的原因。

总之，企业应注意以下几点：

（1）仔细检查合同条款，明确它们的确切含义。

（2）获得对软件所做修改的技术文档。

（3）对于用软件商的工具所做的改进，不可能有知识产权。

（4）对于用 VB Extensions 或 Crystal Reports 等工具做的改进，拥有知识产权。

（5）虽然顾问不能将这些改进成果销售给其他客户，但顾问可以使用在项目中获得的知识，客户方无法阻止。

（四）实施应用

在这个阶段，企业应实现 CRM 系统的配置和客户化，满足各种各样的业务需求。企业应对员工进行培训，使得他们掌握尽量多的技术知识。所需的新的软硬件也要在这个阶段进行安装。

在这个阶段，企业应建立系统原型并进行测试。企业员工应熟悉系统安装过程和所安装系统的各个方面，数据转换的工作也将在这个阶段完成。为了保证数据转换工作的顺利进行，供应商的专业实施人员应该和企业的信息系统人员进行充分的沟通。数据的转换过程包含很多工作，很多的 CRM 实施案例都表明，设计并严格遵循数据转换工作的时间表有很大难度。

企业可以在各部门中选择几名员工参加由软件商提供的培训，然后由培训人员负责对所有的系统用户和管理人员进行培训。为了使得这种方法有效，这些培训人员应该通过参加软件供应商提供的培训，变成新系统方面的专家。

局部实施的系统应该是一个完善的系统原型。企业应安排一个用户小组利用该系统进行工作和测试，写出质量保证测试报告，并送交项目小组经理。

最终实施和项目的铺开是系统实施的最后阶段，这个步骤对项目小组提出了时间要求。企业应给每个成员一份实施时间表，在表中说明项目实施的每个阶段所应完成的工作和在此阶段之前应该完成的工作。

对所有用户的正式培训也发生在这个阶段。企业应设定对培训的期望，然后通过正式的培训来实现这些期望。只有用户意识到使用该系统可带来切实的好处，实施的阻力才会减小。这个培训是在计划阶段所确定的需求的基础上进行的。全面的培训计划及严格实施是成功培训的重要保障。

（五）持续改进

CRM 项目的实施不可能一蹴而就、一劳永逸。作为一个管理项目，它的效果是通过不断地改进而体现出来的，即企业需要开展持续改进工作。持续改进要坚持开展下去，必须有相应的机制来保证。

（1）持续改进委员：是机制的核心，非专门常设机构，由持续改进相关主要部门直接领导组成，采取定期办公会议制度。其对持续改进的制度、重大方案具有决策权。

（2）委员会主席：作为持续改进委员会的召集者，可以由企业的副总以上领导担任，也可以由持续改进委员会各成员来轮值。

（3）委员会秘书组：专门常设机构，可以由2～3名基层管理人员或者文秘人员组成，负责持续改进意见的采集、持续改进委员会相关文件的起草和准备、持续改进执行情况的反馈信息整理等。

（4）持续改进执行团队：非专门常设机构，可以由项目期间内的项目实施小组继承而来，应随着企业的发展而不断更新，确保由各职能单元、各主要流程的业务骨干组成。其负责持续改进意见的提出、持续改进方案的执行等。

（5）首席执行官（CEO）：要定期听取持续改进委员会的汇报，对持续改进工作进展提供支持。

从技术方面来讲，企业需要在内部设置一个全日制的系统管理员，确保技术上的自给自足和便利。为了培养内部的专家，企业可以在项目的计划阶段就让他参与CRM项目。由于CRM系统的技术支持工作是很复杂的，因此要确保解决方案提供商将会向这位内部的专家提供技术上的帮助。

另外，很多CRM系统提供了性能指标功能。系统应该能向相关人员提供合适的数据，并使得他们能方便地获得这些数据。为了确保系统能产生预期的好处，企业应该在系统向全部用户开放前就对其进行测试。如果不能满足需求的话，企业应对工具进行改进，直到它能满足需求。用户可为这种改进提供很好的反馈。

最后，CRM系统也要向领导小组和项目组提供反馈，如哪些功能运行良好、哪些功能难以驾驭、可以采取哪些措施充分利用现有的技术等。

二、客户关系管理实施成功的关键因素

（一）高层领导的支持

总的来讲，成功的CRM项目都有一个行政上的项目支持者，他们的职位一般是销售副总、总经理、营销副总、董事长或合伙人，他们的主要任务是确保本企业或本部门在日趋复杂的市场上能有效地参与竞争。在当今的环境中，产品或价格的优势总是很短暂的，产品质量是既定的，这时高层领导若接受了这个挑战，可以通过对企业营销、销售和服务的方式、方法的改进来获取竞争优势。

高层领导要从总体上把握这个项目，扫除前进道路上的障碍，保证这个项目的顺利开展。高层领导的主要作用体现在三个方面：

（1）他是一个梦想家，为改造计划设定明确的目标，如提高销售收入20%、提高利润1%、减少销售周期1/3、提升产品的升级换代速度一倍等。

（2）他是一个推动者，意识到目标的设定是从上到下的，然而达到这个目标则要从底

层做起。他向改造团队提供为达到设定目标提供解决方案所必需的时间、财力和其他资源，接着努力为实施这种改造策略争取资金、人力等。

（3）他要确保企业上下认识到上马这样一个工程对企业生存的重要性，并在项目出现问题时，激励员工解决这个问题而不是犹豫不决。

这样的一个高层领导对上马改造项目意味着什么呢？如果缺少了这样的支持者，前期的研究及规划、小流程的重新设计也许会完成，但企业出现有意义的改进的可能性很小。CRM 更多的是关于营销、销售和服务的优化，而不仅仅是关于营销、销售和服务的自动化。当 CRM 涉及跨业务部门业务时，这样的一个行政领导的支持是必须的。

（二）专注于流程

有一些项目小组一开始就将注意力放在技术上，这是一个错误。实际上，运作良好的项目小组应该专注于流程，应当认识到技术只是促进因素，它本身不是解决方案。因此，这些项目小组开展工作后的第一件事就是花时间研究现有的营销、销售和服务策略，并找出改进方法。

为了发现现有流程的问题，项目小组应该事先分析企业是怎样开展营销、销售和服务的，客户在何种情况下、什么时候会消费产品。首先，项目小组会对营销、销售和服务部门的人员进行访谈，了解他们做些什么、为了做好工作需要哪些信息。接着，了解客户所认为的产品存在的问题，如难以获得产品专家的支持、难以获得最近或即时的信息、难以给出没有错误的产品配置。

此外，项目小组还应对客户消费产品的过程进行研究，如客户如何对各种产品进行评估、选择厂商、评估产品价格，并对流程进行审视，找出是哪些环节阻碍了潜在的客户消费产品，如对客户要求的回复速度过慢、给出的建议不完全、售后服务不良等。

项目小组找出了流程中的问题后，应分析原因，如为什么在发现潜在客户与向其提供服务之间要有很多时间；为什么企业内部终止一个自定义码要花一个星期的时间；为什么销售人员不能获得关键的客户支持数据；等等。同时，项目小组还要分析这些问题继续存在所造成的负面影响。

通过这些工作，项目小组不仅可以发现要解决的问题，而且可以在项目实施后，比较状况是否有所改观。

（三）技术的灵活运用

在那些成功的 CRM 项目中，技术的选择总是与要改善的特定问题紧密相关。如果在一个企业中，它的销售员或服务工程师在现场工作时很难与总部建立联系，这个企业很可能选择机会管理功能；如果企业处理订单时的出错率很高，它很可能会选择配置器功能；如果销售管理部门想减少新销售员熟悉业务所需的时间，这个企业应该选择营销百科全书功能。企业应根据业务流程中存在的问题来选择合适的技术，而不是调整流程来适应技术要求。

虽然很多企业的CRM的实施是从单个部门（如营销、现场销售或客户服务）开始的，但企业在选择技术时要重视其灵活性和可扩展性，以满足未来的扩展需要。企业应将企业内的所有用户集中到一个系统中，使得每个员工都能得到完成工作所需的客户信息。只有企业在项目初期选择的技术比初期所需要的技术复杂，才能满足未来成长的需要。

对CRM工具进行评估时，企业不仅要明白该产品能完成什么工作，而且要重视该产品的工作机理。此外，企业应该弄清软件商所编写的程序的系统框架，并根据自己的信息系统规划来选择合适的解决方案。

（四）组织良好的团队

CRM的实施团队应该在以下四个方面具有较强的能力。

（1）企业业务流程的重组。CRM并不能使得企业在每个业务环节上的效率都提高5%，而是使得企业在某几个环节上获得巨大的提高。这需要企业对其流程的关键部分自愿进行改进，需要项目小组中有对企业现状不满意的人，他们会研究企业的流程为什么是这样的，并在合适的时间和合适的地方对流程进行改进。

（2）进行系统的客户化工作。不论企业选择了哪种解决方案，一定程度的客户化工作经常是需要的。在这个新兴的市场，大部分CRM产品都应用了最新的技术。企业应该根据工作流程对CRM工具进行适应性修改，这对获得最终用户是很关键的，并且需要对系统的设计环境很熟悉的人加入CRM实施团队。系统的集成化因素也很重要，对那些打算支持移动用户的企业更是如此。

（3）对IT部门的要求。如网络大小的合理设计、对用户桌面工具的提供和支持、数据同步化策略等。

（4）实施CRM系统需要用户改变工作的方式，这需要实施小组具有改变管理方式的技能，向企业提供主要帮助。这两点对于帮助用户适应和接受新的业务流程是很重要的。

对那些成功的项目的调查显示，它们对上述四个方面都非常重视。企业对上述四个方面进行评估后，如果发现某一个环节比较薄弱，就应该从别的部门、咨询公司等寻找新的人员加入小组，充实这一方面的力量，从而保证项目小组能够实施复杂的CRM项目。

（五）重视人的因素

在进行项目规划时，业务流程重组的人的因素经常被忽视，并不是因为没有认识到人的重要性，而是因为对如何解决这个问题不甚明了。在调查中，我们搜集到了一些解决关于人的因素的方法。

（1）向内部用户推销CRM系统。为了寻求用户对CRM项目的支持，一家造纸企业请来了自己的供应商（这个供应商于上年顺利完成了项目的实施）向本企业的销售人员演示其销售过程。在造纸企业的年度销售会议上，当供应商的销售人员进行系统演示时，全场热烈欢呼，这使得项目在实施的初期就获得了销售人员的支持。

（2）这些成功的 CRM 项目经常提到的策略是用户参与。一个半导体制造商在项目的早期就选定了项目首先实施的部门，并且所有的关键实施过程都邀请该部门的销售人员参加。这些销售人员初步给出了他们所发现的当前销售和服务方式的问题，他们参加了与四个 CRM 软件商举行的半天会议，评价和通过了项目的 ROI 计划，参与了与信息系统部门所进行的关于应用程序设计的联席会议，对系统的屏幕布局和流程图设计提出了自己的建议。这样，项目小组从始至终都有用户的参与，实际上成了用户负责的项目，用户对项目的成功承担着自己的责任。

ROI

一个知名的咨询公司提供了另一种方法。不同于其他咨询公司的培训小组对系统用户进行系统使用方面的培训，该咨询公司将培训的职责交给了销售经理。他们对销售经理进行培训，然后由销售经理对销售人员进行培训。这样的好处在于：销售经理以外的销售人员发现，销售经理在熟练应用这种新的销售工具时，能比较容易地认识到该系统的重要性。

有一个制造企业对销售员进行了调查，发现只有 23%的销售员能够熟练应用计算机，因此他们决定，在项目开始后，利用一段时间对销售人员进行计算机应用培训。结果，一些销售人员努力学习怎么使用计算机，根本没有时间和精力学习怎么使用相对复杂的销售工具。后来他们换了一种做法，让销售员直接使用系统，在使用系统的过程中向他们提供培训。这样的结果是，两个月后，所有的销售人员都能熟练地使用该系统。

从上面的例子中可以看出，重视业务流程重组中人的因素对项目的成功是很重要的，如果系统的最终用户对系统不持积极态度的话，那些有最新、最有力的技术支持的合理的业务流程也可能会产生不理想的结果。

（六）分步实施

如上所述，在项目规划时，具有 3～5 年的远景设想很重要，但那些成功的 CRM 项目通常将这个远景划分成几个可操作的阶段。通过流程分析，企业可以识别业务流程重组的一些可以着手的领域，但要确定实施优先级，每次只解决几个领域。

例如，一个计算机公司当前的订单生成流程的流程表用小号字体打印后，其长度有 2.5 米。经过对流程的评估，CRM 识别了 42 个可以进行流线化的流程步骤。但该公司并没有一次性改变这 42 个流程步骤，而是挑选了 3 个潜在回报最大的步骤，对这些流程进行重组。

通过分步实施，企业只需几个月就能教会用户使用一个 CRM 工具。通过使用新系统和改造后的流程，销售人员能在系统投入使用后的 4 个月内降低销售循环周期长度 25%，仅仅这部分的回报就已经超过了软硬件和客户化所花的费用。

（七）系统整合

系统各个部分的集成对 CRM 的成功也很重要。CRM 的效率和有效性的获得有一个过程，它们依次是：终端用户效率的提高、终端用户有效性的提高、团队有效性的提高、企业有效性的提高、企业间有效性的提高。

实践证明，为了获得用户对项目的支持，CRM 项目小组需要开展以下工作：

（1）项目小组要解决终端用户问题，初始重点是营销、销售和服务流程所存在的问题。如果用户对计算机不熟悉，那么 CRM 项目小组首先要提高用户的个人效率，使用户对计算机和网络熟悉起来。

例如，作为 CRM 实施第一步的一部分，一个运动品生产企业给销售人员提供了手提电脑、联系人管理软件和其他一些软件，帮助销售人员提高对内、对外联系任务的自动化程度，因为他们一直抱怨这种联系所花费的时间太长。当销售人员将客户资料输入系统后，他们发现：系统已经代替他们生成了诸多的制造、销售管理、营销、客户等方面的备忘录。这样，项目小组很快赢得了销售人员的信任，不仅因为他们熟悉了系统，而且因为他们相信系统可以减轻工作量。

如果用户已经接受了系统的一部分，那么可让用户接受更复杂一些的工具，如建议产生营销百科全书和配置器等。这些工具有助于提高用户工作的有效性。当用户知道这些工具有助于他们高效地从事工作时，他们会更加自愿地向系统内输入准确的数据。这时，项目小组可向用户提供其他工具，如机会管理工具可帮助销售和服务人员更好地相互沟通。

（2）项目小组应提高企业的有效性，将前台和后台的系统联系在一起，这样企业内的每个人都可以得到与客户相关的信息，还可以把这些信息送到数据仓库中，进行销售和营销趋势分析。

（3）当所有内部用户都集成在一起时，企业可以在外部与供应商、合作伙伴甚至顾客集成在一起。例如，某通信公司的客户可以利用基于互联网的配置器，自己进行需求分析，然后给出订单，企业利用这种方式获得的销售额高达百万美元。

上面讲述了企业的 CRM 项目整合提高的过程，其关键在于准确地评估企业当前状况、所处位置，然后以此为出发点，一步一步地开始实施。

单元四 客户关系管理智慧策略

一、关系营销

关系营销（Relationship Marketing）是于 20 世纪 90 年代伴随着大市场营销的概念衍生发展而来的，是以科学理论和方法为指导的新型营销观念。1984 年，菲利普・科特勒提出的“大市场营销”概念，目的在于解决国际市场的进入壁垒问题。在传统的市场营销理论中，企业外部环境被当作不可控因素来对待，其暗含的假设是，当企业在国际市场营销中面临各种贸易壁垒和舆论障碍时，就只得听天由命。在贸易保护主义日益盛行的今天，传统的4P组合策略已不足以打开封闭的市场。想要打开封闭的市场，企业不仅需要运用产品、价格、分销及促销等营销策略，还必须有效地运用政治权力和公共关系这两种营销工具，这种策略思想称为“大市场营销”观念。

虽然关系营销概念直接来自菲利普·科特勒的“大市场营销”观念，但是它的产生和发展同时也大量得益于对其他科学理论的借鉴、对传统营销理念的拓展以及信息技术浪潮的推动。

关系营销自产生以来就得到了迅速的发展。贝瑞率先提出并讨论了如何维系和改善同现有客户之间关系的问题。随后，杰克逊提出企业应与不同的客户建立不同类型的关系。

如今，人们对关系营销的讨论和关系营销的实践，已从单纯的顾客关系扩展到了企业与供应商、中间商、竞争者、政府、社区等的关系。这样，关系营销的市场范围就从顾客市场扩展到了供应商市场、内部市场、竞争者市场、分销商市场、影响者市场、招聘市场等，从而大大地拓展了传统市场营销的含义和范围，这是对传统营销的一次革命，也被看作21世纪市场营销的一大发展趋势。随着世界经济一体化、国内市场国际化和竞争全球化的发展，关系营销的理念在我国企业界得到了传播，并被运用到各类市场活动中。

（一）关系营销的定义

客户关系管理本身的含义其实已经清楚地告诉我们，要特别关注“关系”。企业应通过与客户建立良好的关系（包括销售关系、服务关系等）来实现扩大市场份额的发展目标。关系营销是指将营销活动看成一个企业与消费者、供应商、分销商、竞争者、政府机构及其他相关者互动，并建立起长期、信任和互惠关系的过程。

关系营销是建立在长期交往而产生信任的基础上，使企业能够长远地保持客户的忠诚度，维持有盈利的业务和在竞争激烈的市场上取得成功。菲利普·科特勒曾说：“在这个新的、变化的世界里，企业唯一可以持续的竞争优势是它与消费者、商业伙伴及公司员工的良好关系。”要做到这一点，企业通常需要向这些个人和组织承诺并提供优惠的产品、良好的服务以及适当的价格，从而与这些个人和组织建立和保持一种长期的经济和社会关系。关系营销的核心是建立和发展与相关个人和组织的兼顾利益的长期联系。企业作为一个开放的系统从事活动，不仅要关注顾客，而且要注意大环境的各种关系，包括企业与客户的关系、与上游企业的关系、企业内部关系以及与竞争者、社会组织和政府之间的关系。

关系营销与传统的交易营销相比，在对待客户上的不同之处主要在于：

（1）交易营销关注的是一次性交易，关系营销关注的是如何保持客户。

（2）交易营销较少强调客户服务，而关系营销则高度重视客户服务，并通过客户服务来提高客户满意度，培育客户忠诚。

(3) 交易营销往往只有少量的承诺，关系营销则有充分的客户承诺。

(4) 交易营销认为产品质量应是生产部门所关心的，关系营销则认为所有部门都应关心质量问题。

(5) 交易营销不注重与客户的长期联系，关系营销的核心在于发展与客户的长期、稳定的关系。关系营销不仅将注意力集中于发展和维持与顾客的关系上，而且扩大了营销的视野，它涉及的关系包含企业与其利益相关者间所发生的所有关系。

(二) 关系营销的特征

关系营销的特征可以概括为以下几个方面：

(1) 双向沟通。在关系营销中，沟通应该是双向而非单向的。只有广泛的信息交流和信息共享，才能使企业赢得各个利益相关者的支持与合作。

(2) 合作。一般而言，关系有两种基本状态，即对立和合作。只有通过合作，才能实现协同，因此合作是双赢的基础。

(3) 双赢。关系营销旨在通过合作来增加关系各方的利益，而不是通过损害其中一方或多方的利益来增加其他各方的利益。

(4) 亲密。关系能否稳定和发展，情感因素在其中起着重要的作用。因此，关系营销不只是要实现物质利益的互惠，还必须让参与各方能从关系中获得情感的需求满足。

(5) 控制。关系营销要求企业建立专门的部门，用以跟踪顾客、分销商、供应商及营销系统中其他参与者的态度，由此了解关系的动态变化，及时采取措施消除关系中的不稳定因素和不利于关系各方利益共同增长的因素。有效的信息反馈有利于企业及时改进产品和服务，更好地满足市场的需求。

(三) 关系营销梯度推进的三个层次

企业提供给客户的价值是建立和维系客户关系的基础。这种价值可以用客户从拥有和应用某种产品、服务中所获得的收益与取得该产品所付出的成本之差来衡量。优质的产品、服务质量以及良好的客户满意度和口碑等，都是增加客户价值、吸引新客户的重要手段，同时这些在增进老客户关系方面也非常有效。关系营销梯度推进的过程实际上就是一个不断增加客户价值的过程。

如何最大限度地建立和增加客户价值，贝瑞和帕拉苏拉曼归纳了三种创造客户价值的关系营销层次，即一级关系营销、二级关系营销和三级关系营销。

1. 一级关系营销

一级关系营销在顾客市场中经常被称作频繁市场营销或频率市场营销。这是最低层次的关系营销，它维持顾客关系的主要手段是利用价格刺激增加目标市场顾客的财务利益。

随着企业营销观念从交易导向转变为以发展客户关系为中心，一些促使顾客重复消费并保持顾客忠诚的战略计划应运而生，频繁市场营销计划即是其中的一例。频繁市场营销计划是指对那些频繁消费以及按稳定数量进行消费的顾客给予财务奖励的营销计划。例如，香港汇丰银行、花旗银行等通过它们的信用证设备与航空公司开发了“里程项目”计划，顾客积累的飞行里程达到一定标准后，就会被奖励。一级关系营销的另一种常用形式是对不满意的顾客承诺给予合理的财务补偿。例如，某汽车公司承诺如果顾客消费汽车一年后不满意，公司可以按原价退款给顾客。

2. 二级关系营销

关系营销的第二种方法是既增加目标顾客的财务利益，也增加他们的社会利益。在这种情况下，营销在建立关系方面优于价格刺激，企业可以通过了解单个顾客的需要和愿望，并使服务个性化和人格化，从而增加与顾客的社会联系。二级关系营销将人与人之间的营销和企业与人之间的营销进行了结合。企业将顾客看作客户。有学者是这样描述两者区别的：对于一个机构来讲，顾客也许是不知名的，而客户则不可能不知名；顾客是针对一群人或一个大的细分市场的一部分而言的，客户则是针对个体而言的；顾客是由任何可能的人来提供服务，而客户是被那些指派给他们的专职人员来提供服务。二级关系营销的主要表现形式是建立顾客组织，以某种方式将顾客纳入企业的特定组织中，使企业与顾客保持更为紧密的联系，实现对顾客的有效控制。

3. 三级关系营销

第三种方法是增加结构纽带，与此同时附加财务利益和社会利益。结构性联系要求提供这样的服务：它对关系客户有价值，但不能通过其他来源得到。这些服务通常以技术为基础，并被设计成一个传送系统，而不是仅仅只依靠个人建立关系，从而提高效率和产出。良好的结构性关系不仅会提高客户转向竞争者的机会成本，而且会增加客户脱离竞争者而转向本企业的利益。特别是当面临激烈的价格竞争时，结构性联系能为扩大现在的社会联系提供一个非价格动力，因为无论是财务性联系还是社会性联系都只能支撑价格变动的小额涨幅。当面对较大的价格差别时，交易双方难以维持低层次的销售关系，只有通过提供买方需要的技术服务和资金援助等深层次联系才能吸引客户。特别是在产业市场上，由于产业服务通常是技术性组合，成本高、困难大，很难由客户自己解决，这些特点有利于建立关系双方的结构性合作。

如果企业有志于和客户建立长期稳定的关系，就要改变那种每一笔交易都力求利润最大化的做法。在前面提到的三级关系营销里面，我们可以看到企业对于部分利益的放弃。客户关系管理的目标是和客户建立长期的可盈利关系，完成这种转变要由企业的决策层来推动，因为销售人员总是舍不得到手的每一笔交易的盈利机会，而且销售人员单靠个人力量也无力完成伙伴关系的决策和推动。

（四）关系营销中的双赢策略

1. 关系营销的双重价值

关系营销实际上是一个双赢策略，企业和客户之间是互相依存的关系，存在共同的利益：客户支付价值而获得使用价值，企业让渡产品使用价值而获得价值。因此，企业与客户之间是一种合作关系、双赢关系。关系营销的核心是保持客户，为客户提供高度满意的产品和服务，企业通过加强与客户的联系，提供有效的客户服务，保持与客户的长期关系，并在与客户保持长期关系的基础上开展营销活动，实现企业的营销目标。实施关系营销并不是以损伤企业利益为代价的，根据研究，争取一个新客户的营销费用是维系一个老客户费用的5倍，因此加强与客户的关系并建立客户忠诚度，可以为企业带来长远的利益，关系营销提倡的是企业与客户的双赢策略。

对实施客户关系营销的企业而言，其通常可以得到以下好处：

（1）销售量增加。当客户感到企业提供的产品和服务比企业的竞争对手所提供的产品和服务更令人满意时，就会增加采购量。

（2）成本降低。开发新客户的成本要高于维持老客户的成本。

（3）口碑效应。关系营销可以带来产品和服务的免费广告。

对客户而言，关系营销可以带来以下可体验的利益：

（1）信任利益。这种利益包含信任的感觉或对供应商的信心，是一种减少焦虑和对期望较为了解的舒适感觉。

（2）社会利益。经过长期往来，客户与企业之间会形成一种家庭式的关系，同时建立一种社会关系，这些关系使得客户很少更换供应商。

（3）特殊对待利益。特殊对待利益包括获得特殊的交易价格、优先接待等。

2. 实施关系营销的具体策略

（1）建立品牌优势，树立企业形象。质量是产品或服务的特色和品质的总和。质量应是全面的质量，全面的质量包括三个组成部分：

1）产品和服务本身的质量。其包括功能完善程度、舒适程度、美观程度、安全程度等，这是质量的外在表现。

2）企业每一项活动的质量。其包含从市场需求、设计、生产、销售到售后服务等各个过程的质量，这是产品和质量的内在保证。

3）创新质量。速度是企业未来经营不可忽略的因素，速度快的企业在新产品的研发、生产和推广方面有很大的优势。企业除快捷地获取客户期望、推出客户满意的产品外，还必须不断地进行价值创新。

随着市场经济的发展，产品同质化程度增加，品牌力量开始显现，品牌已成为企业综合实力的象征。面对现代市场条件下的竞争，企业必须创建自己的品牌。

（2）企业借助现代网络技术和电子商务技术建立与客户的全面互动的关系。现代网络技术和电子商务技术为企业建立与客户全面的互动关系提供了良好的工具和手段。企业可以通过网络将企业和客户联系在一起，并对服务流程进行整合，从而为客户提供集成性、一体化、互动式的高效服务。IBM公司将传统的以电话为主的呼叫与互联网相结合，通过Web界面和电话服务系统将客户与市场营销、技术支持、客户关系、硬件保修等部门联系在一起，为客户提供集成的一体化服务及支持，大大提高了客户满意度。在国内企业中，联想、海尔等企业都建立了呼叫中心。

（3）建立客户价值让渡系统，从多方面培养企业与客户的关系。客户让渡价值是总客户价值与总客户成本之差，即客户期望从特定产品或服务中获得的全部利益。客户将从提供具有最高让渡价值的企业消费产品。营销就是提高客户价值、建立一个卓越的客户价值让渡系统。关于提高客户价值，有以下三种方法：

1）通过增加财务利益来加强与客户的关系。如企业向常客赠送奖品及各种形式的价格优惠，但这些措施极易被模仿。

2）增加社交利益以及财务利益，即企业服务个性化、私人化。

3）增加结构性联系以及财务和社交利益。如企业提供特定设备、应用软件、营销调研、培训等。这在一定程度上相当于构筑了一种转换壁垒，易形成竞争优势。

企业应积极建立多种与客户沟通的渠道，建立多种关系管理，加强与客户的沟通、互动，利用一切有利于加强关系的方法，如联谊会、周年庆典会、顾客俱乐部、会员制等加强关系营销。

建立这种关系的基础是满足客户真正的需要，实现客户满意。离开了这一点，关系营销就成了无源之水、无本之木。企业应与关联企业建立长期合作关系，必须从互惠互利的角度出发，并与关联企业在所追求的目标认识上取得一致。1998年8月深圳万科的“万客会”开始招募会员，成为国内第一家以关系营销为目的的会员组织，加强了与老客户、潜在客户的沟通和交流，倾听他们的声音，使会员人数不断增加，潜在客户的90%成为现实客户。目前，全球盛行的品牌捆绑销售成为许多不相干企业加强联系的手段，也不失为企业加强与客户之间关系的一种有效方法。

二、数据库营销

（一）数据库营销的产生

数据库营销并不是一种新的营销方式。20世纪80年代中期，西方发达国家市场经济体制发育得已比较成熟，市场的特点是供给大于需求，形成买方市场，企业之间的竞争日趋激烈，企业短期利益减少。企业追求利润最大的规模经营目标逐渐被以追求适当利润和较高市场占有率的经营目标所替代。以客户需求为导向的销售观念被大部分企业所接受。

这样，在实践中就提出了一个如何加强客户管理，及时捕捉和反馈客户需求，以便稳定和提高市场占有率的问题。随着信息技术的迅猛发展，数据库强大的数据处理能力逐步被应用到客户关系营销管理中。企业通过数据库及时掌握现有客户群的需求变化，再把信息反馈到决策层，以便做出正确的生产投资决策。数据库营销就这样诞生了。

在从关系营销到客户关系管理的发展过程中，数据库营销（Database Marketing）的出现意义十分重大，起到了桥梁的作用。事实上，数据库营销是直接营销或目标营销的一种高级形式，同时又吸收了关系营销的某些成分。尽管在关系营销和数据库营销的关系问题上存在许多争论，但有一点是肯定的，数据库营销的根本目的是提高营销的针对性和有效性，企业在了解顾客需求的基础上满足顾客需求，以构建长期的主顾关系。数据库营销吸收了关系营销、直接营销和目标营销的一些观念和做法，在实现技术和手段上朝前迈进了一步。

数据库营销是建立在准确的顾客信息、竞争对手信息和公司内部信息基础之上的一种互动的营销沟通方式。数据库营销主要由三个子系统构成：直接响应营销、计算机辅助销售和顾客信息服务。

1. 直接响应营销

这是数据库技术与目标营销的结合，企业利用数据库辅助与现有顾客或潜在顾客的沟通，如直接邮寄、电话营销和直接响应广告等，以激发顾客的迅速响应，发出订货要求或进一步的信息索求。

2. 计算机辅助销售

该子系统允许分处不同地域的销售（支持）队伍通过桌面电脑或手提电脑直接访问企业的数据库，获取顾客或潜在顾客的信息、竞争对手信息。该子系统也可以用于内部的电子沟通，以辅助销售管理。

3. 顾客信息服务

该子系统允许顾客与企业之间的便捷沟通，为顾客提供尽可能多的信息支持，如账单查询、质量抱怨、技术问题咨询、产品服务信息查询等，使顾客加深对本企业的了解，更好地使用本企业的产品。

在如今的客户关系管理中，我们仍然能够隐约看到数据库营销的三个子功能或子系统，只不过在存在形式或实现方式上已经发生了很大的改变。

数据库营销的出现无疑使关系营销朝着客户关系管理的方向大大地迈进了一步，其运用信息技术来支持对关系的管理也是客户关系管理的基本思想。如果说关系营销是客户关系管理的理念基石，那么数据库营销则可堪称客户关系管理的技术基石。

与数据库营销相比，客户关系管理的技术手段更加先进。企业不仅运用了更为先进的数据库技术，还包括其他新兴技术，如数据仓库技术、联机数据处理技术、知识发现技术和数据挖掘技术等，这些技术的引入有效地促进了企业对各种数据的获得、分析和运用，使得企业对关系的管理更加科学化和智能化。

随着信息技术的发展和实践探索的不断深入，人们对信息的把握或运用能力越来越强，对关系问题的研究逐渐突破营销的范围，开始考虑如何从企业整体的角度出发，通过有效地设计组织流程和信息系统，实现对各种信息的有效识别、搜集、分析和共享，从而有效地支持关系营销和关系管理。客户关系管理正是在这种背景下产生的，不过，目前对客户关系管理的研究，应用层面的发展多于理论层面的探讨。

在应用层面，一些知名软件企业如 Siebel、Oracle、SAP、SAS 等，纷纷开发 CRM 软件产品，用于辅助企业的客户关系管理。在理论层面，客户关系管理所坚持的根本理念无异于传统的关系营销和关系管理，只是在实现技术和形式上朝前大大地迈进了一步。

（二）数据库营销的定义

数据库营销是企业通过搜集和积累消费者的大量信息，经过处理后预测消费者有多大可能性消费某种产品，以及利用这些信息给产品以精确定位，有针对性地制作营销信息，以达到说服消费者消费产品的目的。

对数据库营销定义的理解，我们可以把握以下几点：

（1）数据库营销的本质是提供一个关于市场行情和客户信息的数据库，它主要在于强调运用市场营销策略的目的性和结果，即加强现有客户的品牌忠诚度和发现潜在客户。

（2）客户数据库是客户与营销部门之间沟通的桥梁，营销部门通过客户数据库才能开展有目的的营销策划活动。

（3）企业的现有客户和潜在客户（指还没有对本企业树立品牌忠诚的那部分客户）的基本资料都被储存在营销数据库里，这些基本资料包括：

1）客户身份和联系方式；

2）客户的需要（品种、款式、颜色等）及特征（人口和心理方面的信息），对于集团性消费者还包括其行业类型及其主管部门方面的决策信息；

3）客户对企业营销计划的反应；

4）客户与企业竞争对手的交易情况。

（4）企业定期通过电话、调查问卷、信件、销售人员等营销媒介和渠道及时了解客户需求变化及产品改进建议，并迅速反馈给市场营销政策的制定者。

（5）数据库营销能够代替许多市场调研工作，并且能迅速获得比较充分的客户信息，客户同时也能对企业的产品有充分的了解，基本上解决了企业与客户之间信息不对称的问题，一定程度上减少了市场的交易成本。

通过数据库的建立和分析，各个部门都对客户的资料有了全面的了解，能进一步给予客户更加个性化的服务支持和营销设计。数据库营销为每一位目标客户提供了及时作出反应且可测定和度量的反馈机会，使客户能够从被动接收转为信息双向交流。数据库营销以客户的满意率作为营销目标，通过维持客户关系来实现客户终身价值的最大化，为一对一的客户关系管理提供了坚实的基础。同时，通过数据库营销，企业能够在最佳时间内、以最佳方式将信息发送给需要这些信息的群体，以方便客户，增加每单位营销费用的反应率，降低取得每个订单的成本，开拓市场并建立增加企业利润的可预测性模型。通过这个模型，企业可以对储存了客户详细信息的计算机数据库进行实时管理，以区分高反应率客户，从而达到建立一种稳定、长期的客户关系的目的。

（三）数据库营销的特征

数据库营销实际上就是利用计算机强大的数据存储和处理能力，建立客户数据库，利用客户数据库辨别出最有价值的客户，并以此为目标市场，向客户提供专门的产品和服务，由此提高客户满意度和忠诚度的过程。数据库营销是随着时代的进步和科学技术的发展，通过数据库技术和市场营销的有机结合而形成的。通过数据库的建立和分析，企业能够准确了解客户信息，确定企业目标消费群，同时使企业促销工作具有针对性，从而提高企业营销效率。没有数据库营销，企业的营销工作就只能停留在理论上，而不是根植于客观实际。因为没有数据库，企业对市场的了解往往只是经验，而不是实际。

数据库营销的主要特征为：

（1）数据库营销是信息的有效应用。

（2）成本最小化、效果最大化。

（3）顾客终身价值的持续性提高。

（4）“消费者群”观念，即一个特定的消费者群对同一品牌或同一企业产品具有相同兴趣。

（5）双向个性化交流，买卖双方实现各自利益，任何顾客的投诉或满意都可以通过这种双向信息交流进入企业顾客数据库。企业根据信息反馈改进产品或继续发扬优势，实现产品和服务的最优化。

数据库营销是一种以客户为出发点的营销方式，其主要特点在于：企业借助计算机和通信技术手段，在一个既定的框架内，通过数据库中的数据信息来确认企业的目标客户和潜在的长期客户，并与之进行交流和沟通，从而建立一种与客户的长期持久的关系。随着信息技术、通信技术的发展及计算机技术的普及应用，越来越多的企业开始采用数据库营销这一现代化的营销方式，因为在未来激烈的市场竞争中，没有什么比了解消费者习惯和爱好更为重要的了。

（四）数据库营销的作用

1. 重点客户管理

重点客户管理，即企业有计划、有步骤地开发和培育那些对企业的生存和发展有重要意义的客户。与从区域和产品的角度出发进行销售管理不同，重点客户管理提倡将企业有限的销售和销售支持资源投资于对企业有重大关系的客户。事实上，为在激烈的市场竞争中保持竞争优势，企业必须积极地与这些能够给企业带来大部分营业收入和利润的重点客户发展亲密、稳固的关系，因为竞争对手也是瞄准这些客户发动竞争性攻击的。数据库营销可以从以下几方面为重点客户提供支持：

（1）确定重点客户。利用各种模型对客户数据库进行深层次的挖掘，从不同的角度分析客户对企业业务的贡献，并通过投入-产出分析，计算出客户的价值和盈利率，最后用分类和关联分析就可以确定哪些客户对企业而言是最宝贵的，是需要重点发展的。

（2）提供客户化推荐。企业可通过对客户消费行为的分析，了解客户的消费习惯和偏好，并预测出那些可能会吸引此客户的企业产品和服务，增强重复销售和交叉销售的可能性。

（3）提高客户满意度和忠诚度。通过对重点客户反馈信息的分析，企业可以为其制订专门的产品和服务改进计划，提升重点客户对企业产品和服务的满意度和忠诚度，保持这些重点客户并阻止竞争者的进入。

2. 挖掘潜在客户

潜在客户是企业产品和服务未来的消费者，是企业利润增长的源泉。数据库营销可以利用数据挖掘、商业智能分析、知识发现等技术从客户数据中比较准确地辨识出目标客户。

（1）企业根据客户数据库中的资料和信息，将客户进行分类，然后根据产品的特点确定营销目标和对象，做到有的放矢。例如，有些客户一向对新事物感兴趣，企业就可以将其作为新产品的潜在客户进行挖掘，因为他们会带着极大的兴趣了解新产品的功能、性能、优点及与之有关的一切情况。

（2）营销人员对所有可能的潜在客户进行筛选，挑选其中一部分最有可能成为现实消费者的客户，对其进行重点营销。这是因为企业仅根据数据库信息对客户进行分类，得到的潜在客户范围往往很广，并且不同的潜在客户成为现实消费者的可能性大小是不一样的。企业确定目标客户后，就可以利用客户数据库跟踪客户来源，并将其分配给适当的营销人员。营销人员接到任务后，可以利用客户数据库中相关信息，针对不同类型的潜在客户进行不同的后续跟踪。例如，对于那些购买意向大的潜在客户，营销人员可以先向其发送有关产品的基本信息。如果他的感兴趣程度在一至两周后仍没有变化，营销人员可以在今后的三个月内每月向他发送有关该产品的相关信息，不断提高其感兴趣程度，最终促成其购买行为。

（五）数据库营销的战略意义

数据库营销可以帮助企业准确地找到目标消费者群；可以降低营销成本，提高营销效率；可以使消费者成为企业长期、忠实的用户，使企业形成稳定的顾客群；可以为营销和新产品开发提供准确的信息；可以运用数据库与消费者建立紧密关系，企业可使消费者不再转向其他竞争者，同时使企业间竞争更加隐秘，避免公开化、自然化的对抗。

数据库营销可以从以下几个方面帮助企业获取巨大的市场竞争优势。

1. 帮助企业准确找到目标消费者群

通过客户数据库分析，企业可以准确找出某种产品的目标消费者，进行精确的市场定位，识别战略优势，改进营销战略部署，采用针对性更强的促销方式代替昂贵的大众传播媒介。在生产观念指导下的营销，各种类型的消费者接受的是相同的、大批量生产的产品和信息；而在市场细分化理论下的营销，企业根据人口统计及消费者共同的心理特点，将客户划分为某一类别。如今，计算机和数据库技术可以使企业能够集中精力在更少的人身上，将最终目标集中在最小消费单位——个人身上，实现准确定位。

2. 帮助企业降低营销成本，提高营销效率

数据库营销通过准确掌握每位客户的 RFM，即最近消费期（Recency）、消费频率（Frequency）和消费的货币价值（Monetary Value）等信息，准确划分客户等级后，企业就可以将促销活动缩小到那些最有可能获得最佳成绩的业务领域，从而降低营销成本，提高营销效率。《华尔街日报》曾这样写道："读书俱乐部永远不会将同一套备选书籍放在所有会员面前。"很多读书俱乐部都会进行定制寄送，它们根据会员最后一次选择和消费记录以及最近一次与会员交流活动中获得的有关个人生活信息，向会员推荐不同的书籍。这样做的效果是很明显的：一方面减少了损耗，另一方面提高了会员消费的图书量。数据库营销者不仅减少了不恰当的寄送带来的浪费，而且提升了企业的形象。根据有关调查，没有运用数据库技术进行筛选后发送邮寄宣传品，反馈率只有 2%～4%，而运用数据库进行筛选，反馈率可以高达 25%～30%。

3. 通过个性化的客户交流维系客户忠诚

企业可根据客户数据库中客户的兴趣爱好以及行为数据，针对不同的客户制订相应的个性化交流计划，维持和增强与客户的感情纽带。获得一对一关照的客户会在心里逐渐形成对企业的偏好，从而提升企业的口碑，客户重复消费的可能性增加。越来越多的企业投资建立数据库，以便能够记录客户最新反馈，进而确认稳定消费群，锁定目标客户。例如，某航空公司建立了客户数据库，这些客户平均每人每年搭乘多次该公司的航班，占该公司总营业额的 65%，因此该公司每次举行促销宣传活动，会针对这类客户极力改进服务，满足他们的需要，使他们成为稳定的客户。

4. 为营销、新产品开发和市场预测提供信息

企业通过对特定客户消费产品的种类、满意情况的调查分析，以及对客户需求和欲望的追踪，从中发现新的市场机会，进一步明确新产品的研发方向，从而为客户提供独一无二的产品和服务。

5. 选择合适的营销媒体

企业根据客户数据库确定目标客户，从客户所在地区着手，对消费者的消费习惯、消

费能力、商店数目进行大致估计，这是企业分配营销媒介、充分传达广告内容、使消费者产生消费行为必须要考虑的。在制订媒体计划阶段，有关消费者所有的情报更是营销人员必须了如指掌的。数据库营销的着眼点是个人而不是广大群众，所以企业应根据数据库提供的信息谨慎考虑以何种频率来与个人沟通才能达到良好的效果。

6. 与消费者建立紧密关系，防止客户转向竞争者

传统营销模式下，企业会运用大众媒介进行大规模的促销活动，这样容易引起竞争者的对抗和模仿，从而削弱促销的效果。企业借助数据库，可针对特定客户进行隐蔽的、针对性强的一对一促销，抬高了竞争者进入的壁垒。那些致力于与消费者保持紧密联系的企业都认为，没有什么东西比拥有忠诚的消费者更重要了，而且与寻求新客户相比，保留老客户更经济。很多企业运用邮件库经常地与消费者保持双向沟通，可以维持和增强与消费者的感情纽带，从而增强抵抗外部竞争的能力。企业运用数据库营销，无须借助大众传媒，比较隐秘，一般不会引起竞争者的注意，容易达到预期的促销效果。

（六）实施数据库营销的步骤

企业实施数据库营销时，必须广泛搜集客户和市场信息，并将它们有效地保存起来，通过加强和改善与客户之间的联系，使这些信息迅速转化为企业利润。

1. 广泛搜集有价值的客户信息

这些客户信息主要包括：客户的姓名、年龄、职业、家庭地址、电话号码等；客户的偏好及行为方式；企业与客户之间的业务交易，如订单、退货、投诉、服务咨询等；客户消费了什么产品，其消费频率和消费量如何，最后一次消费的时间以及从哪儿消费等方面的信息。搜集信息时，企业要注意避免信息的非结构化问题，否则信息杂乱无章，将会影响组织和输入信息的效率。

2. 建立营销数据库

在充分掌握客户信息的基础上，企业必须以有效的方式保存这些信息。企业要有效地组织和利用这些信息，就要建立客户数据库。企业可借助客户数据库分析客户提供的信息，并能够在此基础上产生更多的决策信息，从而提高订货、开展直接邮购、评估市场营销的成功概率。

3. 信息入库

企业应定期从企业内部和外部搜集信息，及时掌握客户需求变化，并尽快将信息输入客户数据库。企业要定期对数据库中的需求信息进行汇总分析，找出客户需求变化的趋势，以便调整经营方向，及时抓住市场商机。

4. 有针对性的营销

在掌握客户需求特点的基础上，企业应有目的地运用市场营销手段，加强客户的品牌

忠诚度，刺激客户需求，挖掘潜在客户。根据消费心理学的有关规律，客户在消费企业某一品牌的产品之后，总会有意识地与其他企业同类产品在价格、性能等方面进行比较，以评估自己买的产品是否物美价廉。客户强烈需要自己消费的品牌得到大家的认可，以取得心理上的平衡。因此，企业在将产品顺利地卖出之后，还要继续对本企业产品进行宣传、投放广告等，从而持续塑造名牌形象，满足客户的消费心理，加强客户对本企业产品的依赖和信任。

综上所述，数据库营销在支持企业营销人员进行营销决策和战略发展方面的确具有十分重要的意义。这种功能的发挥与否，一方面与数据库营销自身的特点和成本有关，另一方面取决于营销者的意识。随着信息技术的高速发展和全面渗透，技术对企业营销的贡献率越来越高，而技术的使用成本则越来越便宜。面对激烈的大众市场竞争，全面导入数据库营销的观念和技术将是企业营销人员明智的选择。

三、精确营销

（一）精确营销的产生

党的二十大报告提出，完善社会治理体系，着重强调完善网格化管理、精细化服务、信息化支撑的基层治理平台。精确营销（Precision Marketing）是在对客户进行精确细分定位的基础上，依托现代信息技术手段建立个性化的顾客沟通服务体系，实现企业可度量的低成本扩张之路。

1. 市场竞争加剧是精确营销的前提

随着市场竞争的加剧，企业过去所生存的“红海”变得异常拥挤。同时，消费者需求不断变化，需要企业开辟产品及服务的“蓝海”，从而创造新的价值。价值创造构成企业蓝海战略的目标，而科学的客户细分就将成为蓝海遨游的指向标，对消费者需求差异的理解和满足就显得十分关键。

2. 追求效益是精确营销的诱因

当大众广告和促销活动盛行的时候，很多营销经理都感到迷茫：“有一半的广告费用我不知道浪费在哪里。”当消费者不再容易被蛊惑的时候，企业就不能再依靠地毯式的轰炸来攫取市场，否则企业只能收效甚微。面对激烈的竞争环境和挑剔的消费者，企业要想生存就必须考虑成本收益。

3. 技术进步是精确营销的推动力

信息技术正经历着天翻地覆的变化，数据挖掘技术、大容量存储技术、非结构化和半结构化查询技术以及已经普及的网络技术的广泛应用，使得关系营销、网络营销、数据库营销在技术上成为现实。借助众多的技术手段，企业则可以真正了解到消费者所需要的产品、服务，并最大限度地满足其需求。

（二）精确营销的基础——数据挖掘

精确营销的基础是拥有大量的相关客户信息，企业在对这些信息挖掘整理的基础上发现客户特性，进行有效的营销推广，提供个性化的产品和服务。这里不难发现，精确营销的成功取决于对客户信息的充分发现，也就是科学的数据挖掘。

数据挖掘（Data Mining）是指从大量的、不完全的、模糊的、随机的数据中，提取隐含在其中的人们事先不知道的但又是潜在有用的信息和知识的过程。数据挖掘流程如图 4－3 所示。

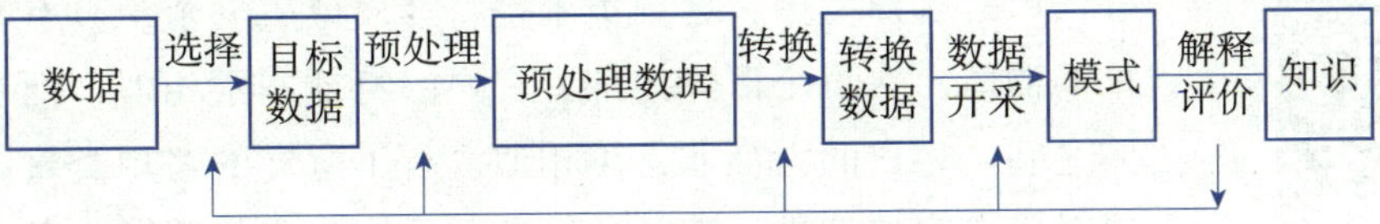

图 4－3　数据挖掘流程

数据挖掘主要有六项任务：关联分析、时序模式、聚类、分类、偏差检测、预测。数据挖掘对象主要是关系数据库，并随着数据挖掘技术的发展，逐步进入空间数据库、时态数据库、文本数据库、多媒体数据库等。数据挖掘方法是由人工智能、机器学习的方法发展而来的，结合传统的统计分析方法、模糊数学方法以及科学计算可视化技术，以数据库为研究对象，形成的数据挖掘方法和技术。

（三）基于数据挖掘的精确营销应用

精确营销的主要目的是降低营销成本，提高营销效率，发现不同客户的需求差异，进行针对性较强的组合营销。那么，发现客户的不同需求和不同消费倾向，仅仅依靠人是无法在客户海量信息中完成的，必须依靠数据挖掘技术，利用数据仓库、联机分析处理等手段，利用类聚法、关联分析法、决策树法以及神经网络算法等发现和预测客户消费倾向，找到客户消费规律，协助制定营销策略。

1. 客户数据收集与整理

客户数据收集与整理是将经过预处理的准确的客户数据收集和存储到一条逻辑记录中，该过程是实现客户细分和理解的必要条件。这项工作分为两个步骤：

（1）建立客户数据库。企业将分散在内部各个 IT 系统中的数据，以及企业外部数据（如市场调查数据、第三方数据等）分类后，以客户 ID 为关键字进行抽取、转换并装载到一个集中的数据库中，作为进行全面客户研究和分析的基础，为下一步进行数据挖掘所需的目标数据集提供可用的数据源。

（2）生成目标数据集市。由于日常的运营数据的组织形式都是没有固定主题的，因此企业需要将所有与客户相关的所有历史数据根据挖掘任务的不同，选择不同主题，并将相关数据有机地整合为一个整体，形成数据集市。例如，以客户为主题的所有用户的记录集合就称为以客户为主题目标数据集市。

目标数据集市的记录由许多个字段组成，每个字段都反映了客户数据的某个方面的信息。企业在对目标数据集市记录的字段名、字段的数据来源、字段的逻辑进行设计后，通过各种工具（如 OLAP 联机分析处理）将原始数据转化为目标数据集市。

同理，根据分析需求的不同，企业可以生成不同主题的数据集市（如产品集市、价格集市、满意度集市等），从而构成数据挖掘的基础。

GPS

2. 数据挖掘（客户类聚）及对客户群的理解

（1）客户类聚。客户类聚是将客户分成一个个具有某些相同特征的群体。在每个群体内部，客户的特征非常相似，而在群体与群体之间，客户的特征非常不相似。有了这样的客户类聚，企业就可以对每个客户群进行有效的管理并采取相应的营销手段，提供符合这个客户群特征的产品或服务，从而起到类似于 GPS 的精确营销作用。

（2）通过数据分析进行客户理解。形成客户群后，对客户群的描述直接影响营销活动的策划和执行，因此企业还需要对客户的特征做进一步的了解和剖析。企业既可以进行基本特征的剖析，也可以根据不同专题进行深入刻画（如产品的关联度），有时还可以加入外部信息进行丰富。企业针对专题进行剖析时，应根据主题情况，最终形成客户群特征描述，将很多枯燥无味的数据变成鲜活的客户特性体现出来，以帮助营销人员更好地理解客户群。

由于客户本身是不断变化的，因此客户群的构成和特征也是动态的，企业只有以灵活、动态的指导思想理解客户群，才能得到正确的结论。企业应根据客户关系生命周期进行不同阶段的客户类聚和理解，在生成客户营销策略后，需要对客户进行再次的细分和类聚，以设计产品、价格、渠道和广告等策略。这个时候，就需要考虑其他的数据模式和维度。例如，设计广告策略时，企业需要以媒体习惯对客户群进行再次的划分，形成电视维、广播维、杂志维等；设计产品策略时，企业需要根据客户群的消费特征进行划分，形成基本功能维、包装维、送货安装维等。

3. 营销方案设计与实施

企业从客户营销策略和当前营销工作重点出发，筛选出适合自身的目标客户群。根据目标客户群的营销活动目标，可以采用头脑风暴法、专家访谈法，结合以往的营销经验，设计针对该客户群的营销活动创意（包括产品组合的选择以及渠道的选择等内容），制定产品组合定价，并对其可能造成的影响进行评估，根据评估结果挑选出最佳创意，形成最终营销方案（包括有针对性的产品组合方案、产品组合价格方案、渠道方案）。

精确营销主要强调以数据来支撑营销决策和营销策划，如通过数据的分析（建立交叉销售模型）支持产品关联假设，通过数据挖掘，提出支持理性的营销设计等。在营销方案设计完成后，为提高营销活动成功率，提高市场营销活动投资回报，企业还需要利用数据挖掘技术建立预测模型对客户进行评价，以选取消费可能性高并符合市场营销活动要求的客户。

营销方案制定后，企业就要按照营销活动计划，执行相关的市场营销活动和促销活动。企业应从客户、市场接收信息，识别并利用交叉销售机会，获得反馈信息及额外的客户信息，提供针对客户的更为丰富的产品和服务。

4. 营销结果评价与反馈

基于营销活动执行过程中收集到的数据，企业应对营销活动的执行、渠道、产品和广告的有效性进行评价，寻找需要改进和优化的关键点，总结和获取在执行期间得到的相关经验和教训，为下一循环的营销活动打下良好的基础。营销结果的反馈既是本次营销活动的终点，也是精确营销闭环的下个循环过程的起点，是对下一个循环的提升。

总之，精确营销是当今世界营销界的一个热点问题，对精确营销体系的理解也存在很大差异。由于实践的局限性和技术手段的限制，对精确营销的研究还处于初级阶段，尤其是对利用数据挖掘的精确营销研究涉及的很少。

（四）基于数据挖掘的精确营销及构成

精确营销是在对客户进行精确细分定位的基础上，依托现代信息技术手段建立个性化的顾客沟通服务体系，以实现企业利润最大化的过程。

可以看出，精确营销的基础是客户细分类聚，但是企业要做到科学地对客户进行细分，必须在掌握大量客户信息的基础上，对这些信息内包含的客户特征进行类聚挖掘，发现不同客户群体的不同消费特征，制定不同营销策略，做到有的放矢。这就是基于数据挖掘的精确营销。

基于数据挖掘的精确营销由以下四个方面构成：

（1）数据管理：搜集和整理客户相关信息，并进行基本预处理（剔除不合规则的数据），建立客户数据库。

（2）客户类聚及属性定义：通过数据挖掘，将不同特征的客户进行类聚，对不同客户群的特征进行剖析，找出不同客户群体的不同消费特征和消费差异特征。

（3）营销策略制定：依据客户特征设计不同的营销策略，从而提供不同的产品和服务，通过提供差异化产品和服务，满足客户的差异化需求。

（4）营销活动的评价与反馈：通过对营销活动结果的分析，进一步深化对客户本质需求的了解，尤其是对客户未来期望的理解，形成新的营销策略。

模块小结

本模块主要增加学生对智能客服的认知与了解；明确智能客服与客户服务中心的本质区别，通过对客户关系管理系统、管理实施的认知及关系营销、数据库营销、精确营销等客户关系管理智慧策略的把握，建立智能客服管理的意识，提升对智能客服管理更精准、更全面和更深入的认知。教学重点是智能客服的基本含义，教学难点是能够应用客户关系管理智慧策略赋能智能客户服务。

课后练习

一、单项选择题

1. 智能客服系统可以不断优化自己的性能和准确性。这有助于提高系统的（　　），并使其能够更好地适应客户的需求和变化。

A. 快速响应　　B. 判断速度　　C. 便捷程度　　D. 智能程度

2. 第三代呼叫中心是（　　）。

A. 兼有自动语音和人工服务功能的客户服务系统

B. 交互式自动语音应答系统

C. 人工热线电话系统

D. 与互联网相融合的呼叫中心

3. 在 CRM 和 BPR 这两个领域中，（　　）扮演着重要的角色。

A. 客户需求　　B. 信息技术　　C. 智能服务　　D. 企业老总

4. 从关系营销到客户关系管理的发展过程中，（　　）的出现意义十分重大，起到了桥梁的作用。

A. 关系营销　　B. 市场营销　　C. 精确营销　　D. 数据库营销

5. （　　）是在对客户进行精确细分定位的基础上，依托现代信息技术手段建立个性化的顾客沟通服务体系，实现企业可度量的低成本扩张之路。

A. 关系营销　　B. 市场营销　　C. 精确营销　　D. 数据库营销

二、多项选择题

1. 智能客服是创新和应用客户知识，帮助企业提高（　　）能力的概念、方法、过程以及软件的集合。

A. 实时数据分析　　B. 优化客户关系的决策

C. 整体运营　　D. 提升客服中心的效率

2. ERP同CRM软件将必然地继续相互渗透，体现在哪几个方面？（ ）

A. CRM使ERP系统中的关键信息能发挥最大的作用

B. 通过给客户更多的信息来做决策

C. 企业也能从客户身上获得更多的利润

D. 能使CRM变得更加有效

3. 一个复杂的CRM解决方案有哪几个重要因素？（ ）

A. 客户 B. 软件 C. 技术 D. 供应商

4. 实施关系营销的具体策略之一是建立品牌优势，树立企业形象。质量应是全面的质量，全面的质量包括哪几个组成部分？（ ）

A. 产品和服务本身的质量 B. 企业每一项活动的质量

C. 口碑效应 D. 创新质量

5. 数据库营销的战略意义包括（ ）。

A. 帮助企业准确找到目标消费者群

B. 帮助企业降低营销成本，提高营销效率

C. 通过个性化的客户交流维系客户忠诚

D. 为营销、新产品开发和市场预测提供信息

三、判断题

1. 智能客服系统可以集成到多种不同的通信渠道中，这使得客户无须与企业进行交互，提高了便利性和可访问性。（ ）

2. 客户服务中心和智能客服通常是相互补充的。（ ）

3. 客户服务中心可以整合智能客服技术，提供多渠道支持。（ ）

4. 从IT系统建立来讲，CRM的实施符合信息系统的一般规律，可以分为四个阶段。（ ）

5. 关系营销的本质特征可以概括为以下几个方面：双向沟通、合作、双赢、亲密、控制。（ ）

四、案例思考

重温开篇“导引案例”，小组讨论分析并回答以下问题：

1. 回顾客服行业发展的产业背景，其大致可以分为哪几种形式？

2. 为什么说智能客服目前仍然面临着很大挑战？

3. 智慧化、智能化服务在一些特定的环境下，甚至可以带来人工无法比拟的优质服务。请举例说明。

4. 如何帮助智能客服变得更聪明，更有“人情味”？

5. 智能客服具备哪些能力，能够为人工客服提供哪些帮助，才能实现人工客服更加以客户的实际需求为中心来提供服务？

6. 客服中心在越来越智慧化的同时，也使什么更加开放、技术响应也越来越敏捷？

7. 通过整篇文章的内容，你如何理解智能客户服务？

教学方法建议

博物馆看画展教学法

本模块主要涉及智能客服相关教学内容，包括客户服务中心、客户关系管理系统、客户关系管理智慧实施及智慧策略等教学内容。学习内容较前三个模块更智能化、智慧化，有些难度，对于非计算机类学生来说较难理解。在现代 AI 和信息爆炸的时代，学生最重要的是适应和学习的能力。学生只有细致阅读、持续学习、不断地探索和尝试新事物，才能在这个竞争激烈的时代中保持竞争优势，并为未来的职业和生活做好准备。因此，建议采用博物馆看画展教学法。

具体步骤如下：

1. 教师向学生布置一个任务，如展出我国民族企业智慧客服优秀案例。

展出内容要求：

一是企业基本情况介绍，包括企业名称、董事长、主要业务、国内影响力、企业价值等。

二是智慧客服的具体介绍，包括应用产品、涉及领域、效果呈现等。

三是智慧客服的主要特色与优势。

四是给我们的启发。

2. 学生分组（4 人一组），搜索信息并确定企业。

3. 学生搜索并汇总信息，筛选出可以展示的核心内容。

4. 学生协商展出形式：PPT、海报、印刷品、模拟实物展等均可（必须图文并茂）。

5. 教师根据可展出场地和条件与学生沟通并确定最终展出形式。

6. 教师把关各组可展出成品，确保积极健康、无意识形态问题。

7. 小组每个成员都可扮演讲解员角色，每人介绍一块内容。每组选出一名学生组成打分小组，对学生作品和讲解进行打分，要求全体同学都要听讲解。

8. 如果时间允许，可以选择两个有代表性的案例进行讨论。

9. 教师对各组内容进行仔细的点评，并对重点内容进行讲解。

教学过程操作建议

一、提出任务

随着新媒体的快速发展，消费者和企业有了更多的接触渠道和机会，客服咨询量暴增。虽然不少企业都尝试通过增加人力资源投入来保证消费者的咨询沟通需求能够得到满足，但是效果却不尽如人意。如何用有限的客服资源满足不断增长的海量用户服务请求？

那就是通过颠覆型的技术来解决，即智能客服。智能客服在加速服务质变的同时，也让客服成为感受到危机感最强的职业。学生需要树立全面赋能客服与营销场景应用的思维意识，明确智能客服从降本增效到价值创造的价值。学生必须在建立了客户关系管理基本常识和掌握核心理论的基础上，对智能客服有全面、客观、与时俱进的认识。教师要提前熟知最前沿的智能客服资讯，指导好学生对于这个模块的学习。

二、学生分组讨论

让学生每四个人一组，便于按照这一模块的教学方法建议来实施。分好组后，先完成“导引案例”讨论分析任务。讨论案例并回答问题。

三、教师讲解

教师就其中的一些关键概念和重要理论进行概括讲解，如什么是智能客服（让学生正确认识，避免学生将其狭义地理解为就是在线回答客户问题等）；智能客服与客户服务中心的关系；助力智能客服的客户关系管理智慧策略等。

四、布置任务

要求学生在规定的时间内完成学习任务。

1. 学生在明确教师布置的任务之后，带着兴趣，在一周之内进行资料查找。

2. 回到课堂进行小组讨论、明确核心内容和具体设计。（参见模块四教学方法建议——博物馆看画展教学法具体步骤 3 和 4。）

3. 教师参与讨论，帮助学生明确问题。（参见模块四教学方法建议——博物馆看画展教学法具体步骤 5 和 6。）对完成作品有困难的学生，让其一起合作完成创作，培养他们的合作精神。

4. 根据学生完成任务的进展情况，建议采用 2 课时组织交流展示。

5. 奖励任务完成情况。

（1）优秀作品。选出前 30％组作为优秀作品，给优秀成绩；选出中间 40％组作为良好作品，给良好成绩；选出后 30％组作为一般作品，给中等成绩。优秀作品给予课程表现优异证书。

（2）经验介绍。教师安排优秀作品的学生在班上进行简短的经验介绍。

五、教师总结

针对学生学习过程中出现的问题，教师总结成功的经验及失败的原因，鼓励完成得不理想的学生下次继续完成作品，并让学生预先知道下堂课的精彩任务，激起他们在课外获取信息并完成任务的兴趣。

参考文献

［1］苏朝晖．客户关系管理：客户关系的建立与维护［M］．6版．北京：清华大学出版社，2024.

［2］李海芹．客户关系管理［M］．3版．北京：北京大学出版社，2023.

［3］乌尔瓦希·毛卡尔，哈林德尔·库马尔·毛卡尔．客户关系管理［M］．马宝龙，姚卿，译．北京：中国人民大学出版社，2014.

［4］谷再秋，刘刚．客户关系管理［M］．3版．北京：科学出版社，2020.

［5］王占刚．客户第一：华为客户关系管理法［M］．北京：人民邮电出版社，2020.

［6］王永贵．服务营销［M］．2版．北京：清华大学出版社，2023.

［7］王永贵，马双．客户关系管理［M］．2版．北京：高等教育出版社，2020.

［8］瓦拉瑞尔·A. 泽丝曼尔，玛丽·乔·比特纳，等．服务营销：第7版［M］．张金成，白长虹，等译．北京：机械工业出版社，2018.

［9］加里·阿姆斯特朗，菲利普·科特勒．市场营销学：第14版［M］．王永贵，等译．北京：中国人民大学出版社，2023.

［10］程芳．谁是你的客户？客户关系管理（CRM）与现代市场营销［J］．信息与电脑，2000（12）.

［11］菲利普·科特勒，凯文·莱恩·凯勒，等．营销管理：第16版［M］．陆雄文，蒋青云，等译．北京：中信出版社，2022.

附录：阅读案例

国内外客户关系管理解决方案

案例 1　Oracle 公司的 CRM 产品解决方案

Oracle（甲骨文）公司是全球最大的信息管理软件及服务供应商，成立于 1977 年，1989 年正式进入中国市场，成为第一家进入中国的世界软件巨头。CRM 系统是 Oracle 公司中成长最快的一个板块，CRM 产品成了带动 Oracle 应用软件销售的主要动力。Oracle CRM 提供了从 ERP 到 CRM 的电子商务一体化解决方案，每一部分的功能都很强大。

Oracle CRM 的优势不仅在于其能够与 Oracle 其他应用系统相集成，而且在于其可以与第三方的全套 ERP 应用软件相集成，使企业在部署 CRM 时能够充分利用已有的投资，在一个系统中支持各种客户关系运作，企业能够将所有客户的互动过程紧密连接，允许企业用户跨越 Web、电子邮件、呼叫中心和现场销售等多种渠道将商业活动管理、销售部门自动化、服务应用与财务、人力资源、供应链管理、采购和制造等基本业务运作相联结，为企业提供全方位的客户视角。

Oracle CRM 是一套全功能的前端应用软件，包括销售应用软件、市场营销应用软件、客户服务和支持应用软件、交互中心应用软件、电子商务应用软件等多个应用模块。这些应用模块能够帮助企业实现客户智能、与客户交流的统一渠道和基于互联网技术的应用体系结构战略这三大关键的客户关系管理战略。

一、Oracle CRM 的五个应用模块

（一）销售应用软件

这是一个全面的销售自动化解决方案，Oracle 销售套件可以提供销售流程中每个阶段的详细的客户信息，使得现场销售人员、分销商、转销商和销售 Oracle CRM 的主管及时获得这些信息，帮助企业实施灵活的、以客户为中心的销售过程，并产生统一的、全球性的实时销售和预测视图，从而可以提高销售活动的效率。

（二）市场营销应用软件

Oracle 市场营销套件利用最先进的技术，使市场营销专业人员能够直接对市场营销活

动的有效性加以计划、执行、监测和分析。Oracle 还在该组件中使用了工作流技术，以便使一些共同的任务和商业流程自动化。此外，Oracle Marketing 还可以向市场营销专业人员提供分析其市场营销行动有效性的功能。

（三）客户服务和支持应用软件

Oracle 服务套件用于实现可盈利的端到端服务交付和客户管理，包括技术支持、现场服务、备件管理和库房维护等功能，能够协调互联网、交互中心以及客户现场等多个交互渠道的服务。这些应用软件通常通过电话中心或 Web 部署并且可实现自助服务。它们使企业能够以更快的速度和更高的效率来满足其客户的独特需求。

（四）交互中心应用软件

Oracle 交互中心组件指的是 Oracle Sales、Marketing 和 Service 应用软件的电话能力。该解决方案包括与呼入和呼出电话处理集成在一起的 CTI（计算机电话集成技术）服务器。交流中心软件用于处理所有的呼叫中心活动，包括入站/出站呼叫选路、电子邮件分配以及代理脚本。

（五）电子商务应用软件

作为 Oracle CRM 的一个关键组件，Oracle 的电子商务应用软件使企业能够将其业务扩展到 Web 上，因为 Web 作为新型商业渠道的重要性与日俱增。

二、Oracle CRM 所体现的三个关键战略

Oracle CRM 的五个应用模块能够帮助企业实现客户智能、与客户交流的统一渠道以及基于互联网技术的应用软件体系结构这三大关键的客户关系管理战略。Oracle 的 CRM 产品中深刻体现了这三大关键的客户关系管理战略，也就是说它具有这三方面的优势。下面我们详细介绍这三个关键战略。

（一）客户智能

客户智能（Customer Intelligence）是指横跨多个 Oracle 应用软件模块，以及横跨各行的业务单位而进行的客户信息的分析。它是一种连接各种市场营销活动的能力。客户智能使得 Oracle 公司的 CRM 解决方案拥有强大的信息处理和商业分析能力，能够找出谁是最赚钱的客户，并对客户行为做出全面的分析，从而能使决策者做出更为明智和及时的商业决定。在 Oracle CRM 应用软件中，Oracle 提供了报告、分析和商业智能组件，使决策者能够针对其所有的面向客户的活动和应用软件对信息进行访谈和分析，并能与 Oracle 在分析应用软件领域的产品——商业智能系统（BIS）集成。

（二）与客户交流的统一渠道

与客户交流的统一渠道是将 Oracle 公司的 CRM 解决方案中的多种客户交流渠道如 Web 或呼叫中心等集成起来，使各种渠道中的信息融会贯通，保证企业和客户都能得到完整、准确和一致的信息。它是在多种与客户进行交流的渠道中实现 Oracle CRM 应用同步化的能力，特别是 Oracle CRM 的功能应用模块可横跨多个渠道并和谐地工作。例如，一个 Web 上的客户需要通过 Oracle 的知识库访问技术支持信息，如果该客户在 Web 上的请求无法得到满足，那么他还可以通过电话与呼叫中心的服务代表进行联系，或者通过 Oracle 提供的 CTI 解决问题。客户可以通过电话查询其订货状况、研究悬而未决的服务问题或请求额外的产品信息。客户通过电话请求得到的信息将与他通过 Web 查到的信息或从运行销售自动化（SFA）应用软件的销售代表处得来的信息完全相同。

（三）基于互联网技术的应用软件体系结构

Oracle 深刻地理解企业实施和维护一个客户/服务器环境的难处和所需付出的高昂费用。因此，Oracle 对其应用软件的体系结构进行了重新设计并使其符合互联网的计算模型。该模型是将应用都建立在一个集中管理的服务器上，因此应用系统的维护和升级也就变得更加容易，同时还能使用户通过标准的 Web 浏览器访问应用系统。

由于上述客户智能、与客户交流的统一渠道和基于互联网技术的应用软件体系结构等战略的推出，以及强大的后台 ERP 集成的支持，Oracle 公司给全球客户关系管理解决方案市场带来了全新的视觉、革命性的思维和强大的技术。

案例 2 柳工的 CRM 解决方案

一、企业背景

广西柳工集团有限公司（以下简称柳工）是国有资产授权经营方式组建的国有独资企业，成立于 1958 年，是中国制造业 500 强企业，也是广西壮族自治区第一家上市公司和工程机械行业第一家上市公司，产品覆盖工程机械行业的各个产品线，并向农业机械逐步拓展，在国内外有九个制造基地，有海外业务拓展需求。

二、面临的问题

柳工在海外业务拓展中，存在以下问题：客户信息分散，如基本信息、交往信息、业务信息、价值信息等未能有效整合；业务流程不连贯，从商机推进、方案研发到交付运维的协同效率低；一线人员在偏远地区办公效率受限，无法及时响应客户需求和反馈等。

三、解决方案

采用销售易 CRM 系统，一线业务人员将各类客户信息记录沉淀至 CRM 中，形成客户 360°视图，便于方案/产品支持部快速响应并提供定制化服务；在服务环节，结合设备信息及 IoT 数据提供及时的服务和产品迭代方案，销售易将柳工的三大业务流程打通，实现了快速响应；开发便捷的移动端 App，满足了一线人员外出办公需求，提升了工作效率；通过 CRM 的可视化报告，辅助业务决策。

四、实施效果

业务增长显著，2024 年上半年柳工海外营业收入达到 77.12 亿元，同比增长 18.82%，占公司整体收入的 48.02%，海外市场拓展成果斐然。柳工提升了运营效率，借助销售易 CRM 系统整合业务流程，使得从商机到交付运维的响应速度加快，一线人员通过移动端 App 能更高效地开展工作，减少了内部沟通成本和业务处理时间；增强了市场竞争力，柳工成功入选《2024 新一代信息技术应用优秀案例 TOP50》，品牌形象在国际市场上得到提升，为进一步开拓海外市场奠定了坚实基础。

五、成功关键因素

柳工坚定推行数字化转型战略，选择了适合自身业务需求的销售易 CRM 系统，并深度应用其各项功能，实现了对客户关系管理的全面数字化升级。柳工内部具有高度协作与执行力，各部门积极配合 CRM 系统的实施，从一线业务人员到管理层，都能充分利用系统提供的数据和功能，推动业务流程优化和决策科学化。柳工持续地进行技术投入，不断探索新的技术应用场景，如结合 IoT 数据为客户提供更好的服务，使企业在国际市场竞争中脱颖而出。

案例 3

Siebel 公司的 CRM 解决方案

作为 CRM 的先驱和开拓者，Siebel 在全球拥有超过 300 万的实际用户，这一数字比其他所有 CRM 供应商的用户总和还要多。齐全的产品线是 Siebel 的一大优势，其产品基本能满足各类型企业的独特需求。此外，Siebel 公司的 CRM 产品功能也很全，几乎涵盖了 CRM 的所有领域。

Siebel 提供的 CRM 解决方案主要有：.COM 套件、呼叫中心套件、现场销售和服务套件、营销管理套件、渠道管理套件及行业 CRM 解决方案。

一、Siebel 的 .COM 套件

销售管理：客户和销售人员可通过多媒体目录查找产品、配置产品和服务方案、下订单、确认订单的有效性和可交付性、检查订单状态等。企业根据客户信息、特定环境、目前需求和消费模式向客户推荐合适的产品和服务。

营销管理：可用来计划、执行和评估基于网络的市场营销活动，如进行客户细分，发掘潜在的顾客，通过个性化的、动态生成的基于网络或电子邮件的方式进行联系或促销（其中包括发送电子信件和进行网上调查），还可以浏览由在线数据分析产生的图表报告，评估每项活动的有效性及回报。

服务管理：该软件提供了一些问题的解决工具，如全文查找、在线指导、问题解决和呼叫中心代理的直接网络帮助等，客户可以通过这些工具来查询订单状况、解决服务问题。企业可通过电子邮件向客户通知重要事件，告诉客户已收到服务请求，并自动向客户提出解决方案。

eMail Response：可根据经验、专业知识、可用性等条件匹配最合适的邮件服务代理，并提供邮件模板管理。

电子简报和内容服务：企业可利用企业门户、网络、在线新闻等信息源，搜集并传递有关个人、客户、竞争者和公司情况的简报。

二、Siebel 的呼叫中心套件

呼叫中心套件包括呼叫中心、服务管理、电话销售三大块。客户服务代表可以使用 Siebel Service 来跟踪客户服务请求、平衡优先解决方案，快速、准确地解决问题，或者将客户的请求发送到合适的代理处。Siebel Service 确保每一项服务请求都在规定的时间内完成，使用自动工作流和路由器、监控器来解决每项请求。它可以通过一些基本的机会和预测管理、客户管理、联系管理、活动管理、活动跟踪等销售功能帮助电话销售人员提高工作效率，实现销售目标。

三、Siebel 的现场销售和服务套件

这一部分包括销售管理、现场服务管理、专业化服务、产品配置器、价格配置器、佣

金管理等功能模块。

四、Siebel 的营销管理套件

这一部分包括营销管理、商业分析和商业计划、评估和报告等功能模块。

五、Siebel 的渠道管理套件

企业可管理市场发展基金（MDF）、机会、客户和渠道伙伴的服务请求，并跟踪所有分配的项目的执行情况。渠道伙伴可浏览产品和定价信息，配置方案，生成报价和在线完成订单。

另外，Siebel 还针对不同行业提供了 CRM 的诸多行业解决方案，如汽车、公共服务、通信、日用消费品、服装、能源、金融、保险、制药等。

案例 4

CA 公司的 CRM 解决方案

目前，市场上大多数的 CRM 产品关注的焦点都是运营型 CRM 产品，主要涉及自动化管理、销售、营销等与客户关系有关的业务流程处理。但是，这种 CRM 只能解决企业某些方面的问题，而不是所有与客户相关的问题。在提供 CRM 解决方案的企业中，CA 公司能够提供端到端的全方位智能化 CRM 解决方案。

CA 公司所强调的智能化 CRM，不只是针对业务流程的一个简单系统，而是一个能够将前台的 CRM 和后台的 ERP 系统相结合的全面智能化解决方案。同时，为了适应当前互联网的发展以及企业成长带来的新需求，CA 公司的 CRM 解决方案还体现了以 Web 为中心、具备高度灵活性和扩展性，以及可伸缩和容错的设计思想。

CA 公司提供的 CRM 由客户智能化、市场营销自动化、客户服务以及 Human Touch 四个模块构成。

一、客户智能化

CA 公司利用 Neugents 专利技术，可对多个数据源进行分析。通过 Neugents 的学习和判断功能，企业可以察觉信息中的细微变化，并对后果进行预测。Neugents 是 CA 公司的集成化管理技术，是网络中的性能神经代理。Neugents 通过对问题的检测和解决提供真正的预测功能。Neugents 首先检测数据中的模式和关系，然后了解它们的因果关系，以实现自适应模式识别。它在 CA 公司的 CRM 系统的客户智能化模块中，是一个关键的技术组成部分。

二、市场营销自动化

CA 公司可为企业提供 Web 和 WAP 环境下的全面的销售和市场营销自动化。它可以通过查找，排列出最有潜力的销售线索，帮助销售人员管理销售机会，并按照每个客户的不同需求，生成最具竞争力的报价单、建议书、演示内容以及销售订单。

三、客户服务

CA 公司可帮助客户和客户支持人员主动预测和防范客户问题。基于 Web 的客户服务模块允许客户通过个人门户直接访问技术支持平台报告其所出现的问题，并可以以自助的方式访问知识工具并获取全面的帮助和指导，实现全天候响应的客户支持，从而自动实现对用户问题的识别及跟踪，并使问题的解决更加便捷。

四、Human Touch

CA 公司可通过企业 Web 站点上的多种实时的个性化交互手段，方便客户与企业的沟通交流，从而极大地改善企业售前、售后的服务质量。

CA 公司在注重提供端到端的全方位智能化 CRM 解决方案的同时，又将其重点放在分析型 CRM 和协作型 CRM 上。CA 公司认为，随着企业的不断发展，作为企业重要资产的客户信息日趋复杂，对于企业的长远发展来说，最重要的是如何使 CRM 解决方案具备强大的业务智能和分析能力，利用好这些客户信息。CRM 应用系统中包括大量有关企业客户和潜在客户的广泛信息，对这些信息的管理和分析可以帮助企业识别客户，发掘竞争对手的资料，甚至做一些未来策略的决断。只有这样，决策者才能做出更为明智和及时的商业决策。

案例 5　SAP 公司的 CRM 解决方案

SAP（思爱普）公司成立于 1972 年，总部位于德国沃尔多夫市，是全球最大的企业管理软件及协同商务解决方案供应商之一、全球第三大独立软件供应商。早在 2003 年，全球就有 120 多个国家和地区的超过 19 300 家用户正在运行了 60 100 多套 SAP 软件。SAP 早在 20 世纪 80 年代就与我国的国有企业合作并取得了成功经验。

mySAP CRM 是 SAP 公司的 CRM 产品。以丰富的行业经验作坚实的支持后盾，

mySAP CRM 可为企业提供一个与现有所有业务流程相集成的解决方案，其具备的强大功能可快速与企业的整个信息系统相链接，改善企业客户关系每个阶段的能力。从最初的市场营销到后续的销售服务和支持，mySAP CRM 提供开放式、个性化、对用户友好的界面，基于角色的企业门户，准确、高效地帮助企业提高销售额、提高获利能力、树立市场领导地位，使客户、员工和股东各方均满意。

mySAP CRM 贯穿整个客户关系生命周期业务流程的管理，包含企业市场营销、销售、服务、分析等功能性能，以及通过渠道伙伴、现场、交互中心、电子贸易等各种交互渠道性能形成完整的闭环式设计解决方案。

一、市场营销解决方案

市场营销专业人员处于企业内部和外部信息资源中心，可以控制成本、验证支出、监控市场和竞争对手、策划成功的行动、协调促销活动、管理客户生命周期、移动办公等，从始至终地帮助企业有效推销产品和服务，使市场营销方案的计划、执行和测评迈上科技的新台阶。

（1）营销分析：使用各种先进的工具对客户、目标市场、竞争对手、市场渠道、销售走势、获利能力、第三方市场数据等进行综合分析；将市场方案的规划、组织、预算工作分解到最终每一个细节；利用 mySAP 商务智能的内置分析功能，快速掌握并分析客户、产品、销售、销售地区和竞争活动等方面的数据，监控计划付诸实施后的实际效果。

（2）促销管理：在包括直接销售、呼叫中心、邮件、电邮和互联网在内的所有客户渠道范围内，展开有目标的个性化促销活动，建立电话和电邮的联系人名单，准备并分发互动电话营销脚本；监控促销活动在方案策划和客户响应两个方面的获利能力；通过各种渠道与客户展开互动，包括呼叫中心、互联网和移动设备。

（3）电话营销：利用 mySAP 客户关系管理集成分析功能可细分客户群、优化线索、管理联系列表、监控促销活动的进展。

（4）电子营销：策划并执行个性化、实时的互联网公众营销活动。首先识别、吸引、区分目标对象，然后提供个性化的内容和产品并与他们展开互动。

（5）线索管理：首先搜集、认证、分布线索并将销售机遇提供给机遇管理，然后通过系统闭环监控功能跟踪每一条线索的发展。

二、销售解决方案

mySAP CRM 为销售过程的每一环节提供有力支持，包括：

（1）销售分析：通过先进的销售分析工具测评并管理销售工作，包括每一个客户的获利能力。

（2）项目与联系管理：按天组织日程，跟踪所有客户联系，通过 mySAP 企业门户网站，建立业务伙伴信息枢纽。

（3）机遇管理：从始至终跟踪每个销售项目的进程，管理销售战略，识别关键决策人及他们的要求，预测销售量和结束日期。

（4）电话销售：在呼入和呼出两方面，加大有效电话销售方式的推广力度。集成后台系统信息，使电话销售人员可以为每个客户提供准确的个性化信息。

（5）现场销售：随时随地为现场销售人员提供关键客户和前景信息。现场销售队伍可以通过移动或无线设备管理日程、生成活动报告、创建报价、输入订单。

（6）电子销售：为在线销售周期的每一阶段提供综合解决方案，包括一对一营销、目录浏览、搜索、订单部署、付款、合同履行和客户支持。

（7）互联网报价和配置：客户和销售代表可以很方便地上网或脱机比较配置、价格和产品。

（8）获得订单：管理所有销售文档，包括询价、报价、订单、合同等。以流程驱动、需求优化的方式，与后台交易系统集成处理订单；控制产品和定价趋势，计算税费、监控获利空间。

三、服务解决方案

mySAP CRM 提供优质的个性化服务。从多渠道通信、已建基地管理，直至现场服务，解决方案可为每一领域提供最佳实践支持。其具体包含以下几个方面：

（1）服务分析：通过测评获利能力、响应能力、满意度、产品可靠性和成本，不断提高服务质量。现场及组织内部能极为精确地实时跟踪工时、开支和部件损耗；迅速确定哪些费用属于合同项下的、哪些是应计费的。

（2）客户关怀和服务台：一线支持人员可以访问所需的大量一致性的信息，无论客户通过联系中心、互联网，还是面对面联系，都能快速、有效地解决客户提出的问题。

（3）合同与安装基地管理：处理客户安装和合同中的记录和细节问题，包括服务级别协议、质保程序和质量监控。

（4）企业智能：利用集成解决方案数据库环境下运行的先进的搜索运算和智能代理，以指导和互动的方式解决服务中出现的问题。

（5）现场服务与调度：最大限度地提高现场服务人员的工作效率，提高客户的满意度，减少服务呼叫次数；更有效地管理整个服务过程，包括预测和日程安排、库存量、返工、合同、资源分配、质量统计等方面的管理；使用实时无缝的通信方式提供重点客户和诊断信息。

（6）移动服务：支持使用通用移动设备的现场服务人员。

（7）便携式服务：可使用高效率轻型无线手持设备。

（8）电子服务：客户、潜在客户和业务伙伴可以通过互联网访问专用信息（如产品目录）和自助式服务功能（如订单录入、解决方案数据库、常见问题解答和请求跟踪等）。

四、分析解决方案

mySAP CRM 通过全方位、协同的分析功能完美地解决各种业务挑战，提供全面针对客户、产品、营销、销售、服务、交互渠道的分析应用，以协助评估、预测、计划和优化客户关系，从而清楚地了解正在进行的业务、实行的哪些策略、为何这样做。

（1）客户分析：包括客户满意度和忠诚度分析、客户细分、客户转移分析、流失管理、客户利润分析、客户生命周期价值分析、客户信用实时预测等。

（2）产品分析：包括最佳销售产品、产品利润分析、交叉销售分析、产品投诉情况等。

（3）营销分析：包括市场拓展分析、外部列表分析、营销预算计划、促销计划、营销优化和提炼、线索分析、促销监控和成功性分析等。

（4）销售分析：包括销售计划、销售管道分析、销售漏斗分析、机会计划和分析、事务分析、合同分析、销售报价和订单分析、按地区销售计划和分析、销售绩效分析、账务分析等。

（5）服务分析：包括战略服务计划、服务质量分析、服务合同分析、服务订单分析、服务担保分析、服务利润分析、服务绩效分析等。

（6）交互渠道分析：包括网站监控、网页分析、交互中心分析、渠道和合作伙伴分析、现场（离线报告）分析等。

此外，mySAP CRM 还提供了诸如渠道管理、交互中心、电子贸易、现场等各个与客户的交互渠道功能，从而用协同、多层次的蓝图来展示企业的营销、销售、服务、分析等 CRM 解决方案。

案例 6

金蝶公司的 CRM 解决方案

金蝶（Kingdee）国际软件集团有限公司是亚太地区领先的企业管理软件及电子商务应用解决方案供应商，是全球软件市场中成长最快的独立软件厂商之一，也是中国软件产业的领导厂商。

金蝶 CRM 整体定位于为成长型企业提供完整的客户关系管理解决方案。金蝶 CRM 的产品市场定位于优先满足中小企业 CRM 复杂应用和大中型企业 CRM 的中端应用，逐步向部分行业的高端应用渗透。金蝶 CRM 产品应用主要适合项目进程型、客户管理型的各类企业。金蝶 CRM 侧重于运营型、分析型 CRM，并可以和协作型 CRM 良好地集成运作。

一、系统架构

金蝶 CRM 可通过数据仓库对 CRM 数据进行深度分析，并可与其他业务模块的信息进行集成，支持战略制定及建模预测。金蝶 CRM 系统架构如附图 1 所示。

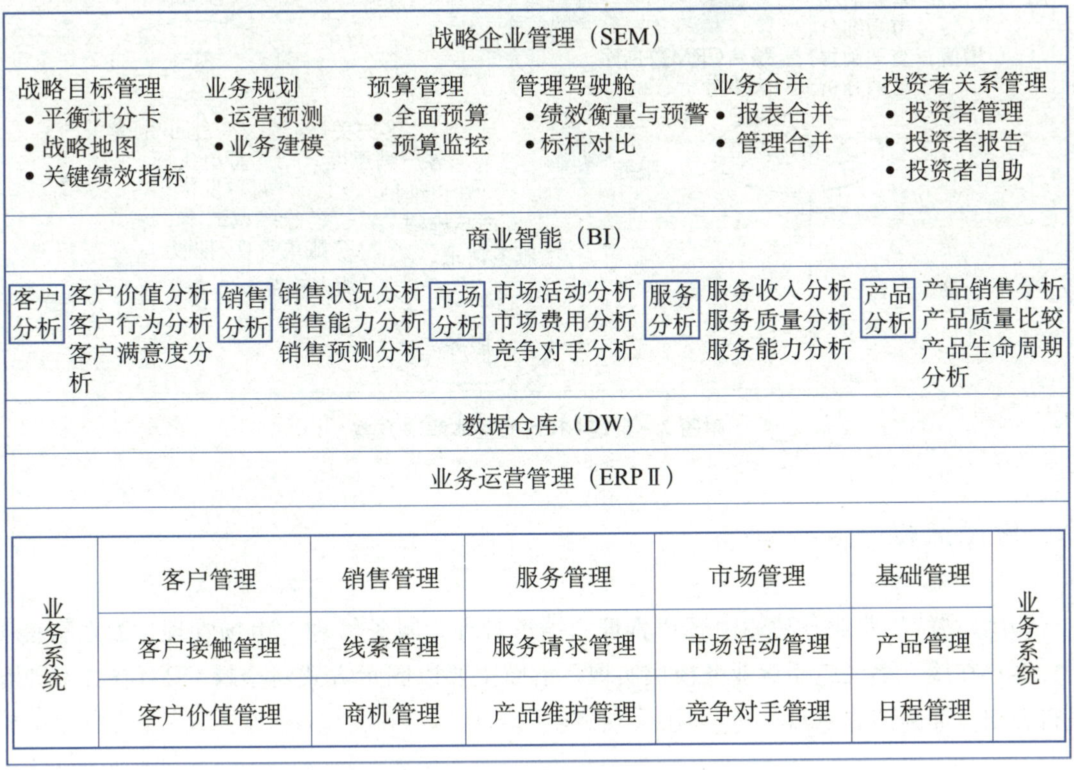

附图 1　金蝶 CRM 系统架构

二、金蝶 CRM 整体解决方案

金蝶 CRM 全面覆盖市场、销售、服务的完整业务过程，如附图 2 所示。市场营销模块涵盖市场活动的制定、目标客户群的确立、市场活动的执行、市场费用的监控、市场活动的评估、销售线索的产生。随后，销售线索进入销售模块，包括商业机会的确认、客户决策关系的分析等，伴随着商机阶段的有效推进，从产品报价、商务洽谈到合同签署，完成了售前阶段；从订单执行、发货、安装调试到以收款形式交付客户商品，完成了售中阶段；售后服务阶段，针对销售出去的商品进行售后服务，从客户服务请求、产品维修到客户满意度调查，金蝶 CRM 覆盖企业服务全过程。

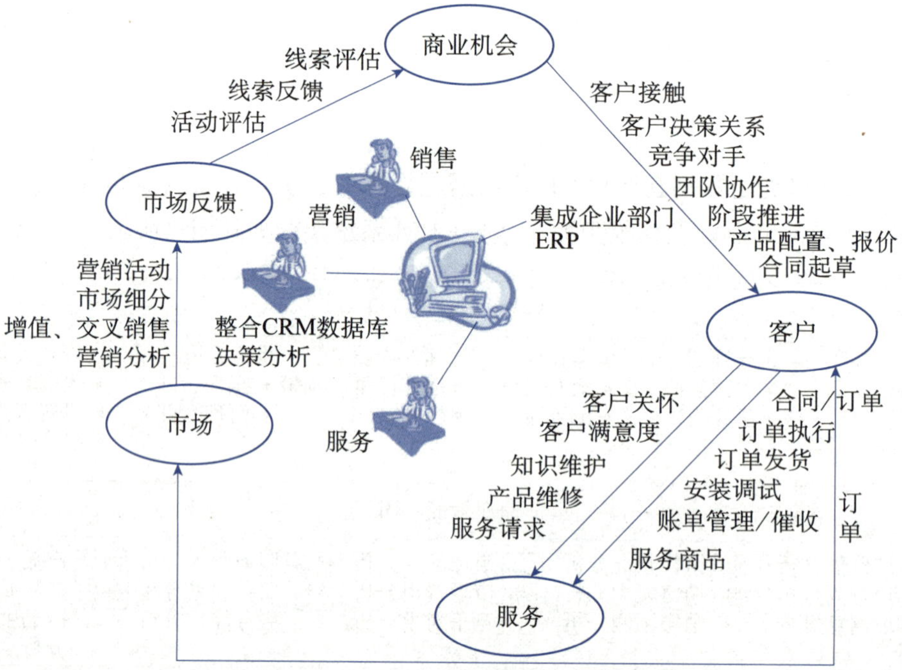

附图 2　金蝶 CRM 的整体解决方案

三、应用流程

CRM 系统主要业务功能由客户管理、销售管理、服务管理、市场管理、商业智能分析、客户在线、离线应用等业务模块实现。下面主要以图示方式对金蝶 CRM 的主要功能进行介绍，如附图 3 所示。

（一）客户管理

在 CRM 系统中，客户是一个广泛的概念，凡是接受产品或服务对象的就是客户。客户按类型可以大致分为以下几种：

（1）消费客户：企业产品或者服务的直接消费者，又称“终端客户”。

（2）中间客户：消费企业的产品或者服务，但是他们并不是直接的消费者，中间客户典型的例子是销售商。

（3）公利客户：代表公众利益，向企业提供资源，然后直接或者间接地从企业获利中收取一定比例费用的客户。典型的例子是政府、行业协会、媒体。

金蝶 CRM 的客户管理（见附图 4）实现了对客户的 360°全视图管理，包括客户信息管理、客户接触管理、客户交易管理、客户价值管理以及客户生命周期管理等。

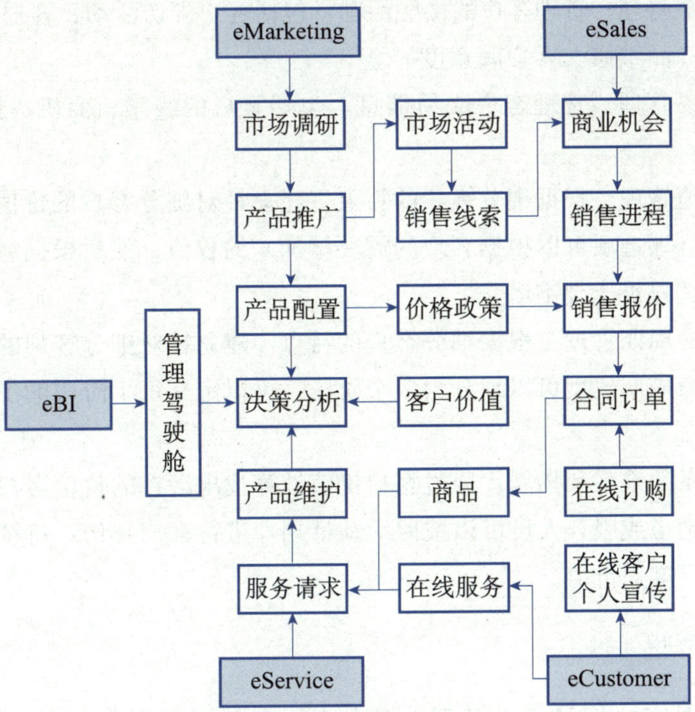

附图 3　金蝶 CRM 主要功能

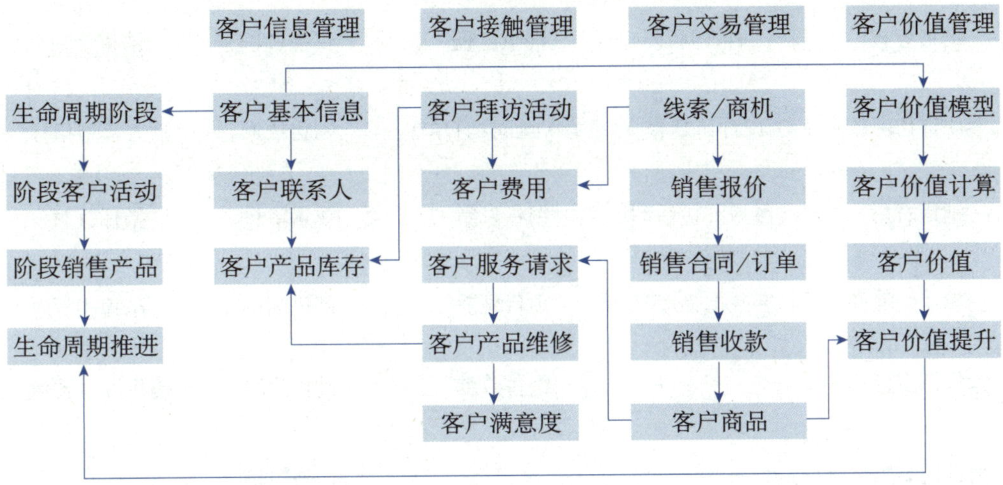

附图 4　金蝶 CRM 的客户管理

（1）客户。管理客户包括管理潜在客户的信息档案，客户包括中间客户（代理商、经销商）和终端客户。细分客户是指具有相似的消费需求、态度和行为的客户群体，通过客户细分、客户属性的定义，可以对客户进行精细化管理。

（2）客户产品库存。对于经销商渠道管理，销售人员需要定期拜访经销商，了解经销商销售产品的购销存信息，这样可以及时了解整个市场分销链上的产品销售情况。

（3）客户接触管理。管理客户的接触活动，包括客户拜访活动、客户费用、客户投诉/服务请求、客户产品维修、客户满意度等。

（4）客户交易管理。管理客户交易信息，包括客户的线索、商机、报价单、合同/订单、消费商品等。

（5）客户价值管理。根据细分客户的特点，建立针对细分客户的价值模型，设定价值模型中的评选项（评选项可以根据客户的需要增加）的权值，然后根据客户价值模型计算客户价值，形成客户价值金字塔。

（6）客户生命周期管理。根据细分客户的特点，建立针对细分客户的客户生命周期的模型，每一种生命周期模型可以划分为多个阶段，可以定义每个阶段的供客户关注的产品和服务活动。

（7）客户关系的维系和拓展。通过客户价值计算找出潜在的价值客户，然后制订客户接触活动计划，销售或服务人员可以按照活动计划，进行客户拜访，持续推进客户生命周期阶段，从而提升客户价值。

（二）销售管理

销售管理在对客户信息全面管理的基础上，实现了销售业务全过程的管理（见附图5）。

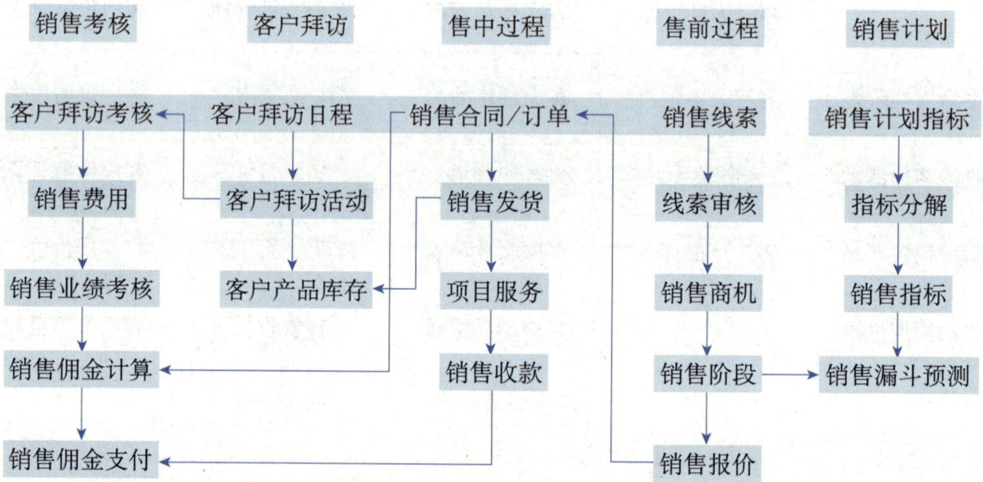

附图 5 金蝶 CRM 的销售管理

（1）强大的销售计划。企业可运用该模块制订集团的年度销售计划，可按月、周分解到部门、业务员以及产品的分销商等；进行集团、分公司、部门等多层次的销售预测分析，了解销售计划执行情况。

（2）销售漏斗预测。企业使用销售漏斗可以有效地监控销售过程，保持销售漏斗里不同阶段潜在客户的数量，可以有效消除在销售过程中的大起大落现象，即所谓的销售过山车现象。通过销售漏斗预计未来销售额，根据销售过程的转化率，可及时提醒补充足够的线索和商机。

（3）完整的售前过程管理。销售线索模块可实现和市场模块的无缝连接，传递销售线索，可实现“线索—商机—销售—报价—合同/订单—收款”的整个销售过程。在线索转化为商机的过程中，企业可任意设置条件进行审核，在商机的跟踪过程中，可全面了解相关客户、联系人、竞争对手、知识库等方面的信息。订单完成后可实现产品和服务模块无缝连接，实现市场—销售—服务过程完整的工作流程。

（4）完整的订单执行过程，实现与 ERP 的无缝连接。订单中包括交货、收款计划，及相应实际交货和收款记录，全面反映了订单执行过程。针对直接建立的订单有完整的订单审批过程。订单执行完成后，合同订单信息将提交给服务模块供企业进行日常服务管理。

（5）全面的销售考核。销售考核包括日常拜访客户的考核和销售业绩的考核，系统提供销售佣金的计算功能。

（三）服务管理

金蝶服务自动化可以共享销售自动化的客户/联系人、商品、合同/订单等信息。其主要具有客户关怀、客户满意度、项目服务、服务请求、客户投诉、产品维修、产品缺陷等服务管理功能（见附图 6）。通过服务自动化可实现“一对一”的客户服务，为特定的客户进行个性化服务。

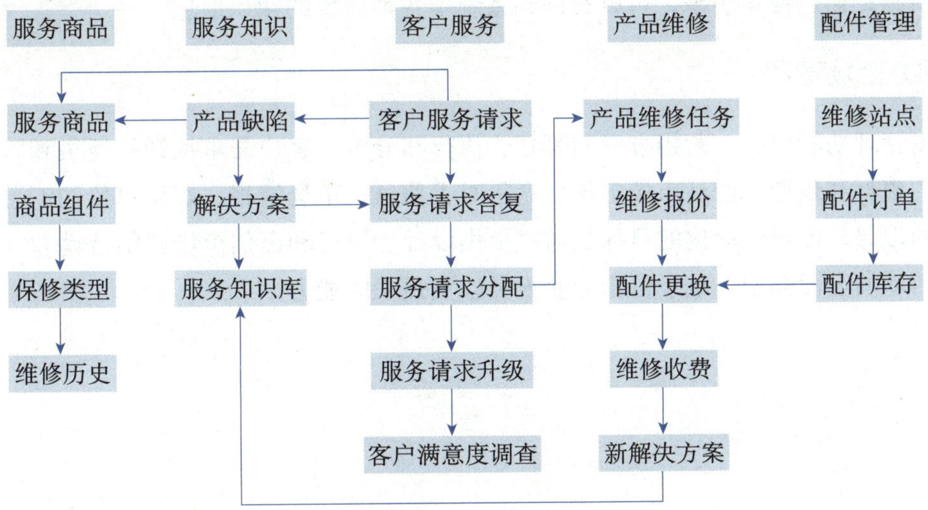

附图 6　金蝶 CRM 的服务管理

金蝶 CRM 针对重点项目、大型项目合同订单签订后的项目实施过程，提供了分阶段的项目实施服务过程管理。合同签订后，销售部门建立客户服务请求，通知服务部门进行项目服务，在每一个项目服务实施阶段设置了目标、活动和要求的结果，并把实施阶段与合同的收款有机结合起来，有效实现销售与服务紧密集成。

（1）商品管理。对已销售的产品，系统自动生成商品信息，记录该商品的客户服务对象以及商品的保修类型和保修期，可以对商品进行系列号（单品）跟踪，以备服务人员对售后商品进行跟踪服务；可以对商品的维修历史记录进行跟踪。

（2）客户服务请求/投诉管理。记录客户的服务请求或投诉，并对服务请求的分配、处理、升级、挂起和关闭等环节进行跟踪，每个环节处理会留下历史记录，方便追溯。在服务过程中，系统根据产品缺陷，自动检索产品缺陷知识库，找出解决方案。服务请求完成后，可进行客户满意度调查。

（3）产品维修管理。在处理服务请求过程中，需要进行产品维修的，可根据服务请求和产品缺陷生成产品维修单，下达维修任务。产品维修单实现工作流自动化，从维修诊断、维修派工、维修检查、维修结算等阶段进行管理和跟踪，打印服务派工单，分配服务人员进行服务，最后根据商品是否在保修期内，执行不同的维修收费。

（4）配件管理。维修站作为企业维修合作伙伴，有些维修站就是经销商，在 CRM 系统中，维修站是作为客户来管理的，备品、备件库存在客户产品库存中管理，在产品维修过程中可以从配件库中领取配件，进行产品维修。

（5）知识管理。知识库用来记录销售、服务、市场等方面相关的知识信息，可以对知识库进行多级分类管理。产品缺陷库记录产品的缺陷及其解决方案，对各类服务缺陷和产品缺陷进行详细的分类统计；可以有效地分析影响产品和服务质量的原因，制定相应的质量改进措施；通过搜索引擎，可以查询到系统中各种需要的知识信息。

（四）市场管理

市场管理功能包括：营销方案的策划、执行和分析，客户需求反馈的搜集和管理，市场活动的预算和预测，产品市场定价、竞争对手信息、市场情报、媒体宣传的汇总，对线索客户的搜寻。市场自动化的目标是通过提供设计、执行和评估市场营销行动和其他与营销有关活动的全面框架，赋予营销专业人员以更强大的能力。